예제가 가득한
Gemini
제미나이 길라잡이

예제가 가득한
제미나이 길라잡이

초판 1쇄 인쇄 ｜ 2026년 4월 10일
초판 1쇄 발행 ｜ 2026년 4월 20일

지은이　　　 ｜ 이승우

발행인　　　 ｜ 이상만
발행처　　　 ｜ 정보문화사

책임편집　　 ｜ 노미라
편집진행　　 ｜ 명은별

주 소　　　 ｜ 서울시 종로구 동숭길 113 정보빌딩
전 화　　　 ｜ (02)3673-0037(편집부) / (02)3673-0114(代)
팩 스　　　 ｜ (02)3673-0260
등 록　　　 ｜ 1990년 2월 14일 제1-1013호
홈페이지　　 ｜ www.infopub.co.kr

ISBN　　　 ｜ 979-11-994261-5-3

예제가 가득한

Gemini

제미나이 길라잡이

이승우 지음

나노 바나나 / Veo 3

딥 리서치(Deep Research)

구글 워크스페이스
(시트, 문서, 슬라이드, 설문지, 지메일)

캔버스(Canvas)

노트북LM

Gems

일러두기

이 책을 구매하거나 사용하기 전에 다음 내용을 꼭 확인해 주세요.

- 이 책은 2026년 1월 기준의 정보를 바탕으로 제작되었습니다. 이후 기능, 화면 등의 업데이트로 인해 설명과 실제 내용이 다를 수 있습니다. 책 발행 이후 변경된 부분은 저자 홈페이지(https://blog.naver.com/swlee2638)에서 확인할 수 있습니다.

- 제미나이는 질문마다 다른 답변을 생성합니다. 본문에 실린 답변은 하나의 예시일 뿐이며, Gemini 3의 결과를 기반으로 수록되어 있습니다.

- 'AI'와 '인공지능'은 사전적으로 동일한 표현이지만, 부득이하게 문맥에 따라 혼용하였습니다. 학습을 통해 인간처럼 생각하고 판단하여 스스로 행동하는 기술 전반을 칭할 때는 '인공지능'을, 제미나이, 챗GPT, 코파일럿 등 사용자에게 자연어로 입력받는 생성형 AI를 칭할 때는 'AI'를 사용하였습니다.

들어가며

지금 여러분은 구글의 AI 생태계 앞에 서 있습니다. 제미나이의 부상 이후, "또 다른 AI 도구를 배워야 하나"라는 피로감을 느낄 수도 있습니다. 하지만 제미나이와 노트북LM은 완전히 새로운 것이 아니고, 이미 익숙한 구글 워크스페이스와 완벽하게 통합되어 있는 도구입니다. 매일 사용하는 지메일, 문서, 시트, 슬라이드가 이제 AI의 힘을 얻게 된 것입니다.

이 책의 중심에는 제미나이가 있습니다. 제미나이는 단순히 질문에 답하는 것을 넘어 조사하고 정리하고 만들어내는 일을 수행하는 다재다능한 도구입니다. 특히 구글의 문서, 시트, 슬라이드와 자연스럽게 연결되어 기존 업무에 AI를 한 겹 덧입힐 뿐이라는 생각이 들 것입니다. 제미나이를 활용해 회의록 작성, 데이터 분석, 프레젠테이션 제작 같은 반복적인 작업들이 몇 초 만에 끝나는 경험을 직접 체험할 수 있습니다.

제미나이의 진정한 강점은 자료 조사부터 아이디어 구조화, 문서와 슬라이드 완성까지 전 과정을 하나의 흐름으로 연결한다는 데 있습니다. 또한 Gems 기능으로 나만의 맞춤형 AI 비서를 만들 수 있고, 이미지 생성 기능인 나노 바나나와 영상 제작 기능인 Veo 3은 상상을 현실로 바꿔줍니다.

노트북LM은 정보 관리의 새로운 차원을 열어줍니다. 여러 개의 문서, PDF, 웹페이지를 동시에 분석하고 종합하는 능력은 리서치와 학습에 혁명을 가져옵니다. 흩어져 있던 정보들이 하나의 맥락으로 정리되며, 노트북LM은 개인 전용 지식 관리자로 자리매김하게 됩니다.

이 책은 제미나이와 노트북LM을 각각 따로 배우는 데서 그치지 않습니다. 제미나이와 노트북LM의 각 기능을 알아본 후, 마지막 파트에서 두 가지 AI를 함께 활용하며 실제 업무에서 어떤 시너지가 만들어지는지를 보여줍니다. Deep Research로 조사하고, 노트북LM으로 자료를 통합하며, 최종적으로 완성도 높은 프레젠테이션을 만드는 전 과정을 직접 경험하게 될 것입니다.

AI는 공부해야 할 복잡한 학문이 아니라, 여러분의 손발이 되어줄 가장 유능한 도구입니다. 다만, 모든 기능을 한 번에 마스터하려 하기보다는 현재 업무에서 가장 시급한 작업부터 AI로 자동화해 보는 것을 추천합니다. 작은 성공 경험이 쌓이면 자연스럽게 더 많은 기능을 탐색하고 싶어질 것입니다.

중요한 것은 기술을 익히는 속도보다, 목적을 잃지 않는 태도입니다. AI는 도구일 뿐, 핵심은 언제나 사람의 생각입니다. 그 기술을 도구 삼아 더 가치 있는 일에 집중하려는 여러분의 의지가 훨씬 중요합니다.

AI는 여러분을 대체하지 않습니다. AI는 시간과 생각의 여유를 만들어 주는 도구입니다. 이 책으로 제미나이와 노트북LM을 활용하며 새로운 차원의 생산성과 창의성을 경험하는 출발점에 당당히 서게 되기를 바랍니다. AI와 함께 일하는 새로운 방식은, 이미 여러분 앞에 와 있습니다.

UI 변경에 따른 공지사항

제미나이의 UI는 꾸준히 업데이트되고 있습니다. 독자 여러분의 편의를 위해 변경 사항을 저자 홈페이지에 게시하고 있으니, 다음 내용을 참고해 학습하시기 바랍니다.

저자 홈페이지

저자 홈페이지: https://blog.naver.com/swlee2638

9페이지의 제미나이 UI가 변경되었을 경우, 다음과 같이 업데이트된 내용을 공지합니다.

'예제가 가득한 제미나이 길라잡이' 저자 이승우입니다.
제미나이 웹화면 UI가 변경되어 알립니다.

9페이지, 제미나이 프롬프트 입력 창 도구에 변경 사항이 있습니다.

변경전

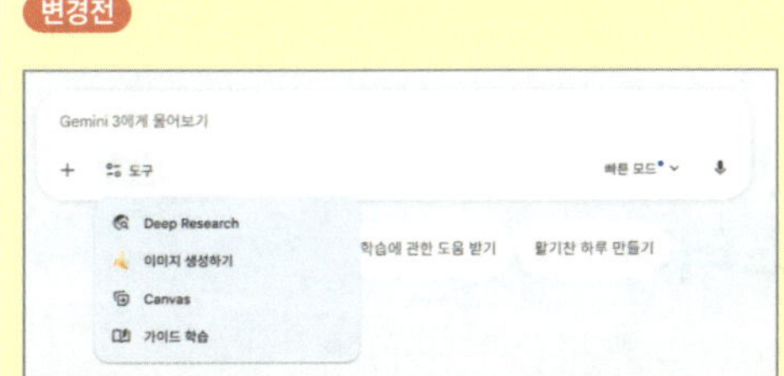

변경후

기존의 '이미지 생성하기' 도구가 '이미지 만들기'로 변경되었습니다. 단지 명칭만 변경된 것일 뿐 기능상의 변경은 없습니다.
그리고 '음악 만들기'라는 새로운 도구가 추가되었습니다. 이는 새롭게 추가된 도구로, '음악 만들기' 도구에 관한 새로운 포스트가 게시될 예정입니다.

9페이지, 제미나이 모델 선택에 변경 사항이 있습니다.

변경전

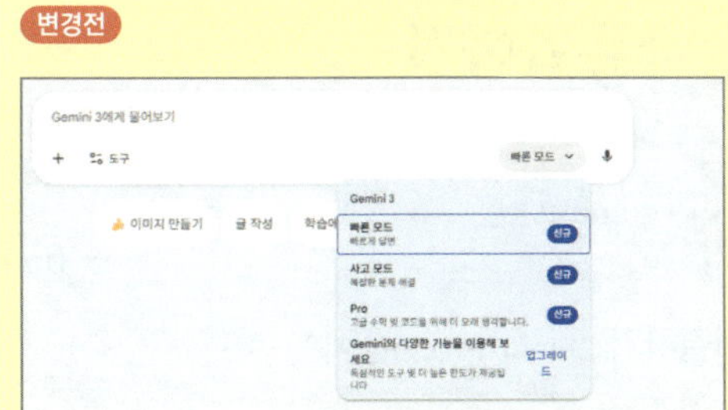

변경후

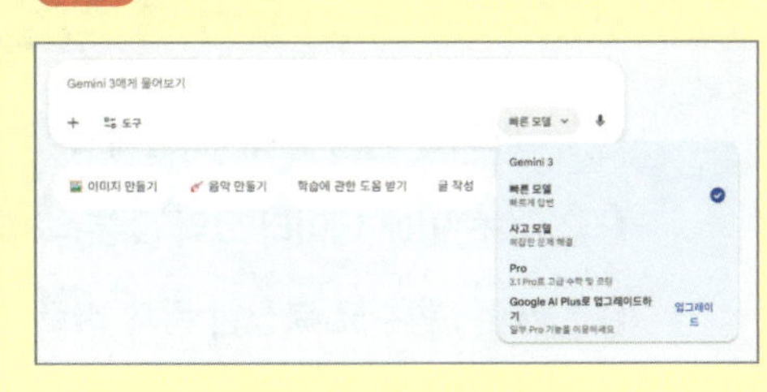

제미나이 3의 모델 명칭이 '모드'에서 '모델'로 변경되었습니다. 명칭의 변경만 있을 뿐, 기능의 변동 사항은 없습니다.

차례

01 제미나이, 체계적으로 시작하기

02 제미나이 대화 도구 마스터하기

03 시트(Sheets), 데이터 작업 자동화하기

제미나이,
체계적으로 시작하기

제미나이는 단순한 텍스트 생성을 넘어 코드 작성, 이미지 분석, 문서 요약 등 다양한 작업을 효율적으로 처리할 수 있는 강력한 멀티모달 인공지능입니다. 기존의 구글(Google) AI였던 바드(Bard)에서 한층 향상된 언어 이해 능력과 정교한 처리 기능을 바탕으로 개인 사용자부터 기업 환경까지 폭넓은 활용이 가능하도록 설계되었습니다.

하지만 아무리 뛰어난 도구라 하더라도 처음 접하는 사용자는 어디서부터 시작해야 할지 몰라 막막할 수 있습니다. 가입은 어떻게 하는지, 화면은 어떻게 구성되어 있는지, 다양한 메뉴들은 각각 어떤 기능을 하는지, 그리고 무료 플랜과 유료 플랜의 차이는 무엇인지 등 궁금한 점이 한두 가지가 아닐 것입니다.

이번 파트에서는 제미나이를 처음 시작하는 모든 사용자가 꼭 알아야 할 핵심 요소들을 체계적으로 정리했습니다. 가입 절차부터 기본 화면 구성, 주요 메뉴 기능, 그리고 플랜(요금제)별 특징과 차이점까지 단계별로 상세하게 안내하여 누구나 쉽게 제미나이를 시작할 수 있도록 했습니다.

제미나이(Gemini)를 이용하기 위한 가장 기본적이고 필수적인 조건은 바로 구글 계정입니다. 구글 계정은 구글 워크스페이스(Google Workspace - Sheets, Docs, Slides, Forms, Gmail 등), 노트북LM(NotebookLM) 등 구글의 모든 서비스를 통합적으로 이용할 수 있게 하며, 한번 생성하면 제미나이뿐만 아니라 구글 생태계를 모두 사용할 수 있습니다. 계정이 준비되면 제미나이 웹사이트나 모바일 앱에서 손쉽게 로그인하여 서비스를 바로 사용할 수 있습니다.

많은 사용자가 이미 구글 계정을 보유하고 있지만, 구글 서비스를 처음 접하거나 새로운 계정이 필요한 경우라면 계정 생성부터 차근차근 시작해야 합니다. 기존 계정이 있더라도 제미나이 서비스에 처음 접근할 때는 별도의 설정이나 동의 과정이 필요할 수 있어 체계적인 접근이 중요합니다.

구글 계정 생성 절차와 제미나이에 접속하여 로그인 후 시작하는 방법을 중심으로, 구글 계정이 없는 완전 초보자부터 기존 사용자까지 모두가 쉽게 따라 할 수 있도록 단계를 상세히 살펴봅니다.

▌제미나이 접속

구글 홈페이지 우측 상단의 ⠿ **와플메뉴**를 클릭하면 아래쪽에 구글 앱이 표시됩니다. 여기에서 ✦ **제미나이** 아이콘을 클릭하여 접속합니다. 또는 주소 창에 https://gemini.google.com을 직접 입력합니다.

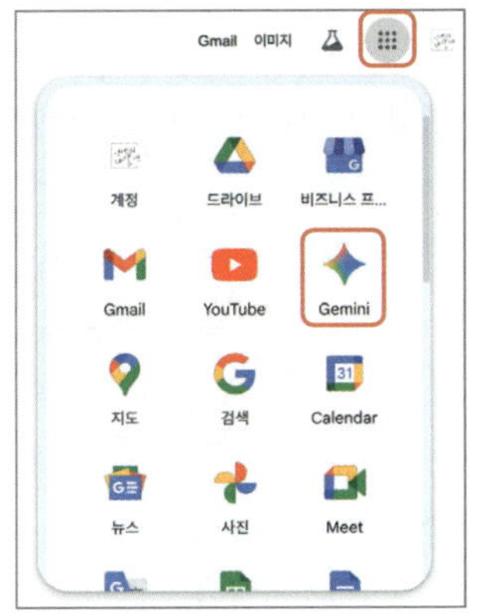

▌구글 계정 생성

구글 메인 페이지 우측 상단의 **[로그인]** 버튼을 클릭합니다.

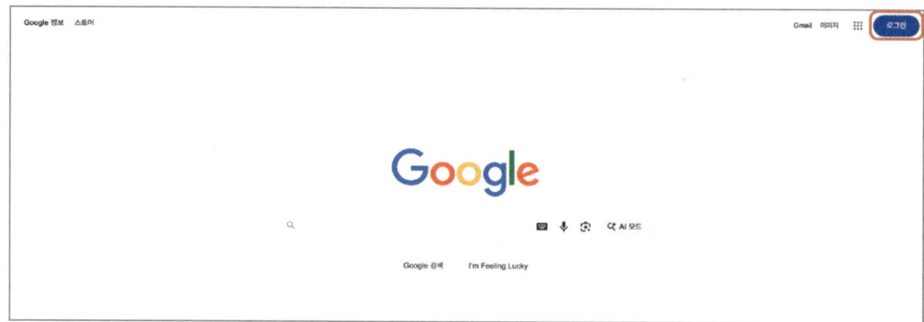

로그인 화면에서 새로운 계정 생성을 위해 **[계정 만들기]** 버튼을 클릭합니다. 세 가지 계정 유형 중에서 **개인용** 옵션을 선택한 후, **[다음]** 버튼을 클릭해 계속 진행합니다.

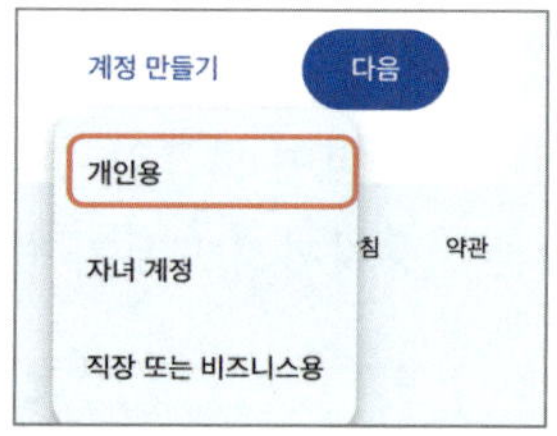

구글 계정 만들기 화면에서 성과 이름을 입력하고 **[다음]** 버튼을 클릭합니다.

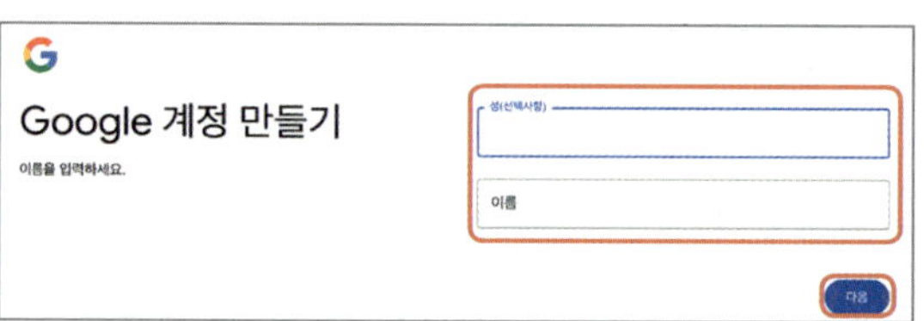

기본 정보 입력 화면에서 생년월일(연, 월, 일)과 성별을 드롭다운 메뉴를 사용하여 본인의 정보에 맞게 선택합니다.

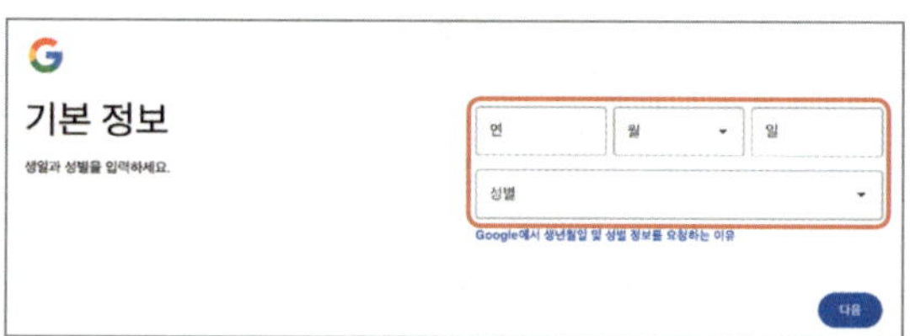

로그인 방법은 구글 메일 주소 생성 또는 기존 이메일 주소 사용이 있습니다. 이 책에서
는 **기존 이메일 사용**을 선택하여 진행합니다.

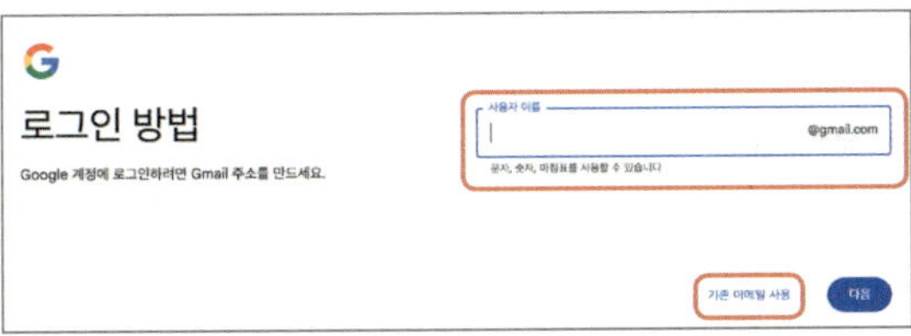

기존 이메일 사용을 선택하면 보이는 화면입니다. 사용 중인 이메일 주소를 입력합니다.

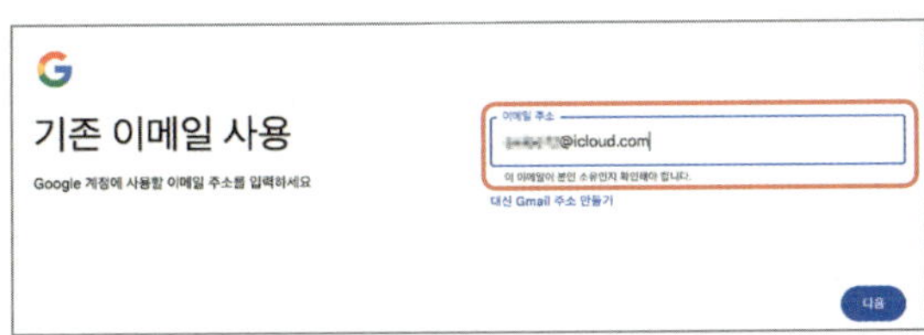

비밀번호 설정 화면입니다. 동일한 비밀번호를 두 번 입력합니다.

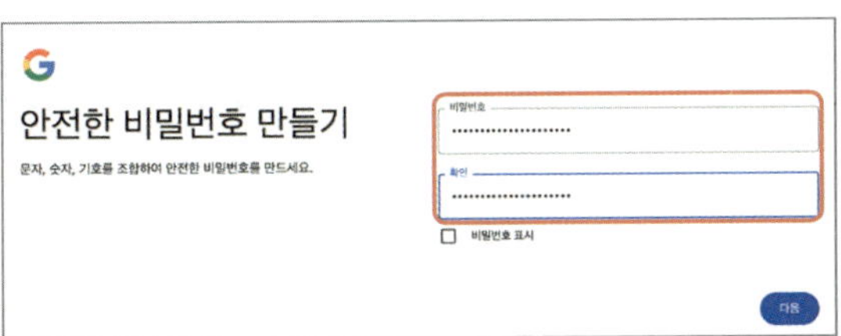

계정 정보 검토 화면에서 생성한 계정 정보(이메일 주소 등)를 최종적으로 확인합니다. 이
상이 없다면 [다음] 버튼을 클릭합니다.

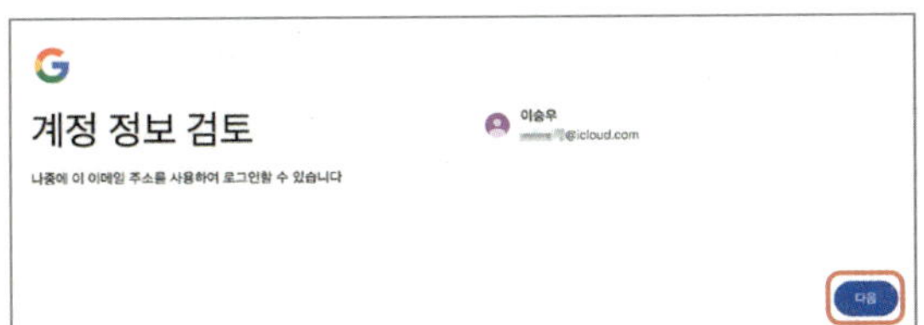

개인 정보 보호 및 약관 동의 화면으로, 구글 서비스 약관 및 개인 정보 처리 방침에 관한 내용이 표시되어 있습니다. 스크롤하여 전체 내용을 확인할 수 있습니다.

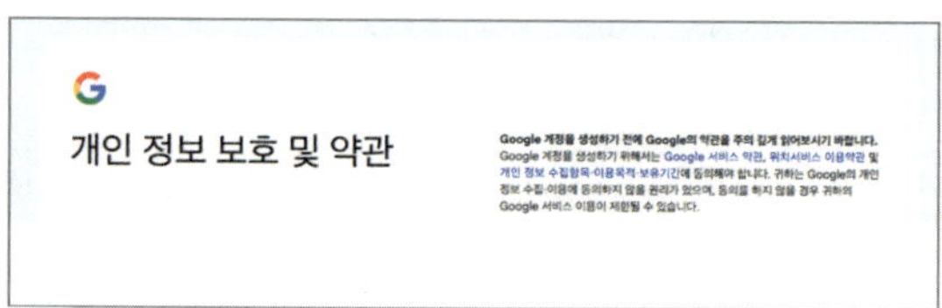

약관 동의 화면 하단에 있는 추가 옵션 선택 체크 박스들을 모두 선택하여 동의해야 진행이 가능합니다.

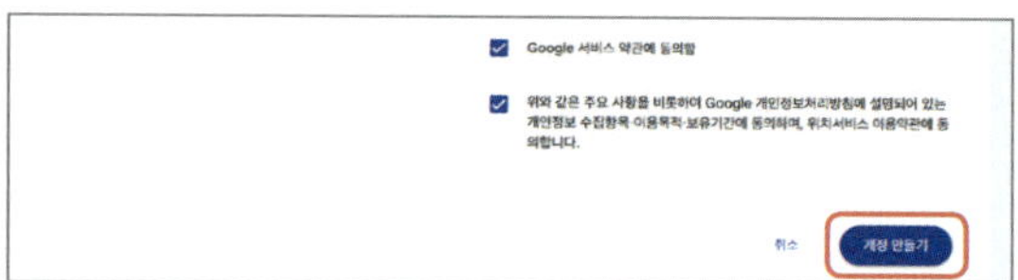

계정 생성 완료 후 구글 메인 페이지의 우측 상단을 보면 ● **사용자 프로필** 아이콘이 표시됩니다. 아이콘을 클릭하면 Google **계정 관리**, **검색 기록**, **세이프서치**, **언어**, **설정**, **도움말** 등의 메뉴가 나타납니다.

제미나이의 플랜(요금제)은 무료(Free)와 유료(Pro)로 구성되어 있으며, 플랜별로 화면 구성이나 사용자 인터페이스 등에 다소 차이가 있습니다. 유료 플랜에서는 무료 플랜의 기능에 더해 고급 기능과 추가 옵션 메뉴가 제공됩니다.

플랜별로 화면의 구성을 살펴보며 제미나이에서 제공하는 기본적인 인터페이스를 알아 보겠습니다.

▌무료 플랜 화면 & 메뉴

무료 플랜(Free)의 메인 화면에서는 최근 대화 목록과 새 대화 버튼만 보입니다. 기본 대 화 화면은 유료 플랜과 큰 차이가 없습니다. 단, 프롬프트 입력 창에 제공되는 ╋ **도구**에 차이가 있습니다.

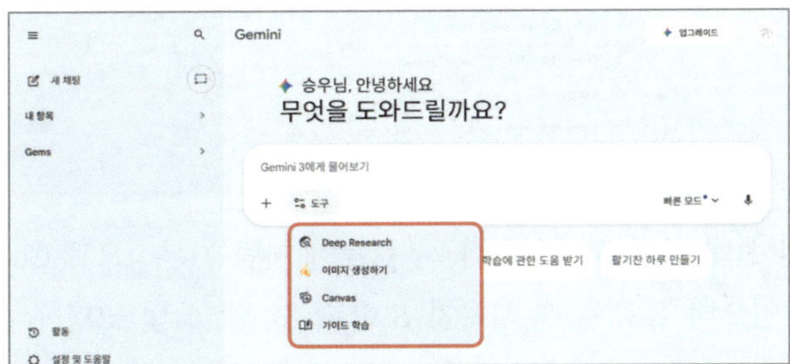

무료 플랜의 모델 선택 팝업 화면입니다. 기본적으로 **Gemini 3 모델**, **빠른 모드**가 선택되 어 있으며 무료 플랜 또한 추론, 수학 및 코딩에 우수한 **사고 모드**, Pro를 사용할 수 있습 니다.

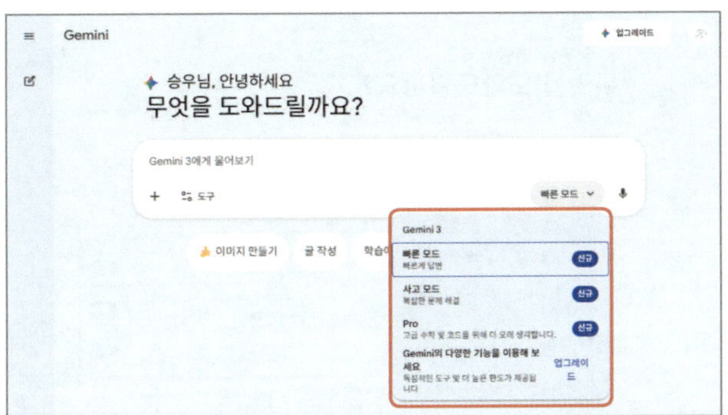

한 가지를 제외하고는 무료 플랜과 유료 플랜이 거의 유사합니다. 그 차이점은 **개인별 맞춤 AI** 기능으로, 사용자화 맞춤형 설정 방법 중 하나입니다. 유료 플랜 소개에서 이어서 살펴보겠습니다.

▮유료 플랜 화면 & 메뉴

유료 플랜(Pro)의 메인 화면입니다. 무료 플랜과 유사하지만, 프롬프트 입력 창 도구에 **동영상 만들기(Veo 3.1)** 옵션이 추가되어 있습니다.

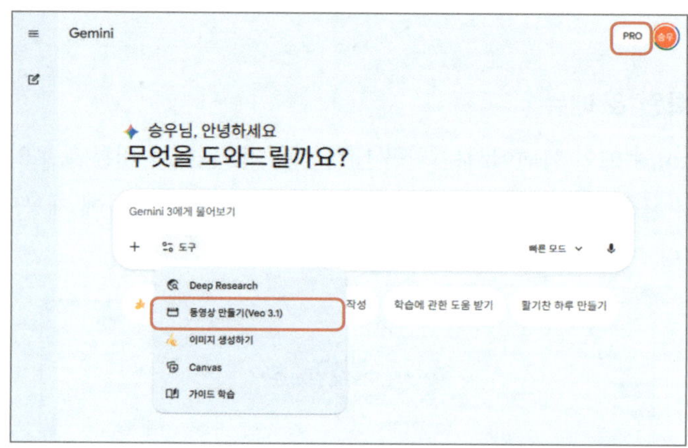

유료 플랜의 모델 선택 팝업 화면입니다. 무료 플랜처럼 기본적으로 Gemini 3 모델, **빠른 모드**가 선택되어 있으며 유료 플랜 사용자 또한 추론, 수학 및 코딩에 우수한 **사고 모드, Pro**를 사용할 수 있습니다. 무료 플랜과 비교해 사용 횟수나 답변의 품질에 차이가 있을 수 있습니다.

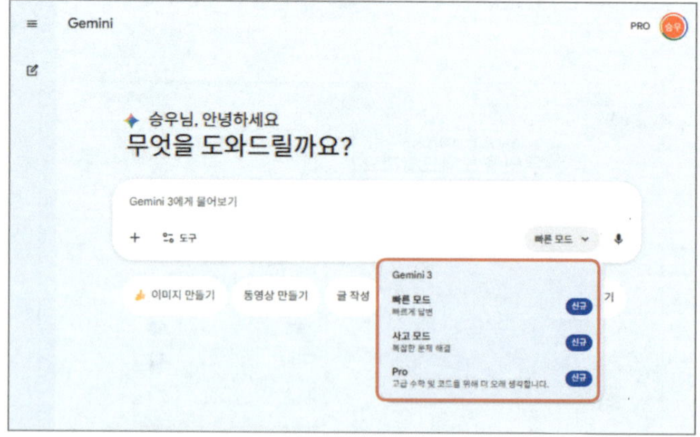

유료 플랜은 사용자 설정 메뉴에서 사용자화 맞춤형 설정 방법 중 하나인 **개인별 맞춤 AI** 기능을 추가로 제공하고 있습니다.

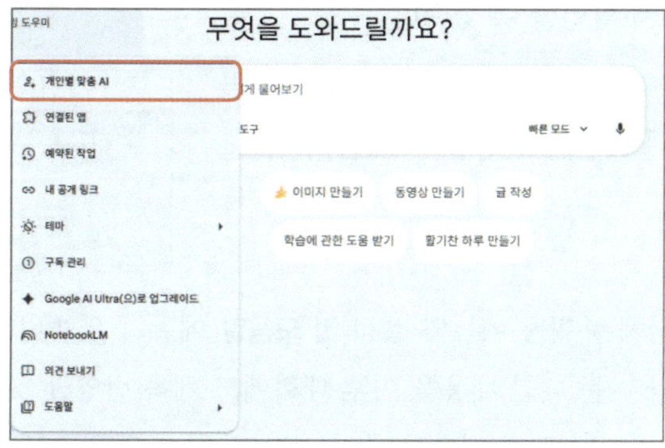

제미나이에는 두 가지 유료 플랜이 있습니다. 서비스별 구체적인 비교는 **파트 1, 03, 무료 vs. 유료 플랜 비교하기**에서 확인할 수 있습니다.

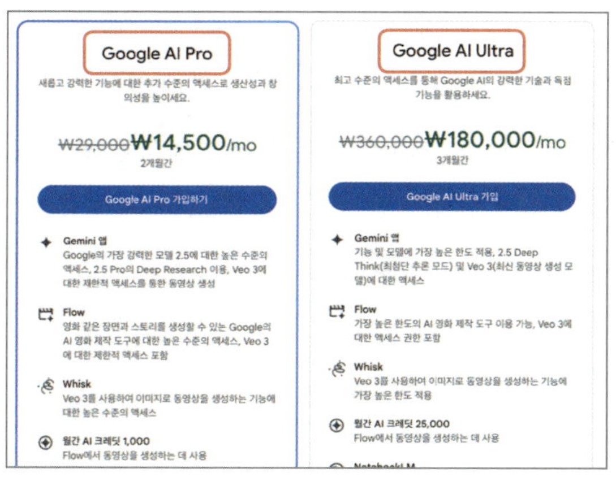

▌화면별 메뉴 구성

화면 좌측 상단의 주요 기능 아이콘입니다. **메뉴, 검색, 새 채팅, 임시 채팅** 4개의 아이콘이 있습니다.

❶**메뉴** 버튼을 클릭하면 좌측 사이드 바 메뉴를 열거나 닫을 수 있고, ❷**검색** 버튼을 클릭하면 대화 내용을 검색할 수 있습니다. ❸**새 채팅** 버튼을 클릭하면 새로운 대화를 시작할 수 있으며, ❹**임시 채팅** 버튼을 클릭하면 일반 채팅과는 달리 저장되지 않는 형태(72시간 이후 삭제)로 대화를 나눌 수 있습니다.

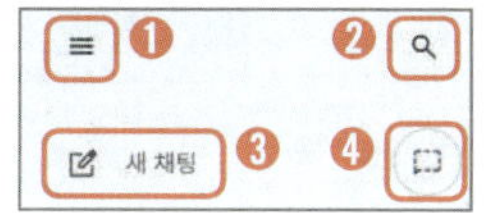

Gems 섹션 화면입니다. Gems는 사용자에 맞게 설정된 제미나이 버전입니다. 사용자화 맞춤형 설정은 **파트 1, 06, 사용자를 위한 맞춤형 설정하기**에서 확인할 수 있습니다.

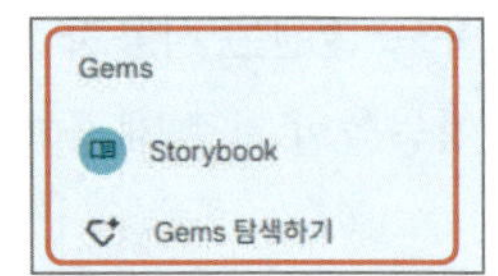

채팅 목록 우측의 **⋮메뉴**를 클릭하여 대화 내용을 공유, 고정, 삭제하거나 이름을 변경할 수 있습니다.

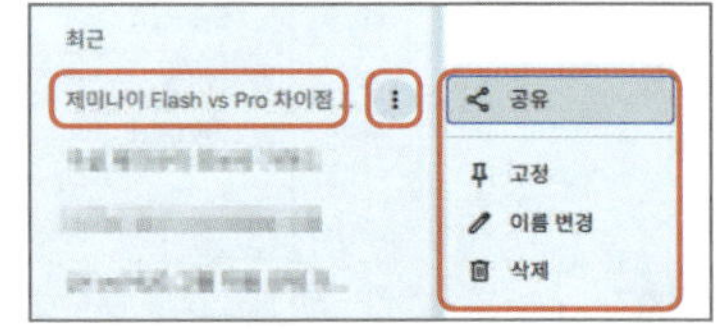

좌측 사이드 바 하단에는 **활동** 메뉴와 **설정 및 도움말** 메뉴가 있습니다. **활동** 메뉴에서는 사용자가 제미나이와 나눈 대화 내용을 이후 대화에도 계속 반영할 것인지를 결정합니다. 제미나이 앱 활동을 켜거나 끄면 대화 기록의 저장 및 학습 여부를 관리할 수 있습니다.

설정 및 도움말 메뉴에서는 사용자의 언어, 테마(밝게/어둡게), 응답 길이 조절 등 제미나이의 전반적인 사용 환경을 사용자 맞춤형으로 조정할 수 있는 옵션들을 제공합니다. 도움말 센터 접속, 피드백 제출, 버전 정보 확인 등의 기능도 포함되어 있습니다.

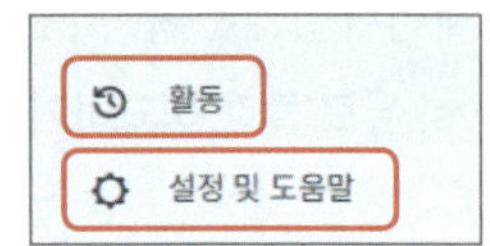

모델 선택 드롭다운 메뉴입니다. 기본적으로 Gemini 3 모델, **빠른 모드**가 선택되어 있으며 이외에도 **사고 모드**, Pro의 추가 옵션이 표시됩니다.

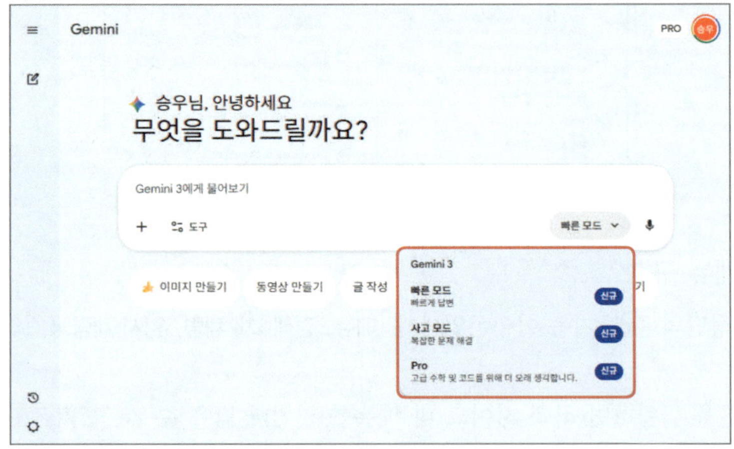

프롬프트 입력 창 아래의 ⚙ **도구** 아이콘을 클릭하면 제미나이와의 대화 시 사용할 수 있는 다양한 기능을 확인할 수 있습니다.

대화 도구 중 동영상 만들기(Veo 3.1)는 유료 플랜에만 제공됩니다. 도구 사용 방법은 **파트 2, 제미나이 대화 도구 마스터하기**에서 확인할 수 있습니다.

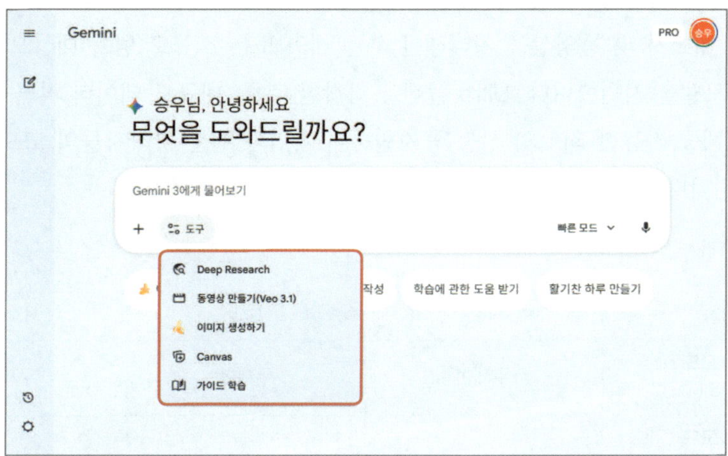

프롬프트 입력 창 아래의 [+] 버튼을 클릭하면 **파일 업로드**, **Drive에서 파일 추가**, **포토**, **코드 가져오기**, NotebookLM의 다섯 가지 옵션을 확인할 수 있습니다.

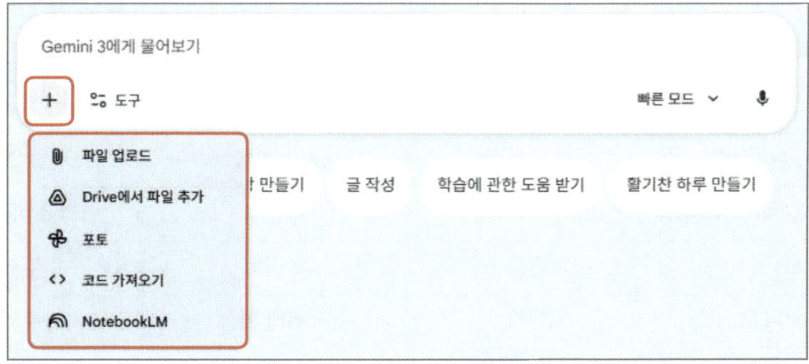

제미나이는 Free(무료), Pro(유료), Ultra(최고급)의 세 가지 차별화된 플랜을 제공합니다. 각 플랜은 단순한 기능 제한을 넘어서 플랜별 사용자 그룹의 고유한 니즈를 반영한 맞춤형 설계를 보여줍니다.

Free 플랜은 일상적인 질문과 간단한 문서 작성 등, 기본 체험을 원하는 일반 사용자를 위해 부담 없는 접근성을 제공합니다. Pro 플랜은 업무 보고서 작성과 데이터 분석 등 생산성 향상, 이미지 및 동영상을 처리해야 하는 개인 또는 소규모 팀을 대상으로 더 강력한 성능의 모델을 지원합니다. Ultra 플랜은 복잡한 추론, 대규모 데이터 처리, 창작 모델 활용까지, 제공 가능한 최고의 성능을 지원하여 기업과 전문 창작자들의 고도화된 요구를 충족시킵니다.

제미나이 플랜별 차이

기능	Free	Pro	Ultra
빠른 모드 (Gemini 3 Flash)	무제한	무제한	무제한
사고 모드 (Gemini 3 Thinking)	1일 5회	1일 100회	1일 500회
Pro 모드 (Gemin3 Pro)			
나노 바나나	1일 100개	1일 500개	1일 1,000개
나노 바나나 Pro	불가	제한적 사용	최대 한도
Veo 3	불가	1일 3개	1일 5개
Deep Research	월 5회	1일 20회	1일 200회
안티그라비티(Antigravity)	불가	제한적	최고 비율 제한
Gems	제한적	확장됨	무제한
NotebookLM	제한적	3~5배 확장	무제한
요금	무료	약 29,000원	약 360,000원

제미나이는 대화와 검색을 중심으로 한 생성형 AI 서비스로, 사용자의 다양한 요구 사항과 사용 환경에 최적화된 성능을 제공하기 위해 **빠른 모드**(Fast Mode), **사고 모드**(Thinking Mode), **Pro**라는 세 가지 핵심 모드를 구분하여 제공하고 있습니다.

빠른 모드는 신속한 응답 속도와 효율적인 처리 능력을 강점으로 하여, 일상적인 대화, 간단한 정보 검색, 짧은 글쓰기 등 즉각적인 활용성이 중요한 작업에 최적화되어 있습니다. **사고 모드**는 속도와 추론을 균형 있게 고려하여 중간 복잡도의 문제를 해결하는 데 특화되어 있습니다. **Pro**는 최첨단 추론 능력과 멀티모달 처리 성능을 제공하여 복잡한 수학 문제, 고급 코딩, 정밀한 분석 등 품질과 정확성이 최우선인 전문적 업무에 특화되어 있습니다.

이 세 모드의 차별화는 단순한 성능 차이를 넘어서 각 모드가 목표로 하는 사용 시나리오와 사용자 경험에서 근본적으로 다른 접근을 보여줍니다. 응답 속도, 추론 깊이, 리소스 효율성, 맥락 이해도 그리고 특정 작업 유형에 대한 최적화 수준에서 각기 다른 강점을 발휘하며, 사용자는 목적과 상황에 따라 세 모드를 선택적으로 활용함으로써 효율성과 정확성을 동시에 확보할 수 있습니다.

Gemini 3.0 빠른 모드(Fast Mode)

개요	– 빠른 응답 속도에 최적화된 효율형 AI 모드 – Gemini 3 Flash 모델 기반 작동 – 일상적인 질문과 기본적인 작업에 특화 – 무료 플랜으로도 제한 없이 사용 가능 – 속도와 효율성을 중시하는 사용자에게 적합
주요 기능	– 빠른 응답: 일상적인 질문에 즉각적인 답변 제공 – 기본 대화: 자연스러운 텍스트 대화 및 상담 – 간단한 글쓰기: 짧은 문서 작성 및 편집 지원 – 정보 검색: 기본적인 정보 찾기 및 요약 – 이미지 생성: 기본적인 이미지 생성(나노 바나나 활용) – 브레인스토밍: 아이디어 구상 및 제안 – 간단한 번역: 빠른 언어 번역 작업
제한 사항	– 복잡한 추론 한계: 다단계 논리 사고가 필요한 작업에는 부적합 – 문맥 처리 제한: 긴 문서나 복합적인 정보 처리 한계 – 고급 기능 제외: 복잡한 코딩, 심층 분석 등 전문 기능 미제공 – 추론 깊이: 초급 정도의 사고 수준

Gemini 3.0 사고 모드(Thinking Mode)

개요	– 속도와 추론을 균형 있게 고려한 중급 모드 AI – Gemini 3 Flash 모델 기반이지만 추론 깊이 강화 – 중간 복잡도의 문제 해결에 특화 – 무료 플랜 시 1일 5회의 사용 제한 – 유료 플랜 시 대폭 확장된 사용 가능
주요 기능	– 균형잡힌 추론: 복잡한 문제를 합리적인 속도로 해결 – 중급 코딩: 파이썬 스크립트, 웹 크롤러 등 중급 수준 코드 작성 – 데이터 분석: 기본~중급 수준의 데이터 패턴 분석 – 논리적 글쓰기: 보고서, 분석문 등 구조화된 텍스트 생성 – 멀티모달 처리: 이미지+텍스트 등 복합 입력 처리 – 전략 분석: 여러 옵션 비교 및 장단점 분석 – 창작 지원: 소설, 시나리오 등 창작 작업 보조
제한 사항	– 사용 횟수 제한: 무료 플랜 시 1일 5회, 유료 플랜도 일정 제한 존재 – 최고 난이도 작업 부적합: 박사급 추론이 필요한 작업은 Pro 권장 – Pro 대비 추론 깊이: 동일 문제에 대해 Pro보다 얕은 추론 – 사용량 공유: Pro와 일일 사용 횟수를 공유함

Gemini 3.0 Pro

개요	– 최첨단 추론 능력을 갖춘 최고급 모드 AI – Gemini 3 Pro 모델 기반 작동 – 복잡한 수학, 코딩, 멀티모달 분석에 특화 – 무료 플랜 시 매우 제한적 사용 가능(사고 모드와 횟수 공유) – 유료 플랜 사용자에게 우선 제공
주요 기능	– 최고 수준 추론: 박사급 복잡한 논리적 사고와 문제 해결 능력 – 대용량 문서 처리: 최대 100만 토큰의 방대한 문맥 이해 – 전문적 코딩: 복잡한 알고리즘, 시스템 설계, 디버깅 – 멀티모달 마스터: 텍스트, 이미지, 오디오, 비디오 통합 분석 – 고급 수학: AIME 수준의 수학 문제 해결(95~100% 정확도) – 바이브 코딩: "예쁜 쇼핑몰 만들어줘" 같은 자연어로 완전한 앱 개발 가능 – 에이전트 워크플로우: 자율적인 다단계 작업 수행 – 연구 및 분석: 학술 논문, 기술 문서 등 전문 자료 분석

1. 간단한 정보 검색

서울에서 부산까지 KTX로 몇 시간 걸려?

2. 빠른 번역

"I'll be there in 5 minutes" 이 문장을 한국어로 번역해 줘.

3. 단순 계산

15%의 부가세가 포함된 50,000원 상품의 실제 가격은 얼마야?

4. 용어 정의

메타버스가 뭐야? 한 문장으로 간단하게 설명해 줘.

5. 간단한 요약

다음 뉴스 기사를 두 줄로 요약해줘.

[기사 내용]

6. 간단한 코드

파이썬으로 1부터 10까지 짝수만 출력하는 코드를 작성해 줘.

7. 기본 추천

주말에 친구들과 할 만한 보드게임 5개 추천해 줘.

8. 일상 대화

오늘 날씨가 추운데 따뜻한 음료 뭐가 좋을까?

9. 빠른 아이디어

친구 생일 선물 아이디어 다섯 가지만 빠르게 알려줘. 예산은 3만 원.

10. 기본 형식 변환

다음 데이터를 표 형식으로 정리해 줘.
이름: 김철수, 나이: 25, 직업: 개발자
이름: 이영희, 나이: 30, 직업: 디자이너

사고 모드에 적합한 프롬프트

1. 중급 코딩 작업

파이썬으로 웹사이트의 이미지를 자동으로 다운로드하는 스크립트를 만들어줘.
requests와 BeautifulSoup을 사용하고, 이미지를 'downloads' 폴더에 저장하도록 작성해 줘.
주석도 자세히 달아줘.

2. 데이터 분석

다음 월별 매출 데이터를 분석해 줘.
1월: 1,200만원, 2월: 1,350만원, 3월: 1,180만원, 4월: 1,520만원, 5월: 1,680만원, 6월: 1,450만원
추세를 파악하고, 7월 매출을 예측하며, 매출 향상을 위한 제안을 세 가지 해줘.

3. 비교 분석

챗GPT, 제미나이, 클로드 세 AI 모델을 비교 분석해 줘.
– 각각의 강점과 약점
– 어떤 작업에 가장 적합한지
– 가격 대비 성능
표로 정리하고 최종 추천도 해줘.

4. 문제 해결 전략

회사 회의가 항상 예정 시간을 초과하는 문제가 있어.
원인을 세 가지 분석하고, 각 원인에 대한 실행 가능하고 현실적인 해결 방안을 구체적으로 제시해 줘.

5. 창작 플롯 구성

판타지 단편소설 플롯을 만들어줘.
– 주인공: 마법을 잃어버린 전직 마법사
– 배경: 마법이 금지된 근미래 도시
– 주제: 정체성과 회복
기승전결 구조로 각 단계별 주요 사건을 상세히 설명해 줘.

6. 이미지 분석

[인포그래픽 이미지 첨부]
이 인포그래픽을 분석해서,
1. 핵심 메시지 세 가지 추출
2. 데이터가 말하는 트렌드 해석
3. 개선할 수 있는 시각화 방법 제안
을 정리해 줘.

7. 중급 보고서 작성

재택 근무와 사무실 근무의 생산성을 비교하는 1,500자 분량의 보고서를 작성해 줘.
– 최근 연구 결과 인용
– 장단점 균형 있게 제시
– 하이브리드 근무 모델 제안
– 참고자료 5개 이상 포함

8. 학습 계획 수립

3개월 안에 React를 마스터하고 싶어. 현재 JavaScript 기초는 알고 있어.
– 주차별 학습 계획
– 추천 학습 자료
– 실습 프로젝트 아이디어 세 가지
– 학습 효과를 검증할 수 있는 방법
구체적으로 만들어줘.

9. 마케팅 전략 분석

소규모 카페를 운영 중인데, 인스타그램 마케팅 전략을 세우고 싶어.
– 타겟 고객 분석
– 콘텐츠 아이디어 10개
– 게시 시간대 추천
– 해시태그 전략
– 월간 예산 10만 원으로 운영 가능한 방법

10. 논리적 추론 문제

다음 조건을 만족하는 일정을 세워줘.
- 회의 A, B, C를 오전 9시~오후 6시 사이에 배치
- 회의 A는 2시간, B는 1시간, C는 1.5시간 소요
- A는 반드시 B보다 먼저
- C는 오후 2시 이후에만 가능
- 각 회의 사이 30분 휴식 필요
최적의 일정표를 만들고, 이유를 설명해줘.

Pro에 적합한 프롬프트

1. 복잡한 시스템 설계

Python Flask 기반의 완전한 실시간 채팅 애플리케이션을 설계하고 구현해 줘.

요구 사항
- WebSocket을 사용한 실시간 통신
- JWT 기반 사용자 인증
- PostgreSQL 데이터베이스
- Redis를 활용한 메시지 큐
- Docker 컨테이너화
- RESTful API 문서
- 단위 테스트 코드

전체 아키텍처 다이어그램과 함께 모든 코드를 제공하고, 보안 모범 사례도 적용해 줘.

2. 고급 수학 문제

다음 최적화 문제를 해결해 줘:

공장에서 제품 A, B, C를 생산한다.
- A는 원료 2kg, 시간 3시간, 이익 5만원
- B는 원료 3kg, 시간 2시간, 이익 4만원
- C는 원료 1kg, 시간 4시간, 이익 6만원

원료 100kg, 작업시간 80시간 제약 하에서 최대 이익을 내는 생산량을 구하고,
선형계획법으로 풀이 과정을 단계별로 설명해 줘. Python 코드도 제공해 줘.

3. 대규모 문서 종합 분석

[50페이지 연구논문 3편 첨부]

이 세 논문을 종합 분석해서:
1. 각 논문의 핵심 주장과 방법론 비교
2. 연구 결과의 일치/불일치 지점 분석
3. 메타 분석을 통한 전체적인 결론 도출
4. 연구의 한계점과 향후 연구 방향 제안
5. 실무 적용 가능성 평가

8,000자 분량의 학술적 리뷰 논문 형식으로 작성해 줘.

4. 멀티모달 종합 분석

[이미지 5장, 동영상 2개, PDF 문서 3개, 엑셀 데이터 1개 첨부]
우리 회사의 신제품 런칭을 위한 종합 전략 보고서를 작성해 줘.

포함 내용:
- 시장 조사 결과 분석(이미지 및 데이터 기반)
- 경쟁사 분석(동영상 및 문서 참조)
- 타겟 고객 페르소나 세 가지
- SWOT 분석
- 4P 마케팅 전략
- 채널별 상세 실행 계획
- 6개월 로드맵
- 예상 매출 및 ROI 계산
- 리스크 관리 방안

완전한 사업 계획서 수준의 30페이지 분량으로 작성할 것.

5. 바이브 코딩(완전한 앱 개발)

전자상거래 웹사이트를 처음부터 끝까지 만들어줘.

디자인
- 모던하고 미니멀한 스타일
- 다크모드 지원
- 반응형 디자인(모바일, 태블릿, 데스크톱)

기능
- 상품 검색 및 필터링
- 장바구니 및 위시리스트
- 결제 시스템 연동 준비
- 사용자 리뷰 시스템
- 관리자 대시보드
- 실시간 재고 관리

기술 스택: React, Node.js, MongoDB
배포 가능한 수준의 완성도로, 모든 파일 구조와 코드를 제공해 줘.

6. 고급 데이터 사이언스

다음 데이터셋으로 예측 모델을 만들어줘.

[CSV 파일: 10만 행, 50개 컬럼의 고객 이탈 데이터]
수행 작업:
1. EDA(탐색적 데이터 분석) – 시각화 포함
2. 데이터 전처리 및 특성 공학
3. 다섯 가지 머신러닝 모델 비교(로지스틱회귀, RF, XGBoost, LightGBM, 신경망)
4. 하이퍼파라미터 튜닝
5. 모델 해석(SHAP values)
6. 최종 모델 선정 및 성능 평가
7. 프로덕션 배포를 위한 파이프라인 구축

전체 과정을 Jupyter Notebook 형식으로 제공하고, 상세한 설명을 포함할 것.

7. 학술 논문 작성

'생성형 AI가 창작 산업에 미치는 영향과 저작권 문제'에 대한 학술 논문을 작성해 줘.

구조
- Abstract(200단어)
- Introduction(1,500단어)
- Literature Review(3,000단어) - 최근 5년 연구 종합
- Methodology(1,000단어)
- Analysis(3,000단어) - 사례 연구 포함
- Discussion(2,000단어)
- Conclusion(800단어)
- References(50개 이상, APA 형식)

총 12,000단어 분량, 학술지 게재 가능한 수준으로 작성할 것.

8. 복잡한 알고리즘 설계

대규모 소셜 네트워크에서 영향력 있는 사용자를 찾는 알고리즘을 설계하고 구현해 줘.

요구사항
- 100만 노드, 1,000만 엣지의 그래프 처리
- PageRank, HITS, Betweenness Centrality 통합
- 시간 복잡도 $O(n \log n)$ 이하
- 분산 처리 가능하도록 설계
- Python 구현(NetworkX, Spark)
- 성능 벤치마크 및 최적화 전략
- 실제 X(Twitter) 데이터로 테스트

알고리즘 설명, 수학적 증명, 완전한 코드, 성능 분석 보고서를 포함할 것.

9. 에이전트 기반 복합 작업

우리 회사(IT 스타트업)의 향후 3년 전략을 수립해 줘.

자율적으로 수행할 작업
1. 웹에서 IT 산업 트렌드 조사(2025~2027)
2. 경쟁사 10개의 최근 동향 분석
3. 우리 회사의 지난 2년 재무 데이터 분석([첨부 파일] 참조)
4. 시장 기회 및 위험 요인 식별
5. 세 가지 성장 시나리오 모델링
6. 각 시나리오별 구체적 실행 계획
7. 필요 인력, 예산, 타임라인 산정
8. 핵심 성과 지표(KPI) 설정
9. 리스크 관리 전략
10. 투자자 프레젠테이션용 요약(슬라이드 10장)

모든 분석 근거를 명시하고, 인터랙티브 시각화를 포함할 것.

10. 복잡한 시뮬레이션 설계

기후 변화가 글로벌 공급망에 미치는 영향을 시뮬레이션하는 모델을 만들어줘.

포함 요소
- 기후 시나리오(IPCC 기준 세 가지)
- 주요 교역로 20개
- 산업 분야 10개
- 극한 기후 이벤트 확률 모델
- 경제적 영향 계산
- 공급망 붕괴 위험도 평가

기술
- Python(NumPy, Pandas, SimPy)
- 몬테카를로 시뮬레이션
- 민감도 분석
- 시각화(Plotly, interactive)

10,000회 시뮬레이션 실행 가능한 코드와 결과 분석 리포트를 제공할 것.

프롬프트는 사용자가 인공지능에게 전달하는 텍스트로 작성된 질문이나 명령을 의미합니다. 사용자가 생성형 AI와 대화할 때 입력하는 모든 문장이 프롬프트가 됩니다. 프롬프트는 단순한 명령어가 아니라 인공지능이 어떤 방식으로 사고하고 반응할지를 설계하는 일종의 언어적 인터페이스입니다.

프롬프트의 특징과 5단계 작성법, 바로 활용 가능한 프롬프트 템플릿과 프롬프트를 만들어주는 프롬프트인 메타 프롬프트까지 자세히 알아보겠습니다.

▌프롬프트 작성 특징

- 자연어(일상 언어)로 작성 가능
- 질문, 명령, 요청 등 다양한 형태
- 멀티모달 지원
- 줄바꿈 시 Shift + Enter (Enter 만 누르면 프롬프트 전송)

▌프롬프트 작성 5단계

단어 하나부터 구조화된 다수의 문장까지, 프롬프트 작성법을 5단계로 나눠 예시와 결과를 설명합니다.

1단계 단어 하나: 키워드

매트릭스

영화 매트릭스, 수학의 행렬, 생물학적 의미 등 여러 분야의 정보가 혼재되어 출력됩니다.

2단계 단어 두 개: 키워드 조합

영화 매트릭스

영화 매트릭스에 대한 전체적인 정보(기본 정보, 줄거리, 특징, 영향 등)가 출력됩니다.

3단계 단문: 하나의 문장

매트릭스 영화가 관객들에게 던져주는 철학적 메시지는 무엇인가?

철학적 메시지에 집중한 구체적인 답변이 출력됩니다.

4단계 복문: 두 개의 문장

매트릭스 영화가 관객들에게 던져주는 철학적 메시지는 무엇이며, 이를 일상생활과 연관지어서 이해하기 쉽게 설명해 줘.

보다 구체적이고 실용적인 답변이 출력됩니다.

5단계 구조화된 프롬프트: 다수의 문장

매트릭스에 대해 종합적으로 알고 싶어.
먼저 아래 내용에 대한 정의를 설명해 줘:
1. 수학적 매트릭스의 기본 개념
2. 정의
3. 실제 활용 분야
4. 구체적 예시
   추가로 아래 사항을 지킬 것
   • 초보자도 이해할 수 있는 수준
   • 각 항목은 300자 내외로 작성

종합적이고 체계적인, 최고 품질의 답변이 출력됩니다.

▌프롬프트 프레임워크

프롬프트 프레임워크는 인공지능에게 지시 사항을 전달하는 일종의 설계도와 같은 역할입니다. 이 구조를 활용하면 인공지능이 사용자의 의도를 정확히 이해하고 예측할 수 있으면서도, 일관된 결과를 생성할 수 있습니다.

이어서 소개하는 다섯 가지 핵심 요소는 가이드라인으로, 절대 규칙이 아니라는 점이 중요합니다. 다섯 가지 중 지시(Instruction)만이 필수 요소이며, 작업의 복잡도와 목적에 따라 다섯 가지 요소를 적절히 조합해 사용하면 됩니다.

프롬프트 프레임워크의 다섯 가지 핵심 요소

- 역할(Role)
- 지시(Instruction)
- 조건(Context, 맥락)
- 제약 사항(Constraints)
- 출력(Output)

역할(Role)

- AI에게 전문가의 정체성을 부여하는 것
- 구체적인 경력 기간 명시
- 전문 분야 표현
- 현장 경험 포함

역할
당신은 20년 경력의 고등학교 수학 교사입니다.
학생들의 학습 수준을 정확히 파악하고 있으며, 교육과정에 따라 체계적인 수업을 설계하는 전문가입니다.

지시(Instruction)

- 구체적인 작업 내용을 지시하는 것
- 실행 가능한 동사 사용 필수
- 가장 중요한 요소

지시
다음 조건에 맞는 수학 학습지를 제작해 줘.
개념 설명 부분을 작성할 것
단계별 예제 문제를 3개 제시
연습 문제를 5개 출제
풀이 과정이 포함된 정답을 제공할 것

조건(Context, 맥락)

- 작업 수행 시 지켜야 할 구체적인 상황과 기준을 명시하는 것
- 대상: 누구를 위한 것인가
- 목적: 왜 필요한가
- 범위: 어디까지 다룰 것인가
- 기준: 어떤 수준으로 할 것인가

조건
대상: 고등학교 1학년
단원: 이차함수 그래프
수준: 중급
수업 시간: 50분
학습 목표: 이차함수의 그래프를 그리고 특징을 설명할 수 있다.

제약 사항(Constraints)

- 반드시 피하거나 지켜야 할 사항을 명시하는 것
- 물리적 제한 요건 반영
- 법칙, 규정 등의 사항

출력(Output)

- 최종 결과물의 형태를 지정하는 것
- 형식: 표, 목록, 문단 등
- 분량: 글자 수, 단어 수, 페이지 수 등
- 순서: 내용의 배열 순서

다섯 가지 핵심 요소 조합 예시

- 간단한 작업: 지시 + 출력만 사용
- 중간 작업: 역할 + 지시 + 조건
- 복잡한 작업: 5대 요소 모두 활용

▌프롬프트 템플릿

프롬프트 템플릿은 인공지능에게서 반복적으로 동일 품질의 답변을 얻기 위해 역할, 지시, 조건 등을 고정해 둔 재사용 가능한 입력 양식입니다. 사용자는 세부 정보만을 채워 넣거나 수정하여 빠르게 일관된 결과를 생성할 수 있습니다.

여기서는 {}안의 내용을 수정하여 사용하는 일반형과 변수형에 대해 알아봅니다.

프롬프트 템플릿: 일반형

일반형 템플릿은 프롬프트 프레임워크를 그대로 양식으로 만들어 사용자가 필요한 부분만 직접 수정해 사용하는 방식입니다.

일반형 프롬프트 템플릿의 특징

- 수정해야 할 부분이 명확함
- 다른 사람과 공유하기 쉬움
- 실수로 구조를 망가뜨릴 위험이 적음
- 사용자는 { } 안의 내용만 바꾸면 됨

일반형 프롬프트 템플릿 예시

```
# 역할
당신은 {경력연수} 경력의 {담당과목} 교사입니다.

# 지시
아래 조건에 맞는 학습지를 제작할 것.

# 조건
대상 학교: {대상학교}
대상 학년: {대상학년}
단원명: {단원명}
난이도: {난이도}
수업시간: {수업시간}분

# 제약 사항
교육과정 범위 준수
계산기 사용 금지

# 출력
개념 설명
예제 문제 {문항수}개
연습 문제 {문항수}개
정답 및 해설 포함
```

프롬프트 템플릿: 변수형

변수형 템플릿은 인공지능이 사용자에게 필요한 정보를 직접 질문하도록 설계된 템플릿입니다. 사용자가 프롬프트를 입력하면 AI가 먼저 "변수값을 입력해 주세요"라고 재질문하고, 사용자가 변수값을 입력하는 방식입니다.

변수형 프롬프트 템플릿의 특징

- 초보자에게 매우 적합함
- 프롬프트를 직접 수정할 필요 없음
- 대화형으로 자연스럽게 완성됨
- 사용자는 {{ }} 안의 내용만 바꾸면 됨

역할
당신은 {{경력연수}}년 경력의 {{대상학교}} {{교과목}} 교사입니다.
학생들의 학습 수준을 정확히 파악하고 있으며, 교육과정에 따라 체계적인 수업을 설계하는 전문가입니다.

지시
학습지를 제작하기 위해 필요한 변수들의 입력을 다음과 같이 사용자에게 요청할 것.

변수
{{경력연수}}: 예)10년
{{교과목}}: 예)수학, 국어, 영어
{{대상학교}}: 예)초등학교, 중학교, 고등학교
{{대상학년}}: 예)초등 3학년, 중학교 1학년
{{단원명}}: 예)이차함수, 삼국시대, 광합성
{{난이도}}: 예)초급, 중급, 고급
{{수업시간}}: 예)40분, 45분, 50분
{{학습목표}}: 예)이차함수의 그래프를 작도할 수 있다.
{{문항수}}: 예)3개, 5개

사용자로부터 받은 변수값으로 {{교과목}} {{단원명}} 학습지를 다음과 같이 작성할 것.

조건
대상: {{대상학년}}
단원: {{단원명}}
수준: {{난이도}}
수업 시간: {{수업시간}}
학습 목표: {{학습목표}}

제약 사항
교육과정의 범위를 벗어난 내용은 금지
지나치게 어려운 문제는 출제 금지
계산기 없이 해결 가능한 수준으로 제한
한 페이지(A4)에 모든 내용이 들어가도록 구성

출력
다음 순서로 작성할 것.
1. 개념 정리
2. 예제 문제({{문항수}}개)
3. 연습 문제({{문항수}}개)
4. 정답 및 해설
5. 학습 포인트

메타 프롬프트

메타 프롬프트는 '프롬프트를 만들어 주는 프롬프트'로, 사용자가 직접 프롬프트를 작성하지 않고 인공지능이 더 나은 프롬프트를 작성하도록 요청하는 방식입니다.

메타 프롬프트를 활용하면 프롬프트 작성 경험이 부족한 사용자도 전문가 수준의 프롬프트를 손쉽게 만들 수 있으며, 시행착오를 줄이고 원하는 결과를 빠르게 얻을 수 있습니다. 특히 프롬프트 작성이 쉽지 않고 무엇을 입력해야 할지 막막한 초보자일수록 메타 프롬프트가 더욱 필요합니다.

META란?
메타(Meta): 상위의, 초월한

메타인지(Metacognition): 자신이 아는 것과 모르는 것을 아는 것

메타 프롬프트(Meta Prompt): 프롬프트에 대한 프롬프트

메타 프롬프트 작성 시 주의사항

- 사용자가 최소 50% 이상 프롬프트 작성
- AI에게 보완, 완성, 추가 요청
- AI가 만든 것도 초안으로 간주
- 최종적으로 사용자가 수정하여 완성

일반 프롬프트 예시

고등학교 수학 수업 계획을 작성해 줘.

메타 프롬프트 예시

고등학교 수학 수업 계획을 작성하는 최적의 프롬프트를 만들어줘.

메타 프롬프트 활용 팁
- 50:50 규칙: 사용자 50% + AI 50%
- 3단계 프로세스: 메타 프롬프트 → AI 초안 → 사용자 개선
- 초안으로 활용: AI 결과를 그대로 사용하지 않고 참고 자료로 활용
- 반복 개선: AI와 대화하며 점진적으로 개선

사용자화를 위한 맞춤형 설정하기

생성형 AI에서 사용자별 개인화 설정은 단순한 부가 기능이 아닌 핵심 필수 요소로 자리잡고 있습니다. 제미나이 역시 이러한 트렌드에 발맞춰 사용자 개인의 선호도, 사용 패턴 그리고 특별한 요구 사항에 맞춤화된 AI 경험을 제공하기 위한 다양한 기능들을 지원합니다.

제미나이의 사용자화 기능은 크게 네 가지 핵심 영역으로 구성됩니다. 먼저 **Gemini 앱 활동** 기능은 사용자의 상호작용 이력을 지능적으로 분석하여 더욱 정확하고 맥락에 적합한 응답을 생성하는 기반을 제공합니다. **저장된 정보** 기능은 사용자가 중요하게 여기는 데이터나 설정을 안전하게 보관하고, 필요 시 즉시 활용할 수 있는 환경을 조성합니다. **임시 채팅** 기능은 프라이버시를 중시하는 사용자들을 위한 배려로, 민감한 정보나 일회성 질문에 대해서는 기록을 남기지 않는 안전한 대화 공간을 제공합니다. 마지막으로 **Gems** 기능은 사용자가 직접 제미나이의 성격이나 전문 분야를 정의할 수 있게 함으로써, 개인의 고유한 요구 사항에 완벽히 부합하는 맞춤형 챗봇처럼 구현할 수 있도록 합니다.

이러한 기능들은 각각 독립적으로 작동하면서도 서로 연계되어 있어, 사용자에게 일관되고 통합적인 개인화 경험을 제공합니다. 사용자화 설정에 대해 알아보도록 하겠습니다.

▌Gemini 앱 활동으로 사용자화

메인 화면 좌측 하단의 **활동**에서 기록 보관 옵션을 확인할 수 있습니다. 이 옵션이 **사용**으로 설정되어 있으면 제미나이는 사용자와의 대화 내용을 기본적으로 18개월 동안 기억합니다. 이렇게 기억된 대화 내용은 사용자 계정에 자체적으로 저장되어 이후 대화에 자동으로 반영됩니다. 즉, 사용자가 제미나이와 나눴던 지난 18개월 동안의 대화 맥락을 제미나이가 이해하고 활용할 수 있게 되는 것입니다.

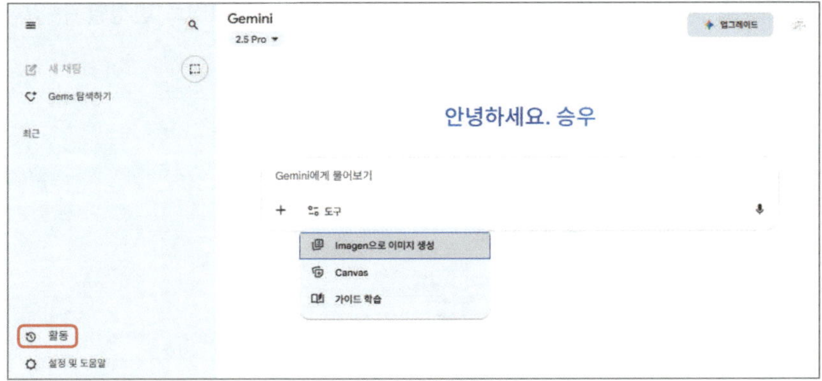

제미나이 앱 활동 설정이 **사용 중지**로 되어 있으면 사용자와 제미나이의 대화 내용은 구글 계정에 저장되지 않아, 제미나이가 이전 대화를 기억하여 맞춤형 답변을 제공하는 데 활용할 수 없게 됩니다. 다만 대화의 연속성 유지와 안전성 확보, 그리고 서비스 개선 목적으로 대화 내용이 최대 72시간 동안 임시로 보관될 수 있습니다. 이렇게 임시 저장된 대화는 사용자의 구글 계정 화면에는 표시되지 않습니다.

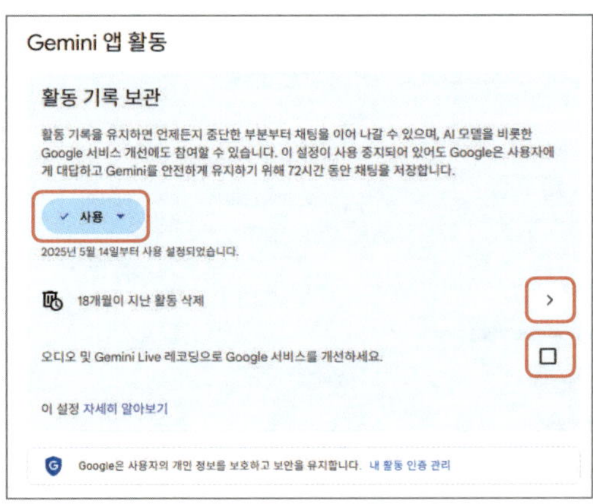

또한 제미나이가 학습에 활용할 수 있는 기록 범위를 사용자가 지정할 수 있습니다. 사용자는 음성, 이미지, 채팅 등 사용 내역을 선택적으로 허용 또는 삭제할 수 있으며, 기록 비활성화 시 제미나이는 사용자화 없이 일반적인 응답만 제공합니다.

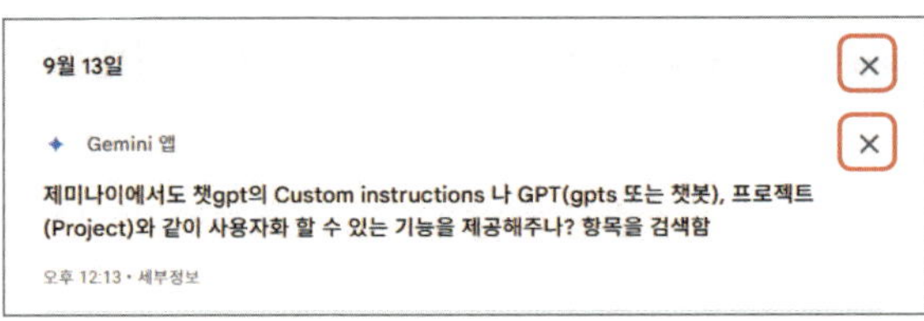

▼**화살표** 버튼을 클릭하여 대화 기억 기간을 3개월, 18개월, 36개월로 변경할 수 있습니다.

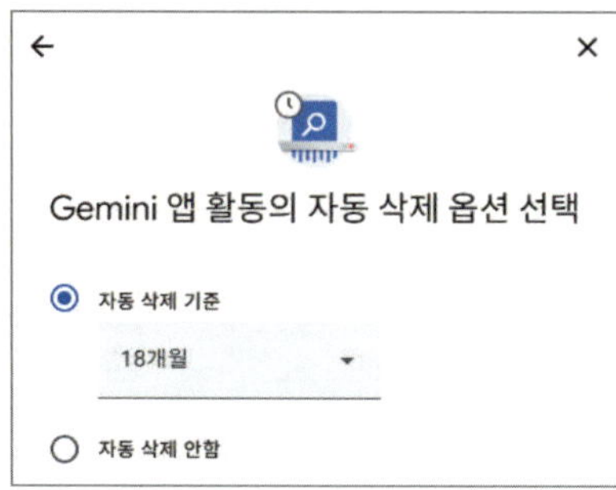

▌개인별 맞춤 AI로 사용자화(Gemini Pro 이상 지원)

설정 및 도움말 드롭다운 메뉴의 상단에 있는 개인별 맞춤 AI를 선택하면 해당 메뉴를 통해 사용자화 맞춤형 설정을 할 수 있는 화면이 나타납니다. **개인별 맞춤 AI** 화면은 Gemini와의 이전 채팅 항목과 Gemini 요청 사항 항목으로 구성되어 있습니다.

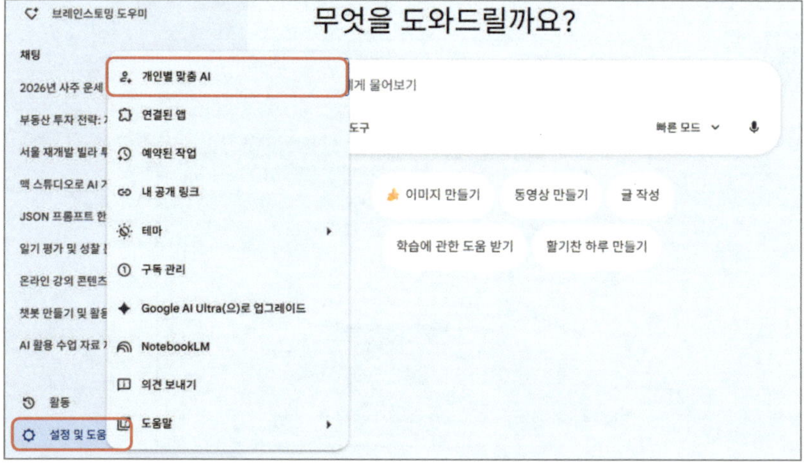

Gemini와의 이전 채팅 기능을 활성화하면 Gemini가 과거 대화 내용을 학습하여 더욱 맥락에 맞는 답변을 제공합니다.

사용자가 선호하는 답변 스타일, 자주 묻는 주제, 특정 용어 사용 방식 등을 파악하여 앞으로의 대화에 반영하는 방식입니다. 이를 통해 사용자의 환경에 맞춤화된 응답을 받을 수 있습니다. 설정 화면에서 토글 스위치가 파란색으로 켜져 있다면 현재 이 기능이 활성화된 상태입니다. 만약 이 기능을 원하지 않는다면 스위치를 클릭해 언제든지 비활성화할 수 있으며, 필요 시 다시 켤 수도 있습니다. 다만 이 기능을 사용하려면 앞서 설명한 **Gemini 앱 활동** 기록이 활성화되어 있어야 합니다.

Gemini 요청 사항 기능은 사용자가 제미나이의 답변 방식을 직접 맞춤 설정할 수 있도록 도와줍니다. 매번 프롬프트에 반복적으로 입력할 필요 없이, 원하는 답변 스타일을 기본 값으로 설정해 둘 수 있어 매우 유용합니다.

설정 화면에서 토글 스위치가 파란색으로 켜져 있다면 현재 이 기능이 활성화된 상태이 며, 입력된 요청 사항들이 제미나이의 모든 답변에 자동으로 반영됩니다.

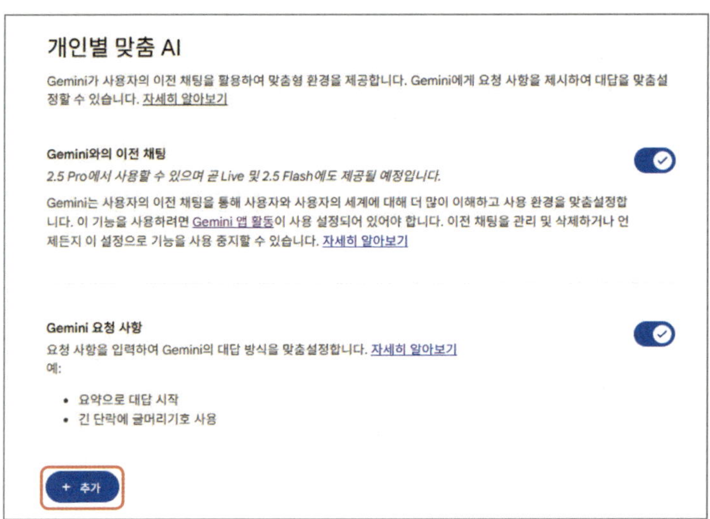

[+ 추가] 버튼을 클릭하면 다음과 같이 팝업 창이 나타납니다. 이곳에 사용자가 원하는 다 양한 규칙을 입력합니다. "너는 컴퓨터공학 전문가야. 특히 AI분야에 능통한 고급 기술자 야."처럼 사용자 페르소나와 역할에 관한 예시문을 입력한 후, [제출] 버튼을 클릭합니다.

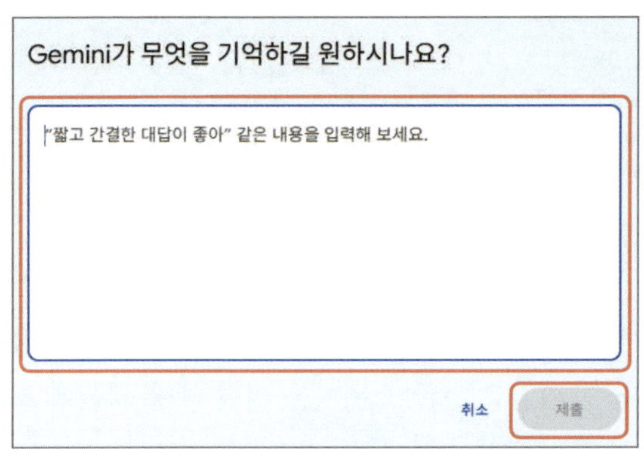

입력한 사용자 맞춤형 설정 내용인 "너는 컴퓨터공학 전문가야. 특히 AI분야에 능통한 고급 기술자야" 라는 항목이 새로 생성되었음을 확인할 수 있습니다.

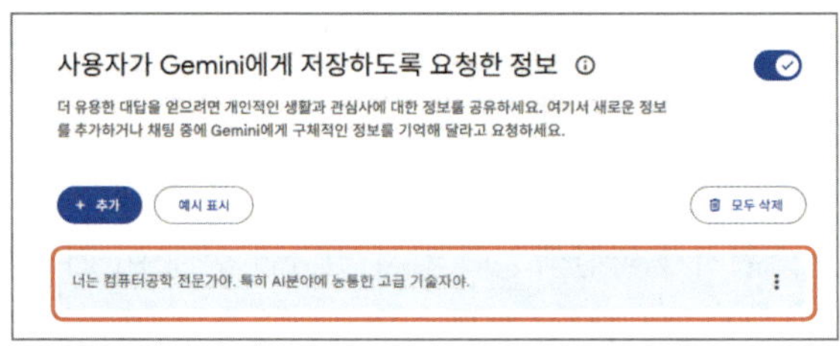

▌앱 설정으로 사용자화

연결된 앱(Extensions) 기능은 제미나이가 지메일, 구글 드라이브, 구글 문서를 비롯한 구글 워크스페이스 앱의 데이터에 접근할 수 있도록 하는 기능입니다. 이를 통해 지도, 항공편, 호텔 등 다양한 구글 서비스의 실시간 정보를 제미나이와의 대화에 직접 활용할 수 있습니다. 사용자의 업무 효율성을 높이고 더욱 맥락에 맞는 정보를 제공받을 수 있게 해주는 강력한 도구이며, 이를 통해 사용자는 더욱 개인화되고 정확한 답변을 받을 수 있습니다.

제미나이 메인 화면 좌측 사이드 메뉴 맨 아래의 **설정 및 도움말** 메뉴를 나타나는 드롭다운 메뉴에서 **연결된 앱** 메뉴를 선택하면 사용자화 맞춤형 설정을 할 수 있는 화면이 나타납니다.

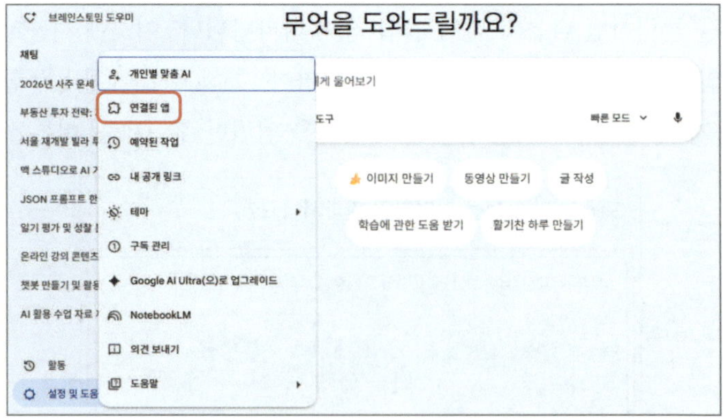

연결된 앱 설정 화면에 접속하면 연결할 수 있는 앱들이 **생산성**과 **미디어** 두 가지 섹션으로 구분되어 표시됩니다. 섹션별로 토글 스위치를 켜면 해당 섹션에 포함된 앱의 데이터에 제미나이가 접근할 수 있는 권한이 부여됩니다.

예를 들어 Google Workspace를 활성화하면 지메일, 드라이브, 구글 문서의 내용을 검색하고 요약하는 등의 작업이 가능해집니다. 처음 활성화할 때는 구글 계정 접근 권한 요청 화면이 나타나며 이때 [허용] 버튼을 클릭하여 권한을 부여해야 활용이 가능합니다. 반대로 언제든지 토글 스위치를 꺼서 앱 연결을 해제할 수 있으며 연결을 해제하면 제미나이는 더 이상 해당 앱의 개인 데이터에 접근할 수 없습니다.

이처럼 **연결된 앱** 기능을 사용하면 연결된 앱에서 제공하는 사용자 개인 정보를 바탕으로 제미나이와 대화할 수 있어 자연스럽게 맞춤형 답변을 받을 수 있습니다.

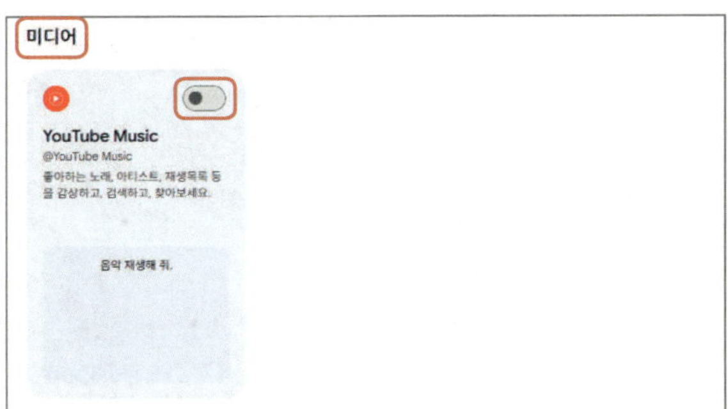

연결된 앱의 데이터는 대화 맥락에서만 사용되며, 제미나이 학습에는 사용되지 않습니다. 또한 언제든지 설정에서 특정 앱의 연결을 해제할 수 있으니 안심하고 사용할 수 있습니다. 다만, 개인 정보 보호를 위해 필요한 앱을 선택적으로 연결하는 것을 권장합니다.

제미나이
대화 도구
마스터하기

제미나이는 프롬프트 입력 창 하단에 다양한 도구들을 제공하여 사용자가 더욱 효과적으로 제미나이를 활용할 수 있도록 돕고 있습니다. 단순히 텍스트 기반의 질문과 답변을 주고받는 것을 넘어서, 심층 조사가 필요한 복잡한 주제를 탐구하거나 이미지와 영상을 생성하고, 문서를 작성하며, 체계적인 학습을 진행할 수 있는 전문적인 기능들이 통합되어 있습니다.

Deep Research는 방대한 정보를 수집하고 분석하여 종합적인 보고서를 제공하는 심층 탐색 도구로, 복잡한 주제에 대한 깊이 있는 이해를 돕습니다. Veo와 Imagen은 각각 영상 제작과 이미지 생성을 담당하여 사용자의 창의적 작업을 지원합니다. Canvas는 문서 작성과 편집을 위한 협업 작업 공간을 제공하며, **가이드 학습**은 사용자의 학습 목표에 맞춰 단계적으로 학습할 수 있는 환경을 마련해 줍니다.

이들 도구는 각각 독립적으로 사용될 수도 있지만 프롬프트 입력 창 내에서 유기적으로 연결되어 있어 사용자는 하나의 창에서 탐색, 창작, 분석, 학습을 모두 수행할 수 있습니다. 이러한 특징은 제미나이를 단순한 대화형 인공지능을 넘어 생산성과 창의성을 동시에 강화하는 통합형 지능 플랫폼으로 진화시키고 있습니다.

"다음 주까지 시장 조사 보고서 부탁해요."

이 한마디에 떠오르는 광경이 있습니다. 구글에서 키워드를 검색하고, 수십 개의 탭을 열어 정보를 수집하고, 출처를 확인하고, 엑셀에 정리한 뒤 다시 문서로 옮기는 과정. 짧게는 몇 시간, 길게는 며칠이 걸리는 이 작업은 누구에게나 부담스럽습니다.

그런데 만약 이 과정을 10분으로 줄일 수 있다면 어떨까요? 커피 한 잔을 마시는 동안 AI가 수백 개의 웹사이트를 탐색하고, 정보를 분석하고, 출처까지 표시된 보고서를 작성해 준다면 말입니다.

제미나이의 **Deep Research(딥 리서치)**는 바로 이것을 가능하게 만드는 도구입니다. 단순히 질문에 답하는 챗봇이 아니라, 사용자를 대신해 조사 계획을 세우고 웹을 탐색하며 체계적인 보고서를 만들어 내는 AI 파트너인 것입니다.

하지만 강력한 도구도 제대로 사용하려면 사용법을 정확히 알아야 합니다. "전기차에 대해 알려줘."라고 막연하게 물으면 피상적인 답변을 얻지만, "2025년 국내 전기차 충전 기반 시설의 지역별 분포와 최근 1년간 증가율을 분석해 줘."라고 구체적으로 요청하면 실무에 바로 쓸 수 있는 심층 보고서를 받게 됩니다.

이 절은 **Deep Research**를 처음 접하는 사용자도 쉽게 이해하고 바로 활용할 수 있도록 구성했습니다. 정의와 작동 방식부터 효과적인 프롬프트 작성법까지 차근차근 설명하고, 시장 조사, 경쟁사 분석, 제품 비교 같은 실제 업무 상황을 예제로 제시합니다. 실습마다 나쁜 예시와 좋은 예시를 함께 제시해, 어떻게 질문해야 더 나은 결과를 얻는지 명확히 알 수 있게 했습니다.

▌클릭 한 번으로 시작

프롬프트 입력 창 하단의 ⚙ **도구** 아이콘을 클릭하면 나타나는 드롭다운 메뉴 중에서
Deep Research를 선택합니다.

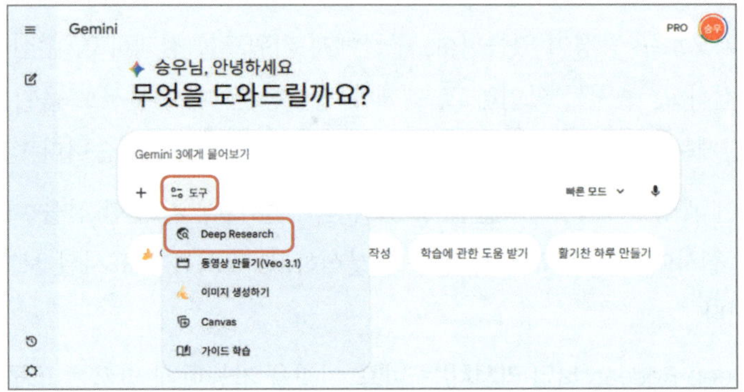

Deep Research를 선택하면 프롬프트 입력 창 하단에 파란색 글씨로 Deep Research
라는 표시가 나타납니다. 그 아래에는 소스와 파일이 있는데, 이 버튼을 클릭해 Deep
Research 수행 시 참고할 커넥터나 파일들을 추가할 수 있습니다. 커넥터는 외부 데이터
소스를 연결합니다. 필요한 소스와 파일을 추가하면 제미나이가 더욱 깊이 있고 신중하
게 자료를 수집하여 분석을 진행합니다.

▌맞춤형 프롬프트 작성

단순 사실 확인이나 실시간 정보 등 빠르고 간결한 답변을 요구하는 질문에는 Deep
Research가 적합하지 않습니다. 이러한 질문에는 일반적인 채팅 기능이 더 효율적입니다.

이와 다르게, Deep Research 도구는 다음 프롬프트처럼 특정 주제에 대해 웹의 방대한
정보를 심도 있게 분석하고 종합하여 상세한 보고서를 요구하는 경우에 효과적입니다.

2025년 현재 대한민국의 전기차 충전 인프라 현황을 조사해 줘.
다음 항목을 포함해서 보고서를 작성해 줘.

1. 전국 충전소 수와 지역별 분포
2. 급속/완속 충전기 비율
3. 주요 운영사 현황
4. 최근 1년간 증가율
5. 정부 정책 방향
목차를 포함하고, 5페이지 분량으로 작성해 줘.

이러한 프롬프트를 Deep Research 도구를 사용하여 입력하면 다음과 같이 시작 여부를 되물어 봅니다. 계획을 확인하고 **[연구 시작]** 버튼을 클릭합니다.

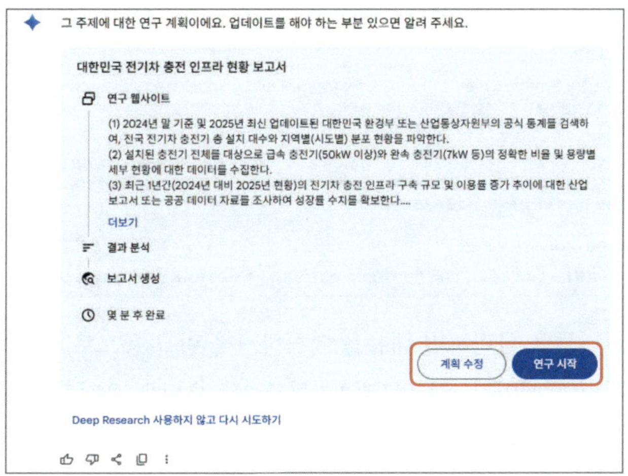

그러면 다음과 같이 보고서 형식의 답변이 표시됩니다. 우측 상단의 **생각하는 과정 표시**를 클릭하면 답변을 생성하는 과정을 단계적으로 보여주며, 단계마다 검색에 사용한 출처도 함께 제공합니다.

또한 답변으로 출력될 보고서 제목 아래에 단계별 상황을 알려주고 완료되면 메시지가 표시됩니다.

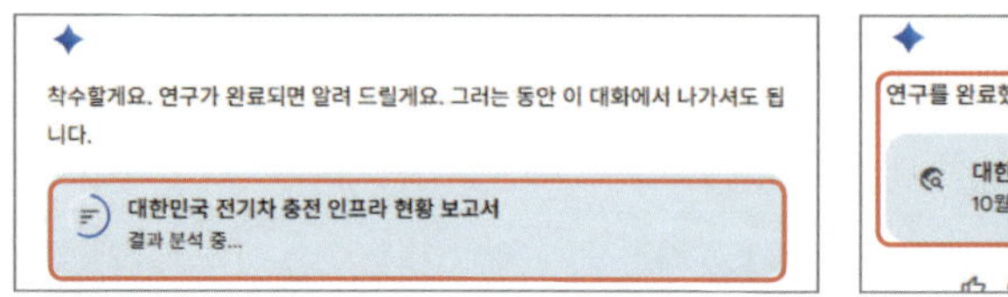
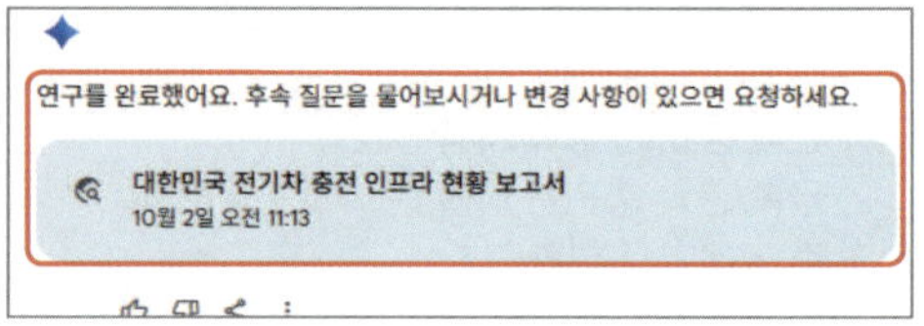

완성된 보고서 화면 우측에는 목차, 공유 등을 할 수 있는 메뉴가 표시됩니다.

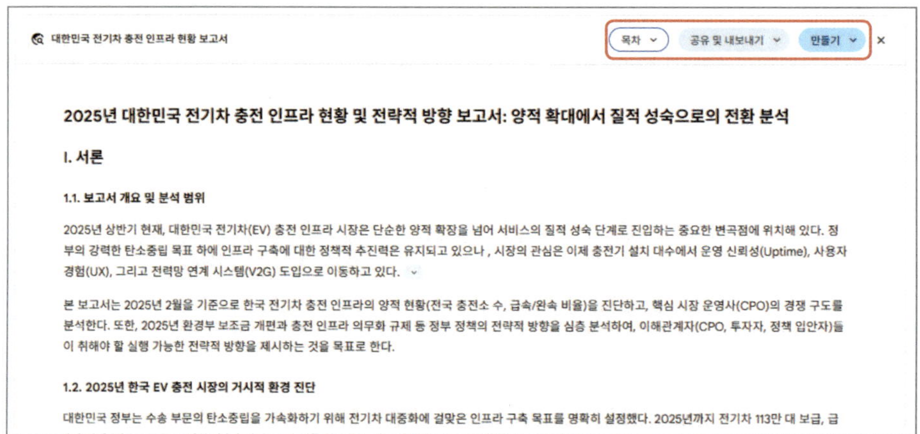

[공유 및 내보내기] 버튼을 클릭하면 내용을 복사하거나 링크 등으로 변환할 수 있고, **[만들기]** 버튼을 클릭하면 웹페이지, 인포그래픽, 퀴즈, AI 오디오 오버뷰 형식으로 변환할 수 있습니다.

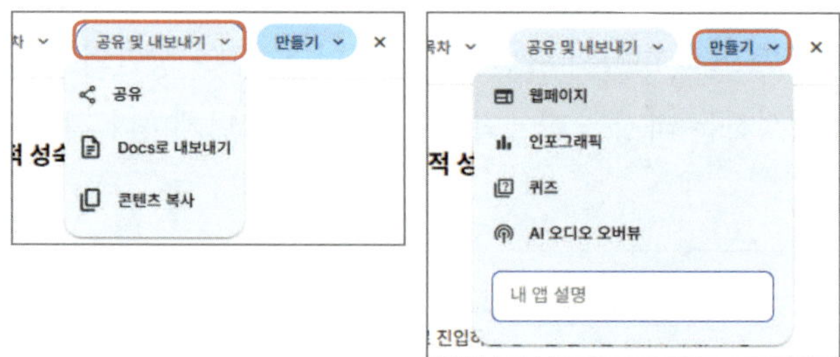

Canvas(캔버스)는 사용자가 제미나이와 실시간으로 소통하며 글쓰기, 코딩, 아이디어 구체화 등 다양한 작업을 수행할 수 있는 대화형 작업 공간입니다. 기존의 채팅 방식이 제미나이와의 단순 문답에 가깝다면 캔버스는 제미나이와 함께 문서를 공동으로 편집하고 결과물을 만들어 가는 협업 도구라고 생각하면 됩니다.

▌클릭 한 번으로 시작

프롬프트 입력 창 하단의 ⚙️ **도구** 아이콘을 클릭하면 나타나는 드롭다운 메뉴 중에서 Canvas를 선택합니다.

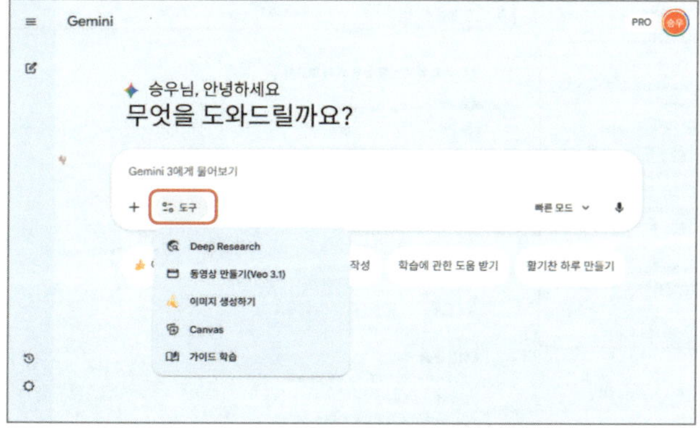

위와 같이 Canvas를 선택하면 프롬프트 입력 창 하단에 파란색 글씨로 Canvas가 표시됩니다. 이후부터는 대화 내용을 즉시 편집할 수 있는 형식으로 답변이 출력됩니다.

보고서 자동 생성과 편집

다음과 같은 프롬프트를 사용하여 Canvas로 가상의 보고서를 생성합니다.

프롬프트 입력 창에 Canvas 도구가 활성화되어 있으므로 일반적인 답변 스타일이 아닌 캔버스 형식으로 답변이 생성됩니다. 대화 창이 있던 화면은 좌측으로 이동하고 우측 화면에 캔버스 편집 창이 나타납니다.

마치 편집 프로그램처럼 화면 상단에는 문서 편집이 가능한 간단한 메뉴들이 나타나고 본문 우측 하단에는 버튼 메뉴가 표시됩니다.

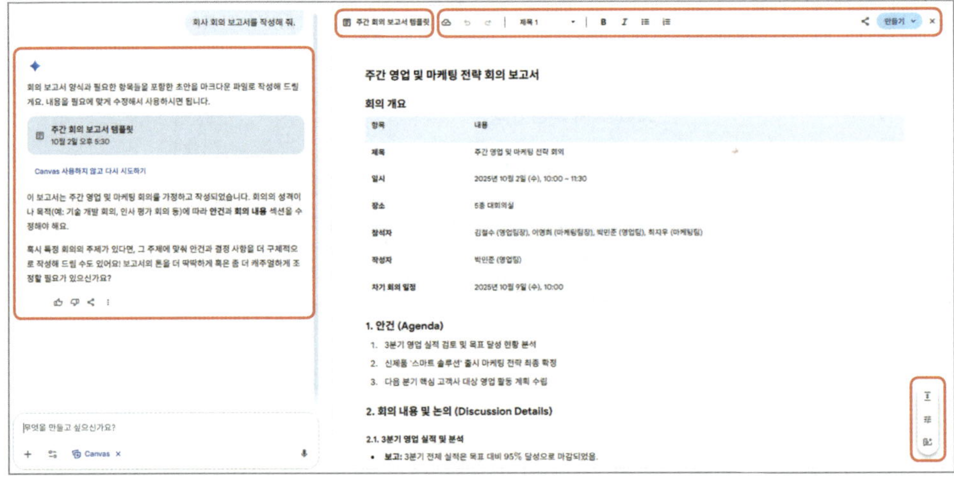

편집하고자 하는 영역을 드래그하여 선택한 후 I 기울임꼴 아이콘을 클릭하면 선택 영역의 문자가 기울어집니다.

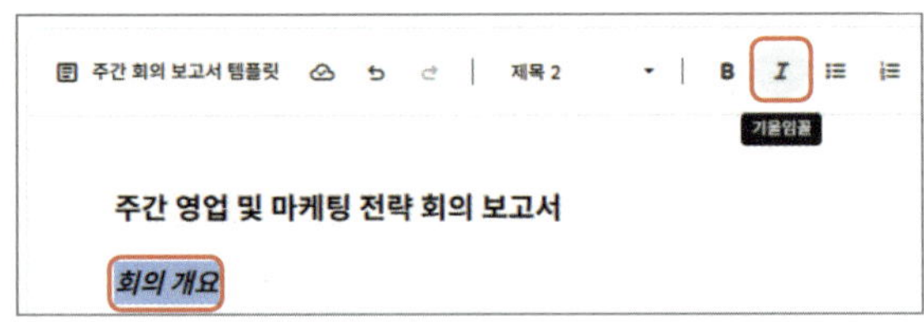

같은 방식으로 편집하고자 하는 영역을 드래그하여 선택한 후 ▤ **글머리기호** 아이콘을 클릭하면 선택한 영역의 텍스트들이 글머리기호 목록 형식으로 바뀌게 됩니다.

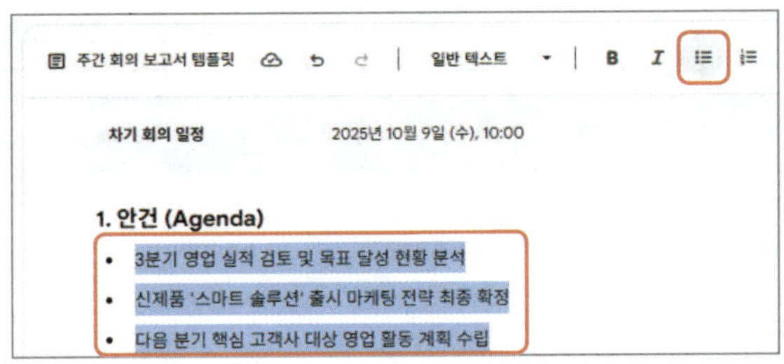

이번에는 본문 우측 하단의 버튼 메뉴를 사용하기 위해 편집하고자 하는 영역을 드래그하여 선택합니다.

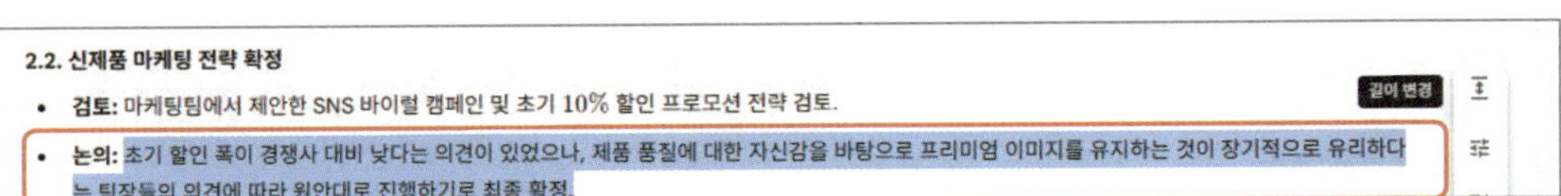

우측 하단의 버튼 메뉴는 총 3개의 하위 메뉴로 구성되어 있습니다. 그 중 ⬍ **길이 변경**은 텍스트 길이를 조정하는 기능을 제공합니다. **길이 변경** 메뉴를 선택하면 화면이 슬라이더 형태로 전환되는데, 이 슬라이더를 위아래로 움직여 선택한 텍스트 영역의 길이를 자유롭게 늘이거나 줄일 수 있습니다.

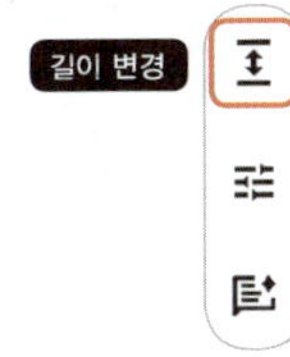

슬라이더를 위로 올려 글의 길이를 늘이면 다음과 같이 실시간으로 내용이 추가됩니다.

> - **논의:** 초기 할인 폭이 경쟁사 대비 낮아 시장 진입 초기 물량 확보에 어려움이 있을 수 있다는 우려(일부 경쟁사들은 $20\%\sim30\%$의 파격 할인을 제시하고 있음)가 제기되었으나, 이영희 마케팅팀장과 김철수 영업팀장은 **제품 품질에 대한 확고한 자신감**을 바탕으로 프리미엄 이미지를 유지하는 것이 장기적인 브랜드 가치 구축에 필수적이라는 데 의견을 모았습니다. 이는 단기적인 판매량 증대보다는 **고급화 전략**을 통해 높은 마진율을 확보하고, 제품의 우수한 성능과 차별화된 사후 관리 서비스(A/S)를 통해 고객 충성도를 높여 시장을 선도하는 포지션을 견고히 하는 것이 장기적으로 훨씬 유리하다는 판단에 따른 것입니다. 따라서 초기 10% 할인 프로모션은 제품의 가치를 훼손하지 않는 선에서 고객 유입을 유도하는 최소한의 장치로 활용하며, 원안대로 최종 진행하기로 확정되었습니다.

이번에는 프롬프트를 이용하여 문서를 편집해 보겠습니다. 편집하고자 하는 영역을 드래그하면 드래그 영역 아래에 텍스트 입력 창이 나타납니다.

- **논의:** 초기 할인 폭이 경쟁사 대비 낮아 시장 진입 초기 물량 확보에 어려움이 있을 수 있다는 우려(일부 경쟁사들은 $20\%\sim30\%$의 파격 할인을 제시하고 있음)가 제기되었으나, 이영희 마케팅팀장과 김철수 영업팀장은 **제품 품질에 대한 확고한 자신감**을 바탕으로 프리미엄 이미지를 유지하는 것이 장기적인 브랜드 가치 구축에 필수적이라는 데 의견을 모았습니다. 이는 단기적인 판매량 증대보다는 **고급화 전략**을 통해 높은 마진율을 확보하고, 제품의 우수한 성능과 차별화된 사후 관리 서비스(A/S)를 통해 고객 충성도를 높여 시장을 선도하는 포지션을 견고히 하는 것이 장기적으로 훨씬 유리하다는 판단에 따른 것입니다. 따라서 초기 10% 할인 프로모션은 제품의 가치를 훼손하지 않는 선에서 고객 유입을 유도하는 최소한의 장치로 활용하며, 원안대로 최종 진행하기로 확정되었습니다.

> ✏️ 불렛스타일, 개조식으로 재구성해줘.

고, 관련 보도자료 배포를 10월 10일까지 준비 완료하기로 함.

예를 들어 "불렛스타일, 개조식으로 재구성해 줘."라고 프롬프트를 입력하면 제미나이가 선택한 텍스트를 불렛 포인트(글머리기호) 형식의 개조식 문장으로 변환해 줍니다.

- **제기된 우려:** 초기 할인율(10%)이 경쟁사(20\%$$\sim$$30\% 파격 할인) 대비 낮아 시장 진입 초기 물량 확보에 어려움이 있을 수 있다는 우려 제기.
- **전략 방향 (팀장 합의):** 단기 판매량 증대보다는 **제품 품질에 대한 확고한 자신감**을 바탕으로 **프리미엄 이미지**를 유지하는 것이 장기적인 브랜드 가치 구축에 필수적이라는 데 의견을 모음.
- **고급화 전략의 목표:**
  - 높은 마진율 확보 및 제품 가치 유지.
  - 우수한 성능 및 차별화된 사후 관리 서비스(A/S)를 통한 고객 충성도 극대화.
  - 장기적으로 시장을 선도하는 포지션 견고화.
- **최종 확정:** 초기 10% 할인 프로모션은 제품 가치를 훼손하지 않는 선에서 고객 유입을 유도하는 최소한의 장치로 활용하며, 원안대로 최종 진행하기로 확정.

프롬프트는 화면 좌측으로 이동한 원래의 프롬프트 입력 창을 통해 입력할 수도 있습니다. 두 가지 방법 모두 동일하게 작동하므로 더 편한 방법을 사용하면 됩니다. 기본적으로 제공되는 편집 기능 외에 도입부 작성 등 프롬프트를 자유롭게 입력합니다.

버튼 메뉴 중 ☷ **어조 변경**은 글의 어조를 변경하여 톤앤매너를 변경할 수 있는 기능을 제공합니다. ☷ **수정 제안**은 선택한 영역이나 전체 문서를 제미나이가 스캔하여 수정이 필요한 부분을 자동으로 찾아내고 표시해 줍니다. 직접 적용해보면 더욱 빠르게 기능을 익힐 수 있습니다.

▌데이터 시각화

Canvas 도구를 선택한 상태에서 다음과 같은 프롬프트를 입력하면 제미나이가 데이터를 간단하게 분석한 후, 그 분석 결과를 시각화된 그래프 형태로 출력해 줍니다. 이 기능으로 복잡한 데이터를 직관적으로 이해할 수 있는 차트나 그래프로 쉽게 변환할 수 있습니다.

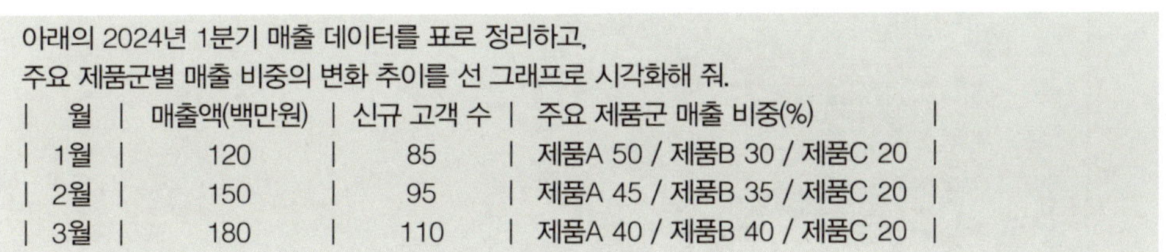

위와 같은 프롬프트를 실행하면 제미나이의 답변과 함께 '2024년 1분기 매출 분석'이라는 제목의 캔버스도 자동으로 생성되는데, 화면 중간쯤에 표시된 **[열기]** 버튼을 클릭하면 해당 캔버스 작업 공간으로 바로 이동할 수 있습니다.

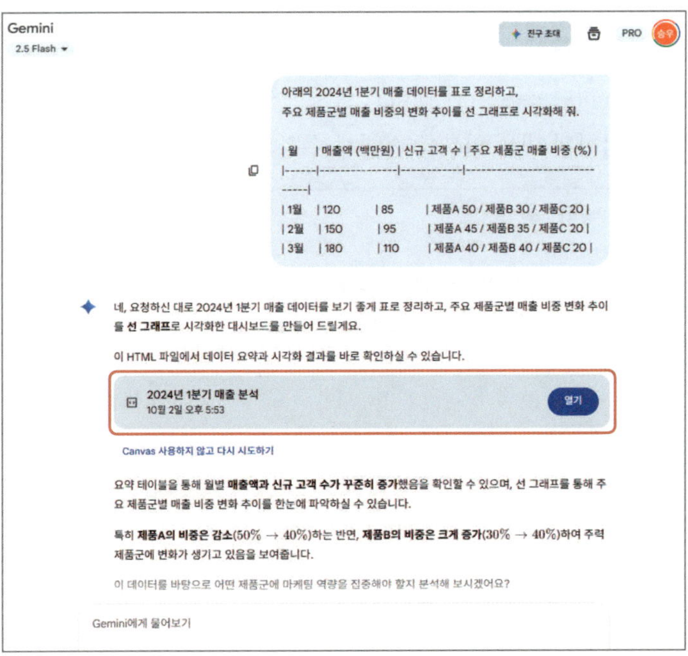

이번 캔버스는 데이터 분석 결과를 시각화하는 데 사용된 코드를 직접 확인할 수 있는 화면과 해당 코드가 실행된 결과를 미리 볼 수 있는 화면, 이렇게 두 가지 형태의 화면을 제공합니다. [코드]를 클릭하면 작성된 코드를, [미리보기]를 클릭하면 코드 실행 결과를 미리 볼 수 있는 미리보기 화면이 표시됩니다. 이 화면을 다른 사람과 공유하는 것도 가능합니다.

미리보기 화면 우측 하단에는 이전 캔버스 예제에서 보았던 것과 유사한 형태의 편집 메뉴가 제공되어, 시각화된 내용 일부를 손쉽게 수정하거나 조정할 수 있습니다.

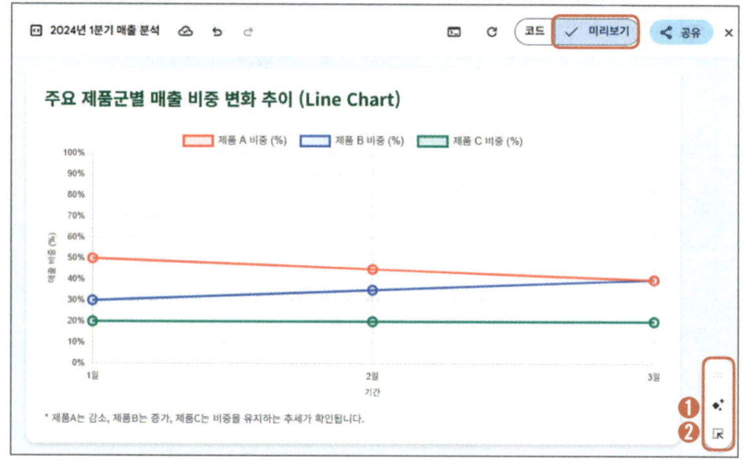

❶ **Gemini 기능 추가** 메뉴는 클릭할 때마다 차트 하단에 새로운 기능이 하나씩 순차적으로 추가됩니다. 버튼을 반복해서 클릭하면 계속해서 추가 기능들이 나타나게 됩니다.

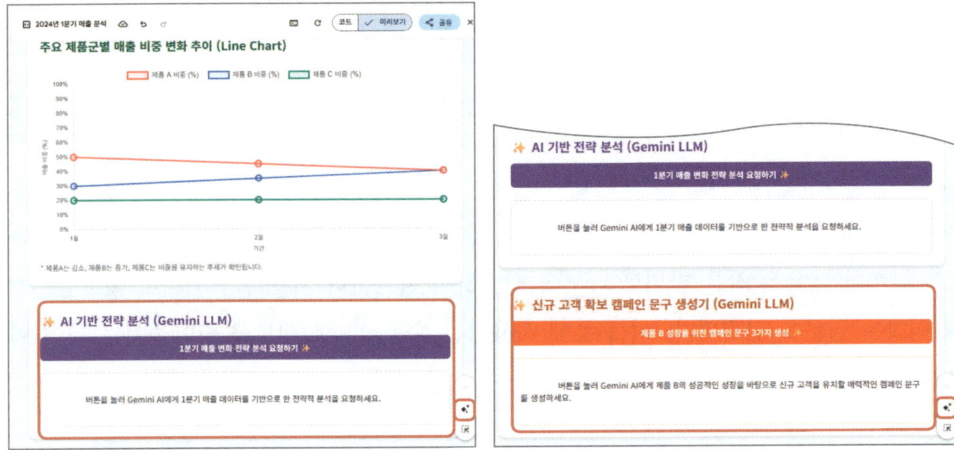

❷ **선택 후 물어보기**는 화면 좌측으로 이동한 메인 프롬프트 입력 창을 활용하는 기능입니다. 이 기능은 제목이나 설명 등의 단순 텍스트를 수정하고자 할 때 유용하게 사용할 수 있습니다.

변경하려는 텍스트 부분을 마우스로 드래그하여 선택한 후, 메인 프롬프트 입력 창에 "'월별 매출 및 고객 현황표'로 변경해 줘."와 같은 프롬프트를 입력하면 표의 제목이 즉시 변경됩니다.

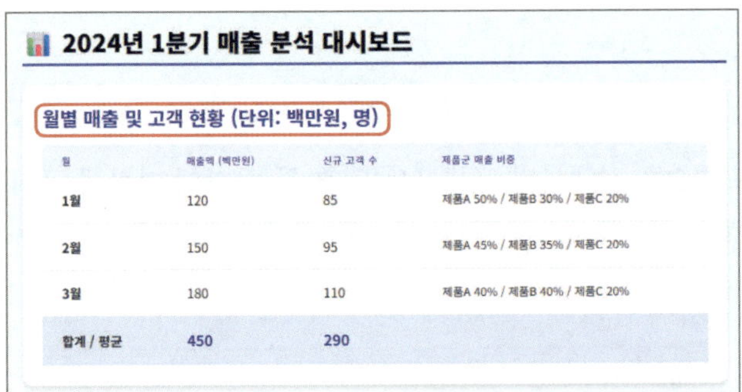

제미나이 프롬프트 입력 창의 **가이드 학습**은 사용자에게 단순히 정답을 알려주는 것을 넘어, 사용자가 스스로 개념을 깨우치고 지식을 심화할 수 있도록 돕는 대화형 학습 도구입니다. 제미나이가 개인 맞춤형 교사가 되어 사용자와 질문을 주고받으며 사용자의 학습 과정을 끌어 나가는 방식입니다.

가이드 학습 모드를 활성화하면 제미나이는 특정 주제에 대한 일방적인 정보 제공을 멈추고, 학습할 내용을 작은 단위로 나누어 설명하며 단계마다 사용자가 제대로 이해했는지 확인하는 질문을 던집니다. 이를 통해 사용자는 수동적으로 정보를 받아들이는 것이 아니라, 능동적으로 사고하고 학습에 참여할 수 있습니다.

▍클릭 한 번으로 시작

프롬프트 입력 창 하단의 ⚙️ **도구** 아이콘을 클릭하면 나타나는 드롭다운 메뉴 중에서 **가이드 학습**을 선택합니다.

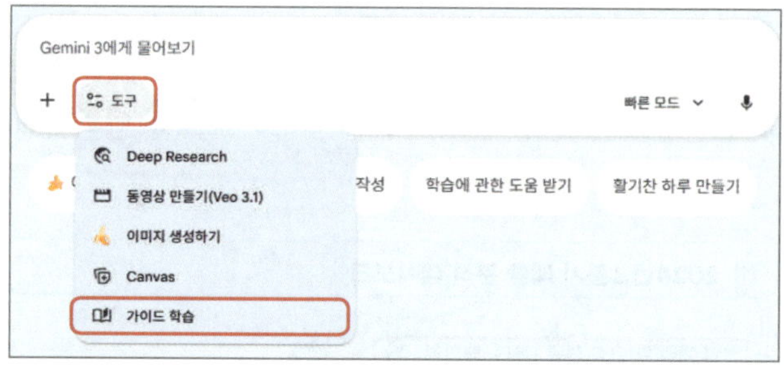

위와 같이 **가이드 학습**을 선택하면 프롬프트 입력 창 하단에 파란색 글씨로 **가이드 학습**이 표시됩니다. 이후부터는 제미나이가 대화를 통해 사용자의 학습을 체계적으로 지원하게 됩니다.

문답법으로 제미나이와 대화하며 학습

가이드 학습 프롬프트 템플릿 예시

[기간] 동안 구체적 [스킬]을 배워서
실제 [업무] 상황에 적용하고 싶어.
현재 수준은 [초급/중급/고급]이고,
하루에 [시간]분씩 투자할 수 있어.

이 프롬프트 템플릿에 맞춰 다음과 같이 변경하여 제미나이에게 요청합니다.

3개월 동안 웹프로그래밍을 배워서
쇼핑몰 개발에 적용하고 싶어.
현재 수준은 초급이고,
하루에 2시간씩 투자할 수 있어.

그리면 제미나이가 해당 단계에서 할 수 있는 옵션을 제안합니다.

제미나이의 제안 중에서 첫 번째 제안을 요청해 보겠습니다.

1. 프론트엔드 맛보기

제미나이는 사용자의 답변에 맞춰 다음 단계로 나아가는 데 필요한 내용과 관련된 질문을 던집니다. 일반적인 대화와 달리 사용자가 아니라 제미나이가 먼저 질문을 하며, 학습이나 작업을 체계적으로 이어갈 수 있도록 돕습니다.

사용자가 제미나이의 질문에 대답하면 제미나이는 또 다른 질문으로 학습을 이어갑니다.

에디터 프로그램이 있어야 해.

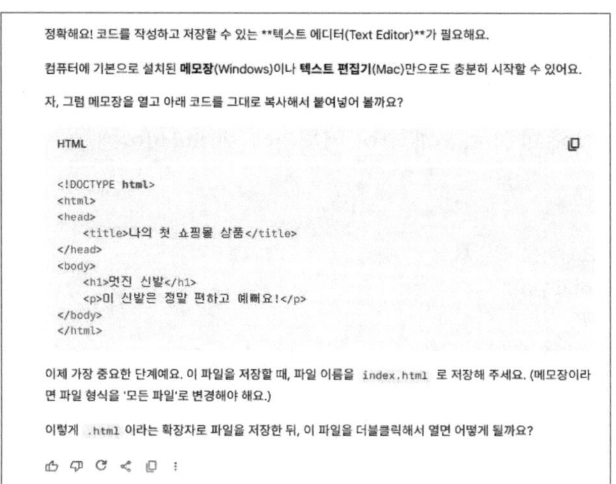

이번에는 "잘 모르겠다"라고 응답해 보겠습니다.

잘 모르겠어.

사용자가 "모르겠다"라고 응답하면 제미나이는 멈추지 않고 다른 질문을 이어가며 대화를 자연스럽게 연결합니다. 이를 통해 사용자가 막힌 부분을 우회하거나 다른 방향으로 생각을 확장할 수 있도록 유도합니다.

이렇게 **가이드 학습** 도구는 사용자가 스스로 답을 찾아가도록 단계적으로 힌트를 제공하고 질문을 이어가며 학습을 유도합니다. 단순히 정답을 알려주는 것이 아니라, 대화를 통해 사용자의 이해를 돕고 능동적인 학습 경험을 제공하는 것이 이 도구의 핵심 역할입니다.

제미나이 입력 창의 **파일 업로드** 기능은 사용자가 자신의 파일을 제미나이와 직접 공유하여 대화에 활용할 수 있게 해주는 기능입니다. 단순히 텍스트로 질문하는 것을 넘어 문서, 이미지, 음성, 영상 등 다양한 형태의 데이터를 기반으로 더 깊이 있는 답변과 분석을 얻을 수 있습니다. 쉽게 말해, 제미나이에게 참고 자료를 직접 건네주며 질문하는 것입니다.

업로드 가능한 파일의 종류

- **문서 파일**: PDF, DOCX, HWP, HWPX, RTF, TXT 등
- **스프레드시트**: XLSX, CSV 등
- **이미지 파일**: JPG, PNG, WEBP 등
- **음성 및 영상 파일**: MP3, WAV, MP4 등
- **코드 파일**: PY, JAVA, HTML, SQL 등

파일 업로드 시 주의 사항

- 한 번에 최대 10개의 파일 업로드 가능
- 대부분 파일의 개별 용량은 100MB로 제한됨
- 영상 파일은 최대 2GB까지 가능(무료/유료 플랜별 차이가 있을 수 있음)

▌클릭 한 번으로 시작

프롬프트 입력 창 하단의 [+] 버튼을 클릭하면 나타나는 드롭다운 메뉴 중에서 **파일 업로드**를 선택합니다. 파일을 선택할 수 있는 탐색기 창이 나타나면 사용하고자 하는 파일을 선택합니다.

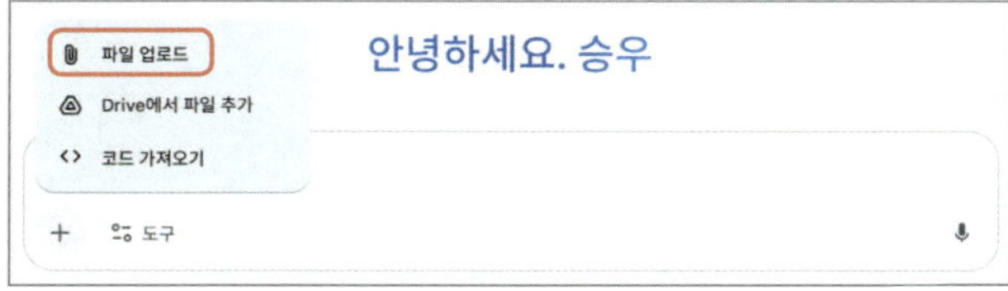

사용할 파일을 선택하면 프롬프트 입력 창 상단에 첨부한 파일이 표시됩니다. 이제 제미나이가 대화 중에 첨부된 파일을 참고할 수 있습니다.

AI 오디오 오버뷰 생성을 선택하면 프롬프트 입력 없이 제미나이가 첨부된 파일의 내용을 바탕으로 팟캐스트 형식(자유로운 대화나 이야기 중심의 오디오 콘텐츠 방식)의 음성 파일을 자동으로 생성해 줍니다.

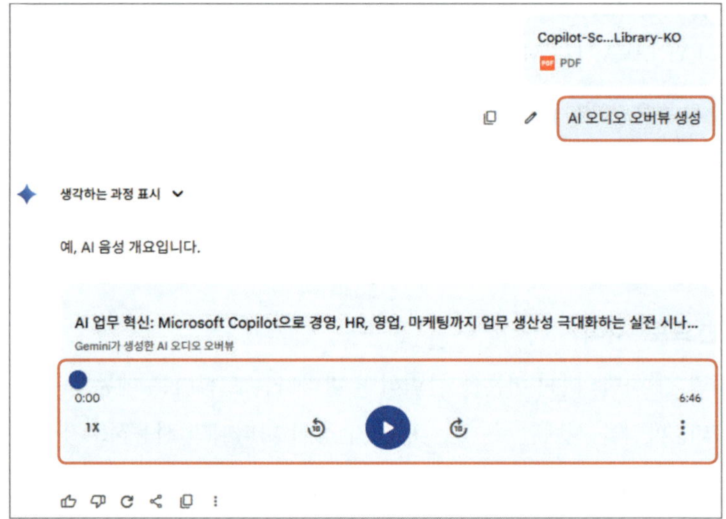

▌이미지 파일 분석

이미지 파일을 첨부하여 첨부된 이미지에 대한 분석을 요청할 수도 있습니다.

첨부한 이미지를 설명해 줘.

요청 결과, 이미지 속 인물까지는 알아내지 못했지만, 이미지에 관해 자세히 설명합니다.

이 이미지는 프로 운동선수로 보이는 한 동양계 남성이 미소를 지으며 관중들에게 손을 흔드는 모습을 포착하고 있습니다.

주요 특징
인물: 짧고 어두운 머리를 가진 젊은 동양계 남성입니다. 그는 온화한 표정을 짓고 있으며, 카메라를 살짝 비켜 옆을 바라보고 있습니다.
- 복장: 그는 금색/청동색 장식과 로고가 있는 흰색 카라 스포츠 유니폼을 입고 있습니다.
- 소매에는 Ford 로고가 있습니다. 유니폼 앞면 중앙에는 BMO(Bank of Montreal) 로고가 크게 새겨져 있습니다. 카라 근처에는 금색 Adidas 로고가 있으며, 어깨에는 금색 줄무늬가 있습니다. 흰색과 금색의 조합과 로고들을 바탕으로, 이 유니폼은 메이저 리그 사커(MLS) 팀, 특히 BMO가 주요 스폰서인 LAFC(로스앤젤레스 FC)의 유니폼으로 보입니다.
- 행동: 그는 오른손을 들어 팬들에게 손을 흔들고 있습니다.
- 배경: 경기장이나 스타디움 내부로 보이며, 아마도 경기장 필드 위에 서 있는 듯합니다. 배경은 야간 경기의 조명이나 좌석처럼 어둡고 붉은색을 띠며 약간 흐릿하게 처리되어 있습니다.
전반적인 분위기: 운동선수가 팬들과 교감하는 따뜻하고 긍정적인 순간을 보여줍니다.

PART 03

시트(Sheets), 데이터 작업 자동화하기

현대 사회에서 데이터는 일상생활부터 비즈니스 영역에 이르기까지 모든 분야의 핵심 동력으로 자리잡았습니다. 간단한 업무 목록 관리부터 기업의 복잡한 재무 분석, 학술 연구 그리고 제미나이 모델의 학습 데이터에 이르기까지, 효과적인 데이터 관리와 분석 역량은 현대인의 필수 소양이 되었습니다.

이러한 시대적 요구에 부응하여 구글 시트(Sheets)는 전 세계적으로 가장 널리 활용되는 클라우드 기반 스프레드시트 플랫폼으로 부상했습니다. 제미나이와의 연동으로 구글 시트에서 반복적인 데이터 처리 작업을 자동화하고, 복잡한 분석 프로세스를 직관적이고 효율적으로 수행할 수 있습니다. 구글 시트에서의 제미나이 활용은 업무 생산성을 획기적으로 향상하는 혁신적 변화를 불러오고 있습니다.

구글 시트는 데이터를 정리하고 분석할 때 정말 유용한 도구이지만, 처음 사용할 때는 표를 만드는 작업이 생각보다 복잡하고 시간도 오래 걸릴 수 있습니다.

이런 문제를 해결해 주는 것이 구글 제미나이입니다. 기존에는 셀을 하나하나 설정하고 데이터를 입력하느라 머리가 아팠다면, 이제는 제미나이에게 "이런 표를 만들어줘."라고 말하기만 하면 됩니다. 클릭 한 번으로 깔끔한 테이블이 완성됩니다.

사용법도 매우 간단합니다. 사용자가 원하는 표의 형태를 제미나이에게 설명하면, 제미나이가 알아서 척척 만들어 줍니다. 복잡한 함수나 서식 설정을 몰라도 전혀 문제없습니다. 이제 누구든지 전문가 수준의 데이터 관리를 쉽게 할 수 있게 되었습니다. 제미나이의 테이블 생성 기능을 제대로 활용해서 업무 속도를 한층 더 빠르게 만드는 실전 노하우를 알아보겠습니다.

▌구글 시트 & 제미나이 실행

구글 홈페이지 우측 상단의 ⦂ **와플메뉴**를 클릭하면 아래쪽에 구글 앱이 표시됩니다. 여기에서 **Sheets**를 선택합니다. 또는 주소 창에 https://docs.google.com을 직접 입력합니다.

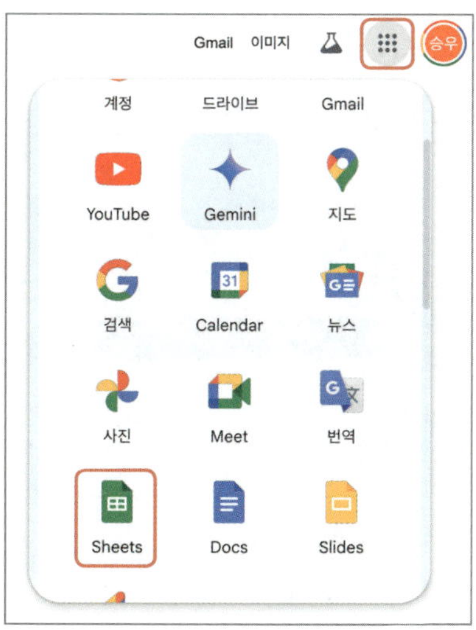

구글 시트 메인 화면이 나타나면 [+] 버튼을 클릭해 새로운 스프레드시트를 생성합니다.

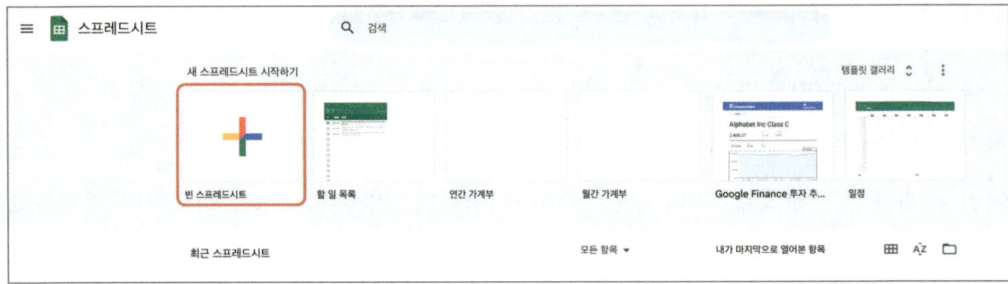

생성된 스프레드시트 우측 상단의 ◆**제미나이** 아이콘을 클릭하면 우측에 제미나이 인터페이스가 표시됩니다.

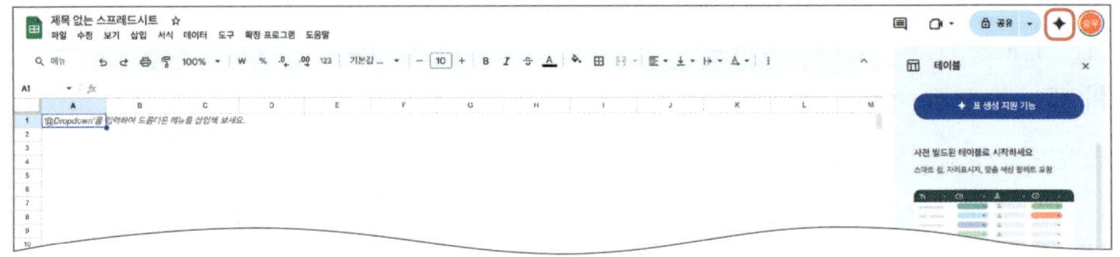

▍템플릿을 이용한 테이블 생성

제미나이에는 기본으로 제공되는 템플릿이 몇 가지 있습니다. 사용자가 원하는 목적에 맞는 템플릿을 선택하면, 별도의 복잡한 설정 없이 클릭 한 번으로 테이블(표)을 자동으로 생성할 수 있습니다.

템플릿 이름 앞의 **>화살표**를 클릭하면 다양한 템플릿들이 표시되며, 이 중에서 적절한 것을 선택하면 됩니다.

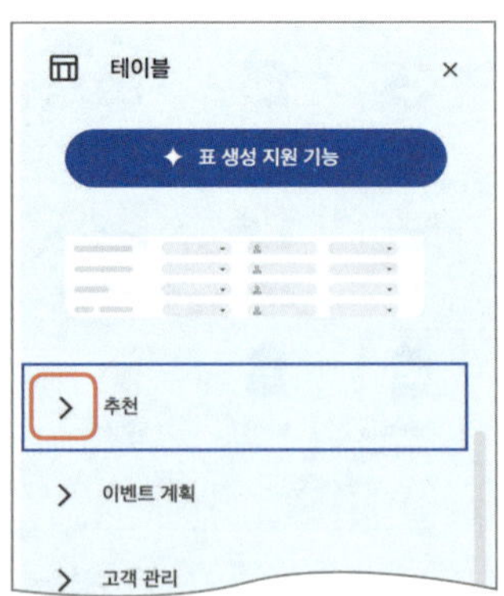

예를 들어 **이벤트 계획**의 **이벤트 작업**이라는 템플릿을 선택하겠습니다. 템플릿을 고른 후 **[삽입]** 버튼을 클릭하면, 바로 사용할 수 있는 완성된 표가 만들어집니다. 이처럼 간단하게 효율적인 데이터 관리 환경을 구축할 수 있으며 누구나 쉽게 업무에 활용할 수 있습니다.

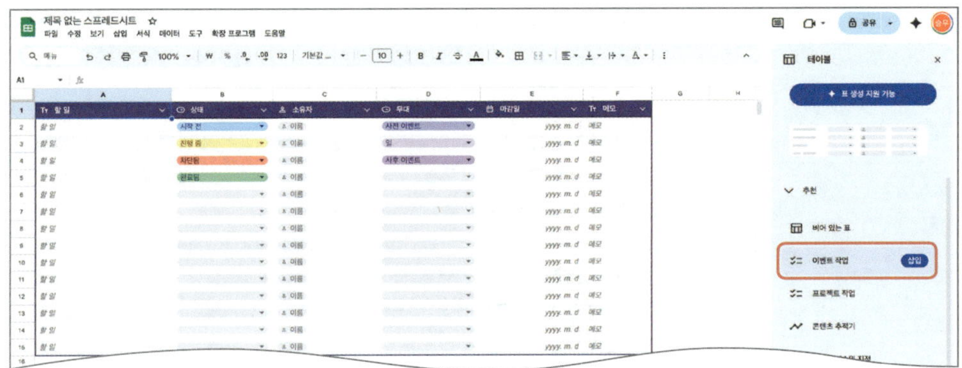

▍프롬프트를 이용한 테이블 생성(Gemini Pro 이상 지원)

이번에는 프롬프트를 입력하여 테이블을 생성해 보겠습니다. 화면 우측 제미나이 인터페이스 하단을 보면 프롬프트 입력 창이 있습니다. 이 입력 창에 프롬프트를 입력하면 제미나이가 자동으로 테이블 형태의 표를 생성해 줍니다.

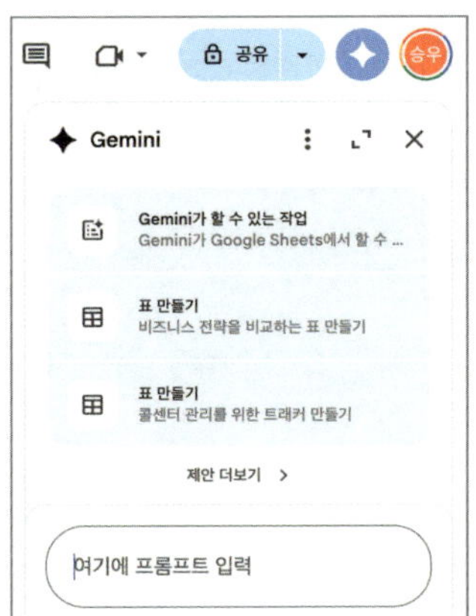

"집안일 체크리스트에 사용할 테이블을 만들어줘."라는 프롬프트를 입력 창에 작성한 후 Enter 를 눌러 전송하면 제미나이가 집안일 관리에 적합한 체크리스트 형태의 테이블을 자동으로 생성해 줍니다.

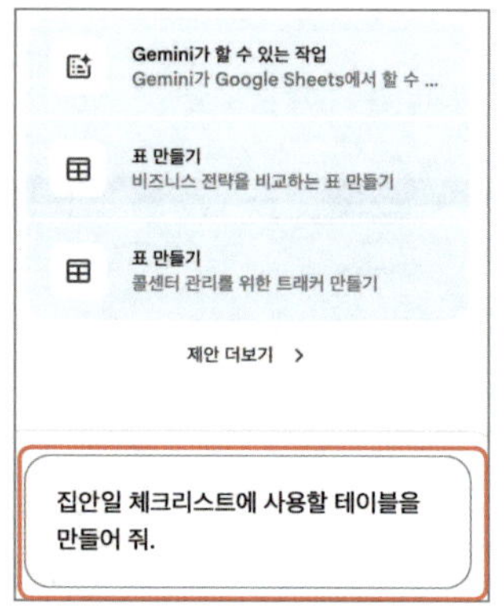

프롬프트를 실행하면 제미나이 인터페이스에 생성된 테이블이 답변 형태로 표시됩니다. 답변 하단에 있는 **[삽입]** 버튼을 클릭하면 해당 테이블이 현재 작업 중인 시트 안에 자동으로 삽입됩니다.

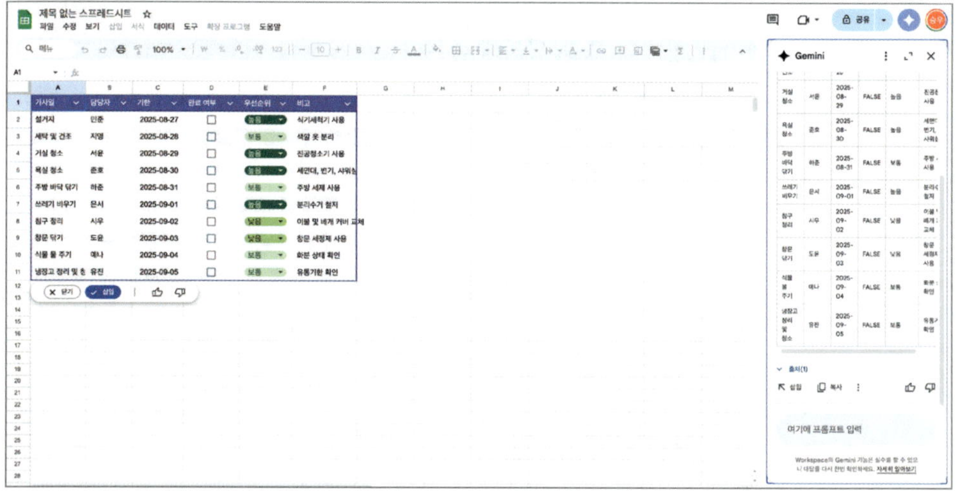

테이블 좌측 상단에 위치한 메뉴를 활용해 표시된 데이터를 다양한 방식으로 가공하고 활용할 수 있습니다. 이 메뉴를 통해 데이터를 정렬하거나 필터링하는 등 여러 가지 편집 작업 수행이 가능합니다.

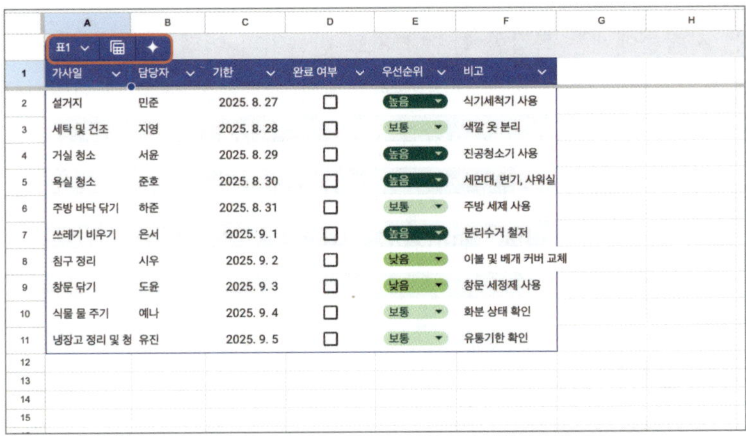

자동 생성된 제목 역시 클릭해 수정할 수 있습니다.

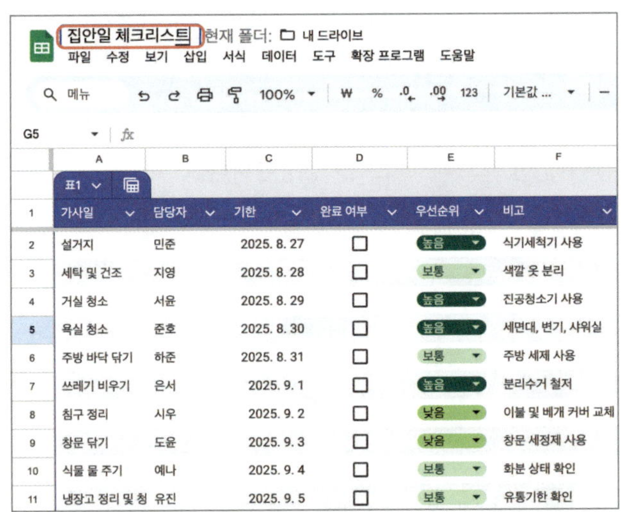

데이터 분석은 시간과 전문 지식이 많이 필요한 복잡한 작업입니다. 특히 구글 시트를 처음 사용하는 사람들에게는 복잡한 함수나 차트 만들기가 어려운 일일 것입니다. 하지만 제미나이가 등장하면서 몇 초 만에 데이터를 정리하고 분석할 수 있게 되었습니다.

사용자는 궁금한 것을 자연스럽게 질문하거나 버튼을 클릭하기만 하면 됩니다. 그러면 제미나이가 알아서 복잡한 데이터를 깔끔하게 정리해 주고, 중요한 지표들을 한눈에 보기 쉬운 그래프로 만들어 줍니다. 제미나이를 사용해서 데이터 요약 & 분석하기와 관련된 예제를 학습하겠습니다.

▌외부 데이터 임포트(Import)

구글 시트에서 일반적으로 데이터를 주고받을 때는 CSV 형식을 많이 사용합니다. CSV가 널리 쓰이는 가장 큰 이유는 범용성입니다. CSV는 거의 모든 프로그램과 프로그래밍 언어에서 지원하며, 데이터베이스나 API에서도 표준처럼 사용됩니다. 파일이 가볍고 처리 속도가 빠르다는 것도 큰 장점입니다.

이번 실습에서도 CSV 형식의 파일을 사용하여 진행합니다. CSV 파일을 가져오기 전에 우선 [+] 버튼을 클릭해 빈 스프레드시트를 생성합니다.

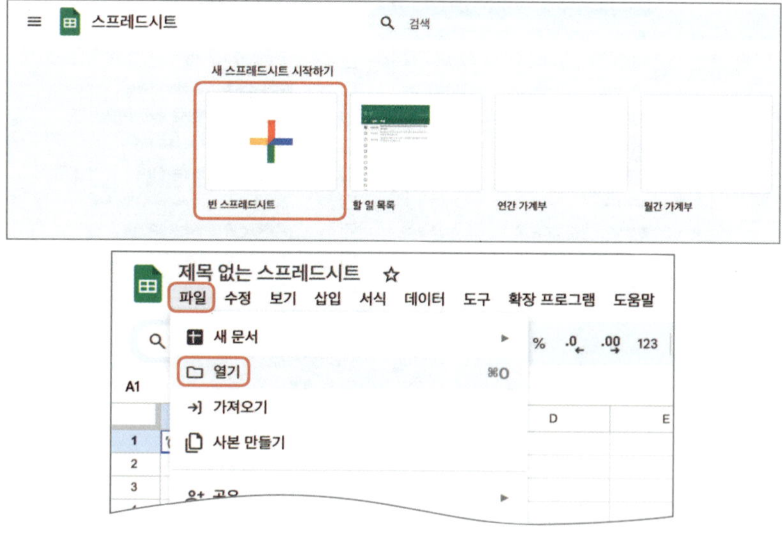

파일 열기 화면 상단에 6개의 탭 메뉴가 있습니다. 이 중에서 **업로드** 탭을 클릭하면 PC에 저장된 파일을 불러올 수 있습니다. 실습을 위해 여기서 **제미나이_시트_데이터 요약분석_예제**.csv 파일을 선택해 업로드합니다.

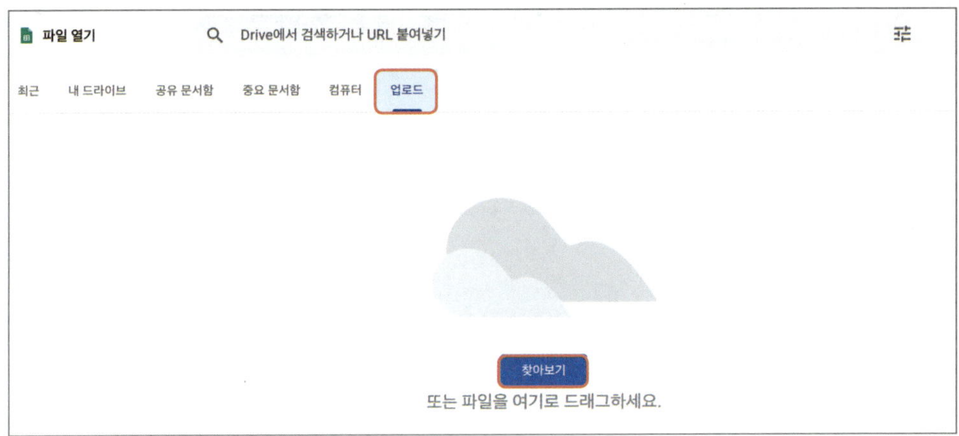

제미나이_시트_데이터 요약분석_예제.csv 파일을 업로드하면 파일 내용이 화면에 표시됩니다. 이제 제미나이가 이 데이터를 분석할 준비가 완료됐습니다.

월	판매자	제품	매출액	비용	이익
1월	홍길동	A제품	1200	800	400
1월	김철수	B제품	1000	600	400
2월	홍길동	A제품	1400	900	500
2월	김철수	B제품	800	500	300
3월	홍길동	A제품	1500	950	550
3월	김철수	B제품	1100	700	400

▌가져온 데이터 요약(Gemini Pro 이상 지원)

우측의 ◆제미나이 아이콘을 클릭하여 제미나이 인터페이스를 표시하고 하단 프롬프트 입력 창에 "이 테이블의 요약본을 만들어줘."라고 입력합니다.

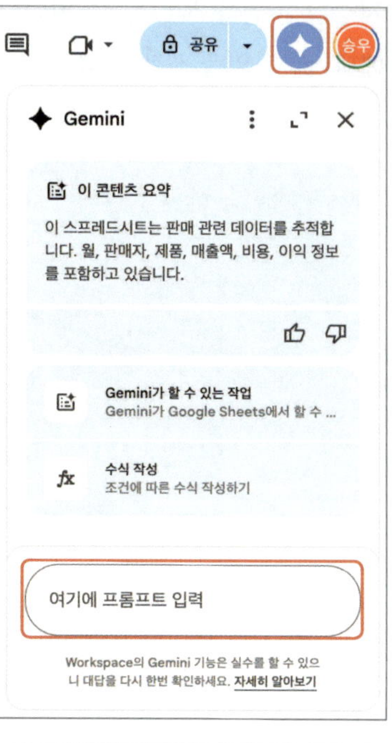

요청을 받은 제미나이가 스프레드시트에 담긴 데이터의 핵심 내용을 요약해서 보여줍니다.

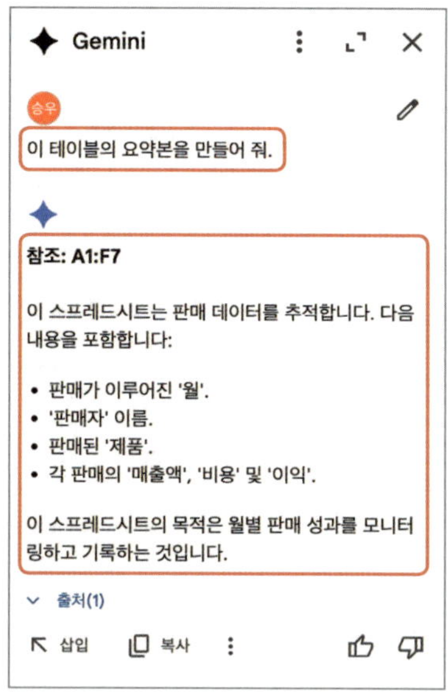

 가져온 데이터 분석(Gemini Pro 이상 지원)

프롬프트 입력 창에 다음과 같은 프롬프트를 입력하여 데이터를 분석합니다.

이 테이블의 데이터를 분석해 줘.

단순 요약뿐 아니라 데이터 분석을 통해 깊이 있는 인사이트를 얻을 수 있습니다.

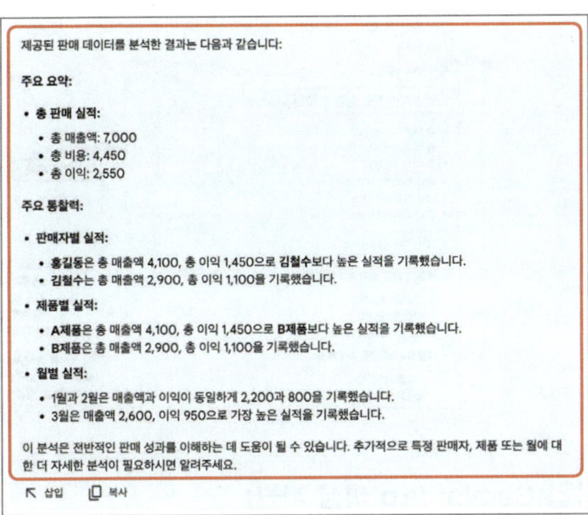

이번에는 **제미나이_시트_데이터 요약분석_심화 예제.csv** 파일을 업로드합니다. 그러면 다음과 같이 스프레드시트 화면이 나타나게 됩니다.

제미나이 인터페이스 하단 프롬프트 입력 창에 다음과 같은 내용을 입력하면 주어진 시트에 대한 데이터 분석을 시작할 수 있습니다.

이 테이블의 데이터를 분석하고 그래프로 만들어줘.

데이터를 시각화하면, 데이터의 패턴과 의미를 한눈에 파악할 수 있습니다. 또한 데이터 분석에 대한 다양한 인사이트와 해석을 함께 제공받을 수 있습니다.

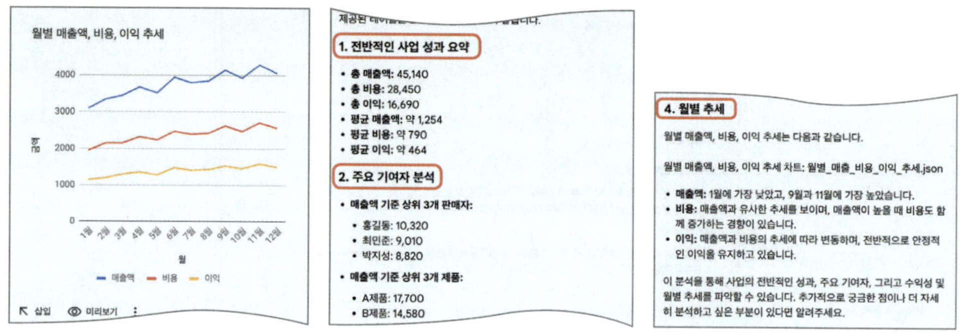

▌분석한 데이터 삽입(Gemini Pro 이상 지원)

분석한 데이터를 시트에 삽입하고 싶다면 먼저 결과를 담을 새로운 시트를 만들어야 합니다. 구글 시트 화면 좌측 하단에 있는 [+] 버튼을 클릭하면 새로운 시트가 추가됩니다.

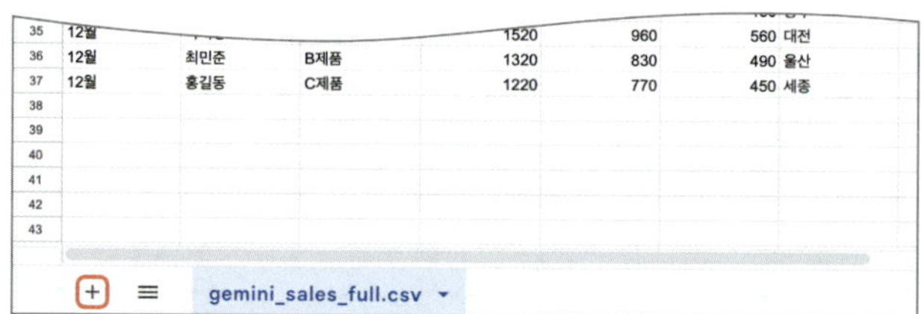

새로운 시트가 추가되었다면 시트 내의 임의의 셀 하나를 선택합니다.

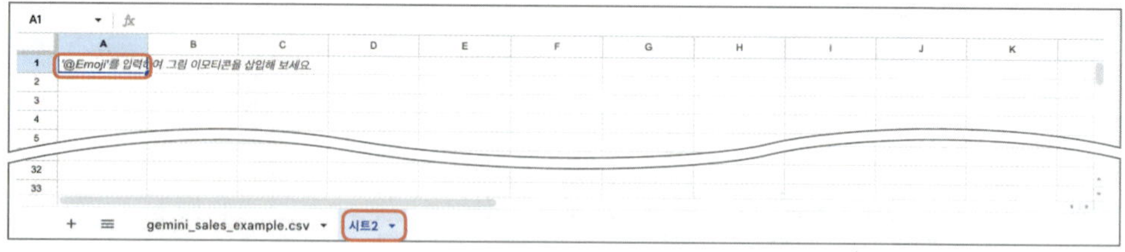

삽입할 시트를 생성하고 생성된 시트에서 삽입할
위치(셀)를 선택했다면, 제미나이 인터페이스의
분석 결과 아래에 있는 **[삽입]** 버튼을 클릭합니다.

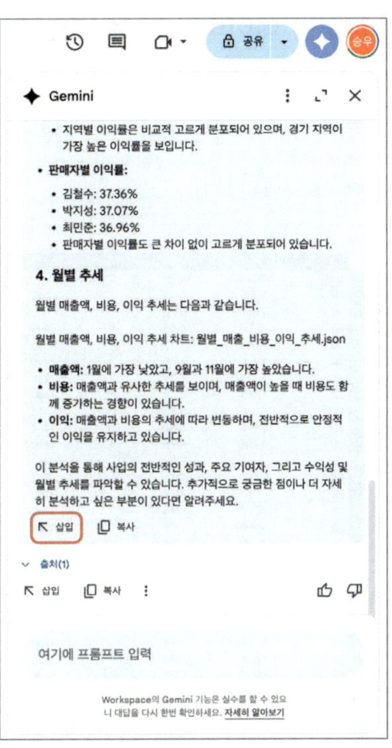

마찬가지로 그래프도 추가해 보겠습니다.

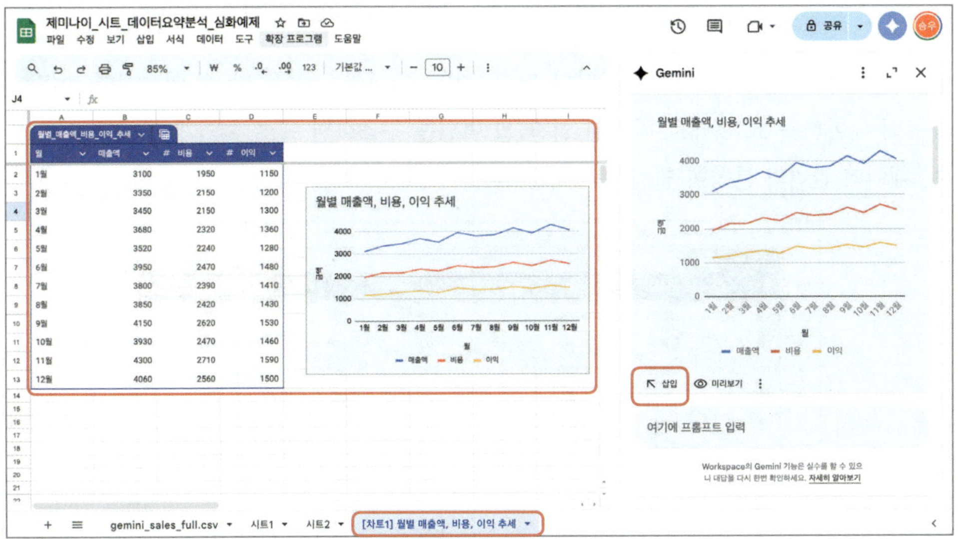

▌삽입된 데이터를 표로 변환(Gemini Pro 이상 지원)

입력한 데이터를 모두 드래그하여 선택한 후 마우스 오른쪽 버튼을 클릭하면 메뉴가 표시됩니다. 이 메뉴에서 **표로 변환** 옵션을 선택하면 선택한 데이터 영역을 표 형식으로 변환할 수 있습니다.

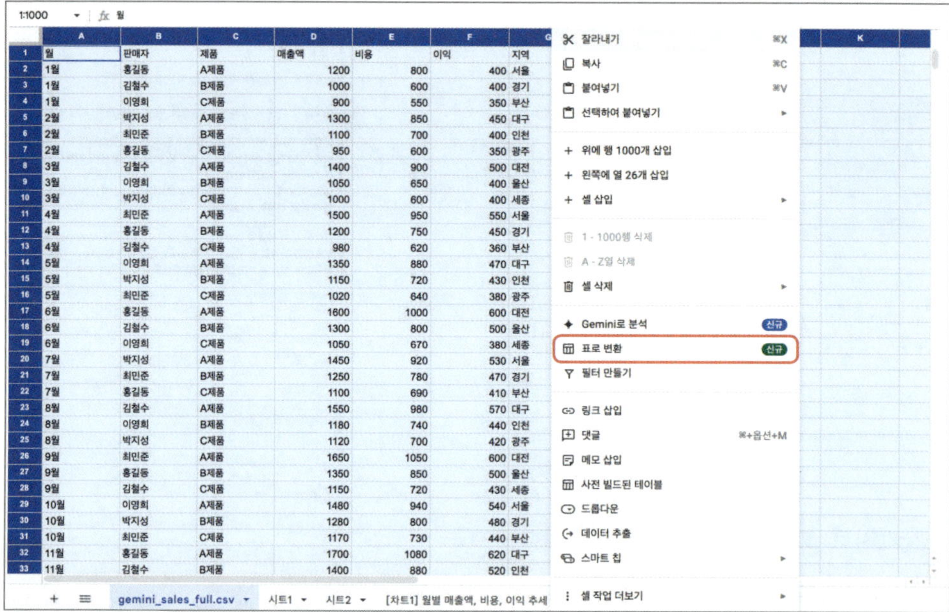

표 제목이 헤더 형태로 바뀌면 간단한 필터링이나 그룹화 작업을 할 수 있습니다. 이렇게 시트의 데이터를 표 형태로 바꾸면 일반 셀 범위를 구조화된 표로 손쉽게 전환할 수 있으며, 데이터 관리와 분석이 훨씬 편리해집니다.

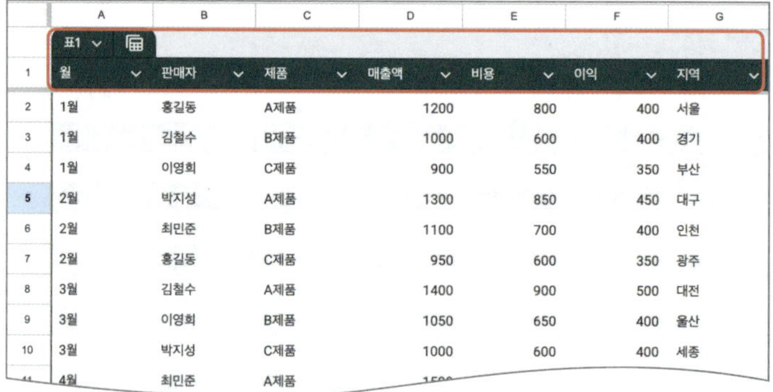

AI() 함수의 강력한 기능을 활용해 지금까지 어렵고 복잡하다고 여겨졌던 데이터 문제들을 어떻게 간단하고 직관적으로 해결할 수 있는지 예제와 함께 알아보겠습니다.

AI() 함수 기능을 사용할 때는 복잡한 수식을 작성할 필요 없이, 마치 동료에게 말하듯 자연스러운 언어로 말하면 됩니다. "매출이 가장 높은 상위 10개 제품을 찾아줘.", "작년 대비 성장률이 20% 이상인 지역은 어디야?"와 같은 평범한 문장이 곧바로 정확한 분석 결과로 변환됩니다.

구글 시트에 내장된 제미나이의 AI() 함수를 사용하려면 현재로서는 사용자 언어를 영어로 변경해야 합니다. 아쉽게도 이 기능은 아직 한국어를 공식적으로 지원하지 않기 때문에, 함수 내에 입력하는 프롬프트나 질문도 영어로 작성하는 것이 권장됩니다. 일관성과 안정성을 위해 영어로 통일하여 프롬프트를 작성하는 것을 추천합니다.

▌AI( ) 함수 사용을 위한 사용자 설정 변경

먼저 구글 웹사이트에 로그인합니다. 우측 상단의 사용자 프로필 아이콘을 클릭하면 표시되는 드롭다운 메뉴에서 [Google 계정 관리] 버튼을 클릭합니다.

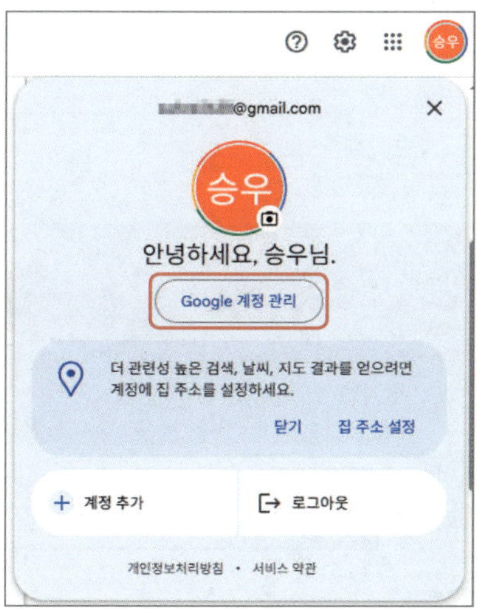

다음과 같이 구글 계정 화면이 나타나면 메뉴의 **개인 정보** 를 클릭합니다.

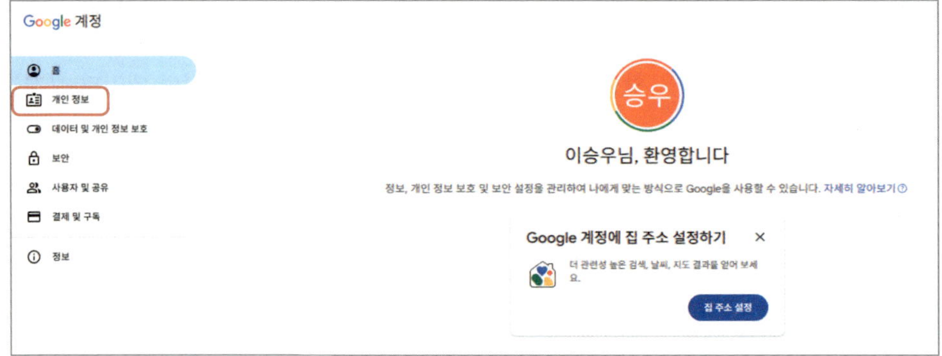

개인 정보 화면이 나타나면 화면 아래쪽에 있는 **일반 웹 환경 설정** 항목의 **언어** 옵션을 변경합니다.

언어를 **영어**로 변경합니다.

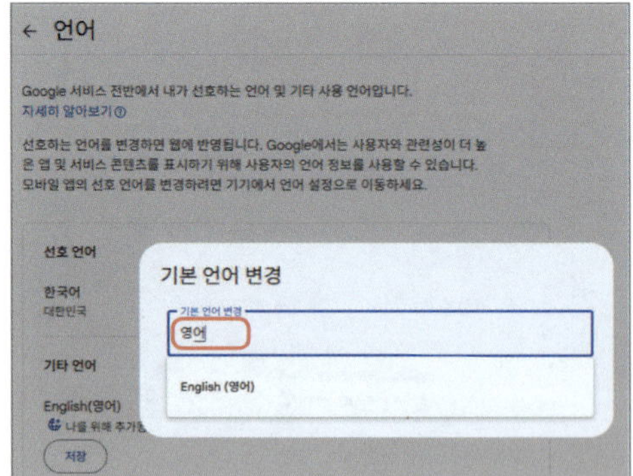

언어를 영어로 변경하자마자 구글 웹페이지의 내용들이 영어로 표시됩니다.

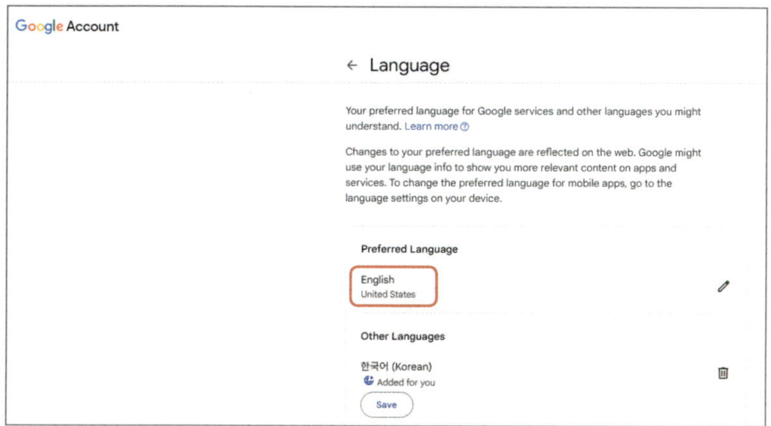

2025년 9월 23일, 구글 워크스페이스 공식 블로그를 통해 구글 시트의 AI() 함수가 한국어를 포함한 7개 언어를 새롭게 지원하기 시작했다고 공지했습니다. AI() 함수가 '랩스(Labs)' 단계를 마치고 정식 기능으로 승격되었다고 발표했습니다. 즉, 이제 AI() 함수는 구글 워크스페이스용 제미나이 유료 플랜의 정식 프리미엄 기능으로 제공되며, 유료 플랜을 구독하면, 랩스 가입 여부와 무관하게 AI() 함수를 바로 사용할 수 있는 것입니다.

하지만 보다 안정적인 사용 환경을 위해서는 구글 시트의 언어 설정을 '영어'로 변경하고 Google Workspace Labs에 가입하는 것을 권장합니다. 이 책에서는 구글 워크스페이스 랩스 가입부터 실습해 보겠습니다. Google Workspace Labs에 접속합니다.

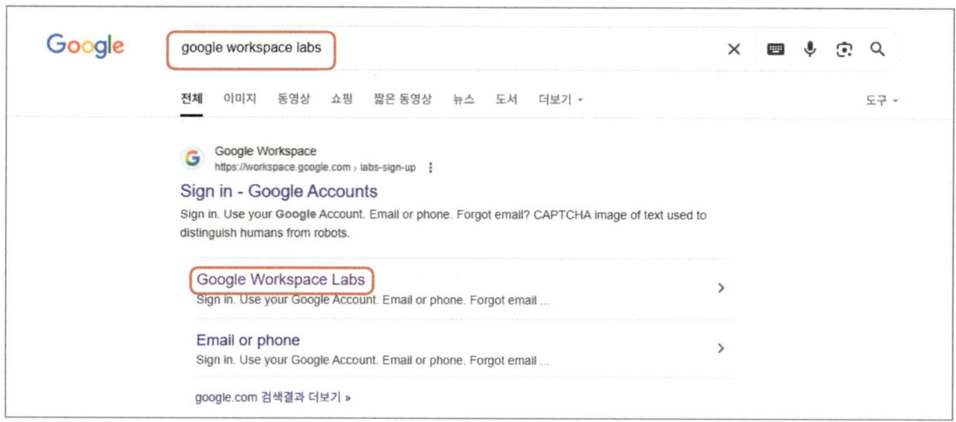

접속하면 처음 나타나는 화면입니다.

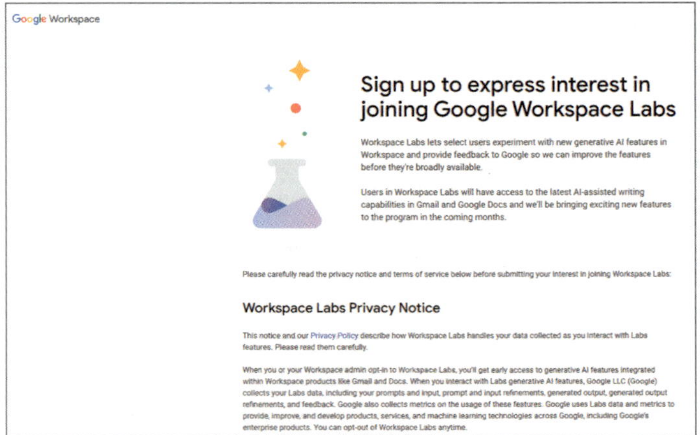

화면 아래에 있는 동의 사항을 모두 체크한 후 제출합니다.

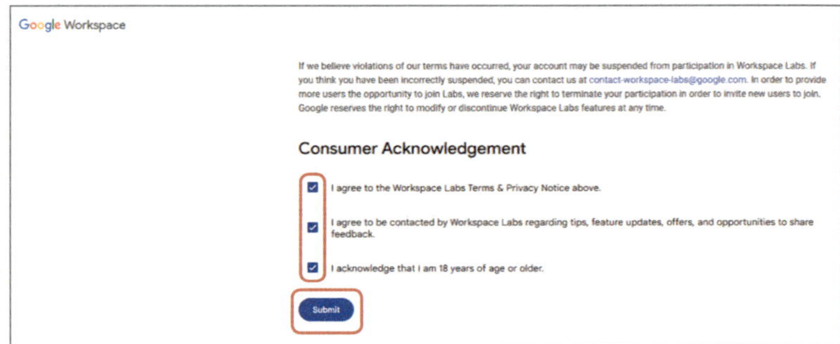

다음과 같은 성공 메시지가 나타나면 가입이 완료된 것입니다.

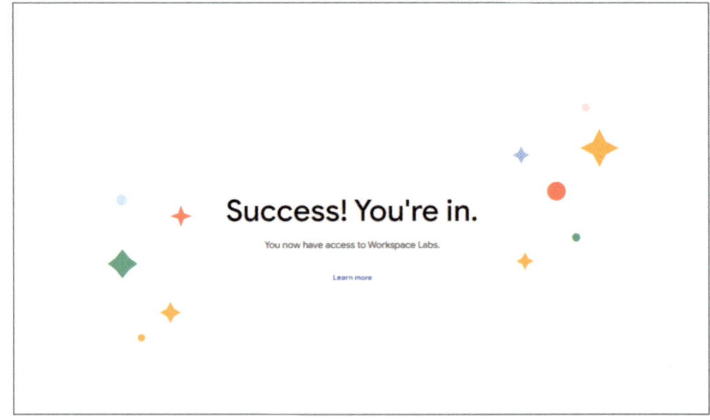

▌AI( ) 함수를 이용하여 제품 광고 문구 생성

AI( ) 함수는 일반 함수처럼 함수명을 호출하는 방식으로 사용할 수 있습니다. 일반 함수는 정해진 형식의 매개변수를 입력해야 하지만, AI( ) 함수는 우리가 평소 사용하는 일상적인 대화체 문장을 그대로 입력해도 정확하게 작동한다는 특징이 있습니다.

AI( ) 함수는 다음과 같은 기본 구조를 가집니다.

```
=AI("프롬프트", 셀 주소)
=AI("30자 이내의 매력적인 구글 광고 제목을 만들어줘.", B2)
```

학습을 위해 새 구글 시트를 만들고 **marketing_products.csv** 파일을 불러옵니다. D1 셀에 "=AI("30자 이내의 매력적인 구글 광고 제목을 만들어줘.", B2)"를 입력합니다.

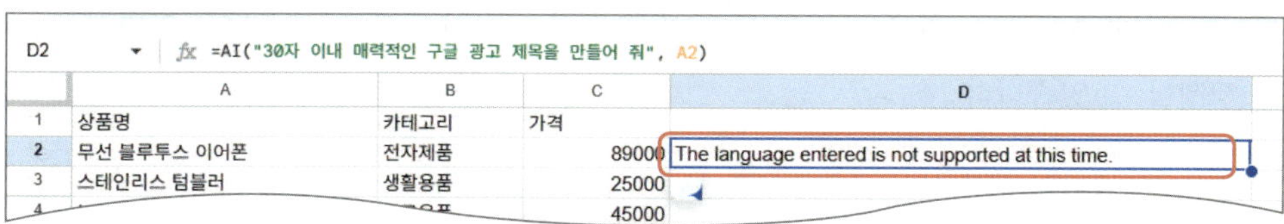

AI( ) 함수에 "30자 이내의 매력적인 구글 광고 제목을 만들어줘."라는 프롬프트를 매개변수로 입력했습니다. 그런데 예상과 달리 함수가 정상적으로 작동하지 않고 'The language entered is not supported at this time'이라는 오류 메시지가 출력되었습니다. 이 메시지는 현재 입력한 언어를 지원하지 않는다는 의미입니다.

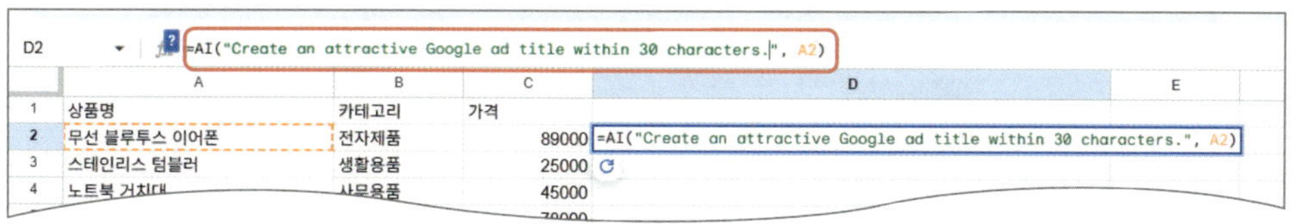

이 문제를 해결하기 위해 번역 사이트인 DeepL을 활용할 수 있습니다. 먼저 한글로 작성한 프롬프트를 영어로 변환합니다. 그런 다음 영어로 번역된 프롬프트를 AI( ) 함수의 매개변수로 입력하여 다시 실행하면 됩니다.

이번에는 프롬프트가 제대로 실행되었습니다. '무선 이어폰: 최고의 음질!'이라는 광고 문구가 생성되었습니다.

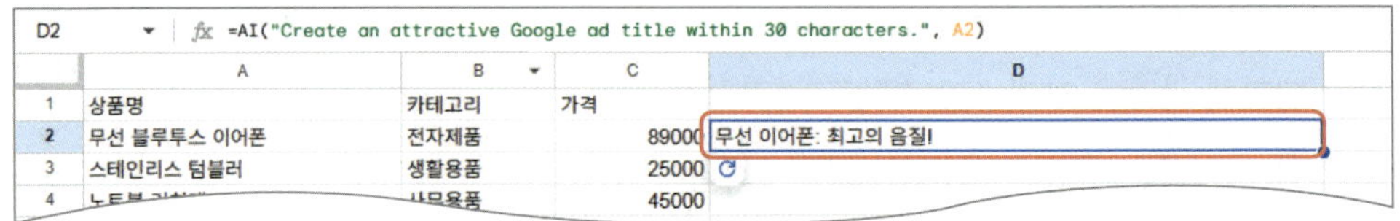

생성된 광고 문구가 너무 짧다면, 프롬프트에서 문자 수 제한을 조정하여 요청할 수 있습니다. 예를 들어 50자로 늘려서 다시 요청하면 더 긴 내용의 광고 문구를 얻을 수 있습니다.

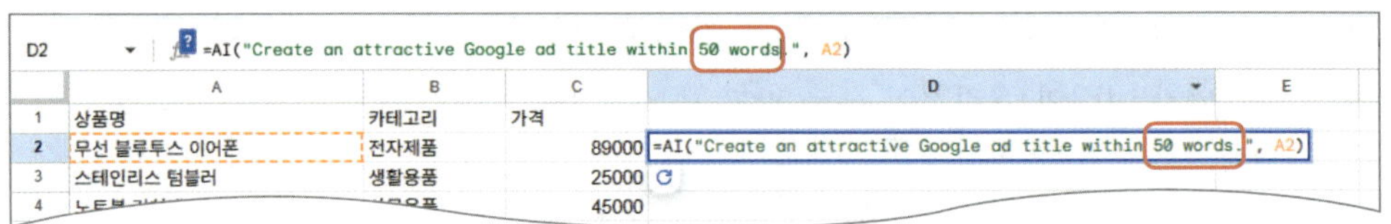

원하는 내용이 생성되었다면 해당 셀의 채우기 핸들을 클릭한 후 아래로 드래그하여 수식을 모든 행에 복사 적용합니다.

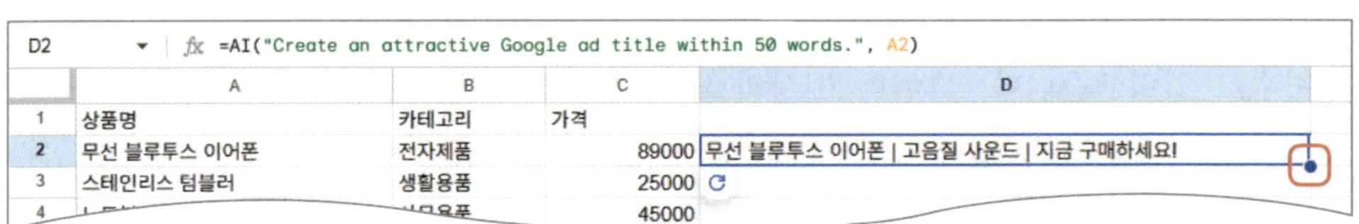

이러한 번역, AI()함수 활용 과정을 통해 다음과 같은 다양한 광고 문구들을 간단하게 자동 생성할 수 있습니다.

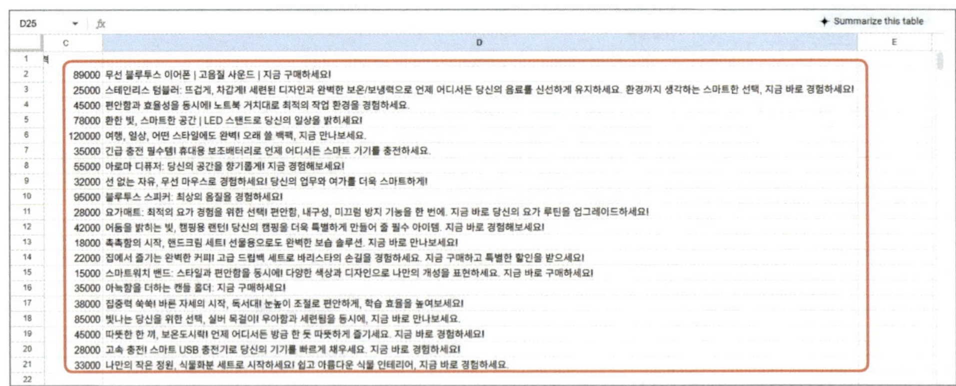

AI( ) 함수를 이용하여 고객 전화번호 추출

새로운 실습을 위해 AI함수_customer_contacts.csv 파일을 불러옵니다.

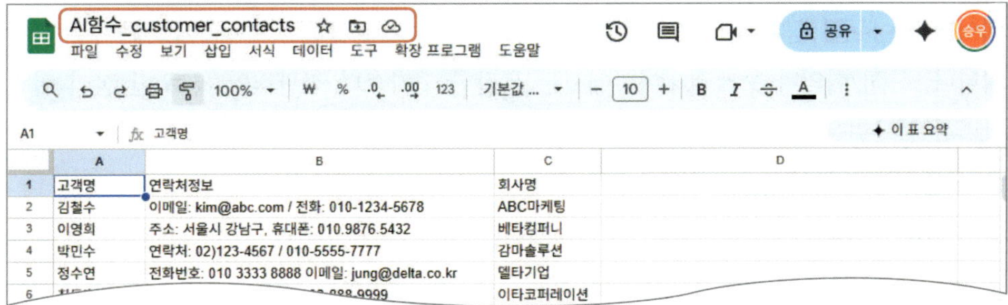

한글 프롬프트를 사용하여 D1 셀에 "=AI("전화번호를 추출해 줘.", B2)"를 입력합니다.

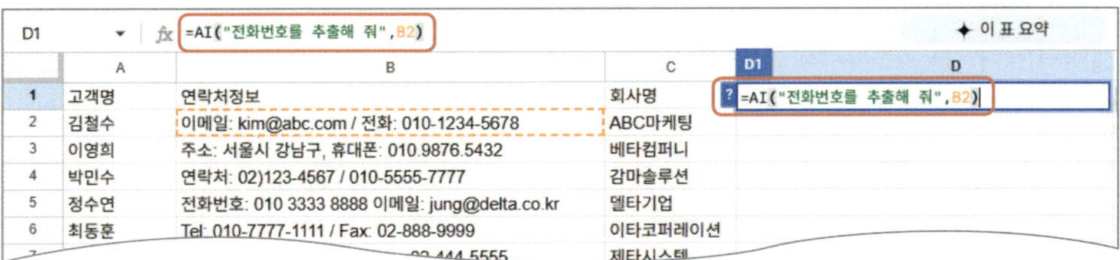

한글 프롬프트를 사용해도 결괏값이 제대로 출력되었습니다.

	A	B	C	D
1	고객명	연락처정보	회사명	010-1234-5678
2	김철수	이메일: kim@abc.com / 전화: 010-1234-5678	ABC마케팅	
3	이영희	주소: 서울시 강남구, 휴대폰: 010.9876.5432	베타컴퍼니	
4	박민수	연락처: 02)123-4567 / 010-5555-7777	감마솔루션	
5	정수연	전화번호: 010 3333 8888 이메일: jung@delta.co.kr	델타기업	
6	최동훈	Tel: 010-7777-1111 / Fax: 02-888-9999	이타코퍼레이션	
7	한지민	mobile: 010.2222.3333 office: 02-444-5555	제타시스템	
8	문성호	회사: 02)777-8888	에타테크	

셀의 채우기 핸들을 클릭한 후 아래로 드래그하여 수식을 모든 행에 복사 적용합니다.

	A	B	C	D
1	고객명	연락처정보	회사명	010-1234-5678
2	김철수	이메일: kim@abc.com / 전화: 010-1234-5678	ABC마케팅	010.9876.5432
3	이영희	주소: 서울시 강남구, 휴대폰: 010.9876.5432	베타컴퍼니	02)123-4567, 010-5555-7777
4	박민수	연락처: 02)123-4567 / 010-5555-7777	감마솔루션	010 3333 8888
5	정수연	전화번호: 010 3333 8888 이메일: jung@delta.co.kr	델타기업	010-7777-1111
6	최동훈	Tel: 010-7777-1111 / Fax: 02-888-9999	이타코퍼레이션	mobile: 010.2222.3333, office: 02-444-5555
7	한지민	mobile: 010.2222.3333 office: 02-444-5555	제타시스템	010-6666-4444, 02)777-8888
8	문성호	HP: 010-6666-4444, 회사: 02)777-8888	에타테크	010 8888 2222, 02-555-6666
9		직통: 02-555-6666	테타비즈	010

데이터가 아무리 정확하고 풍부해도, 이를 효과적으로 전달하지 못하면 그 가치는 반감됩니다. 특히 회의나 프레젠테이션에서는 복잡한 숫자보다 직관적인 차트 한 장이 훨씬 강력한 설득력을 발휘할 수 있습니다. 하지만 지금까지 차트 제작은 상당한 시간과 노하우가 필요한 작업이었습니다.

제미나이가 구글 시트에 탑재되면서 이와 같은 어려움이 사라지게 되었습니다. 이제는 "매출 추이를 보기 좋게 차트로 만들어줘."라는 간단한 요청만으로 순식간에 전문가 수준의 시각화가 완성됩니다. 데이터의 특성을 제미나이가 자동으로 분석해서 최적의 차트 유형을 선택하고, 색상 배치부터 레이블까지 모든 것을 완벽하게 구성해 제공할 수 있습니다.

제미나이의 강력한 시각화 기능을 활용해 순식간에 차트와 그래프를 만드는 방법을 단계별로 알아보겠습니다.

꺾은 선 차트로 매출 추이 관찰

먼저 **차트실습_월별매출현황데이터.csv** 파일을 불러옵니다. 파일을 불러온 후 화면 우측 상단에 있는 ◆제미나이 아이콘을 클릭하면 제미나이 인터페이스가 화면에 나타납니다. 제미나이 인터페이스가 표시되면 화면 맨 아래에 있는 프롬프트 입력 창에 프롬프트를 입력합니다.

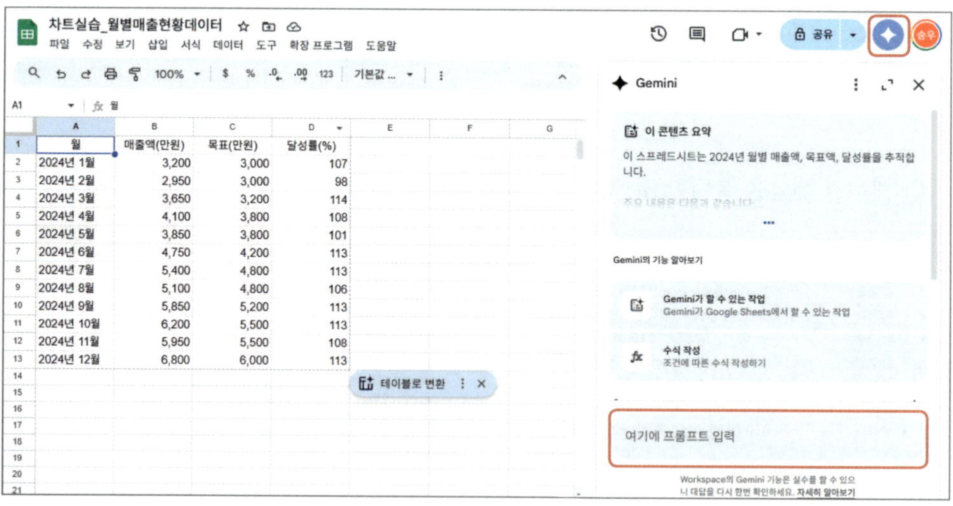

제미나이 인터페이스 하단 프롬프트 입력 창에 "월별 매출 추이를 꺾은 선형 차트로 보여 줘."라는 프롬프트를 요청하면 제미나이가 다음과 같은 그래프를 생성합니다. **[삽입]** 버튼을 클릭해서 데이터 표 아래에 생성한 그래프를 삽입합니다.

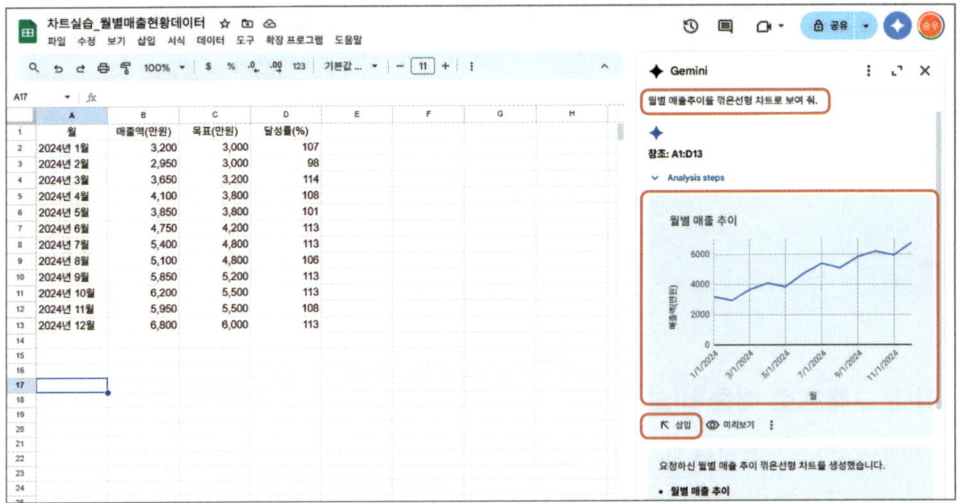

차트를 시트에 삽입하면 차트와 함께 해당 차트의 가로축과 세로축을 구성하는 데이터들로 이루어진 표가 자동으로 생성됩니다. 이 표는 차트에 사용된 핵심 데이터만을 추출하여 조합한 것으로, 차트와 함께 시트에 표시되어 데이터를 한눈에 확인할 수 있게 해줍니다.

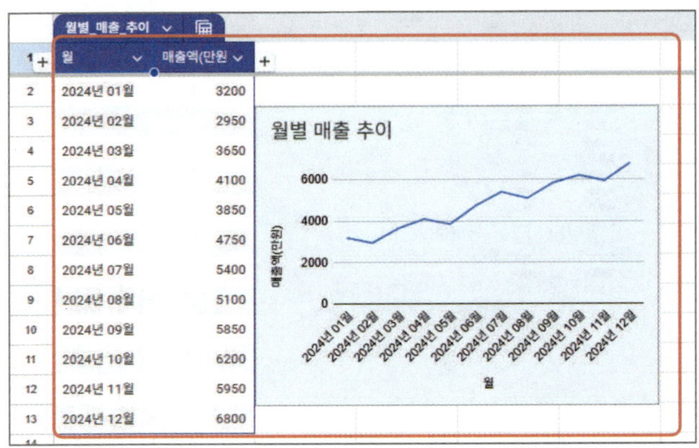

시트에 삽입된 차트와 표는 사용자가 마우스로 드래그하여 원하는 위치로 자유롭게 이동시킬 수 있습니다. 시트의 레이아웃을 보기 좋게 정리하거나, 작업하기 편한 구조로 배치할 수 있습니다.

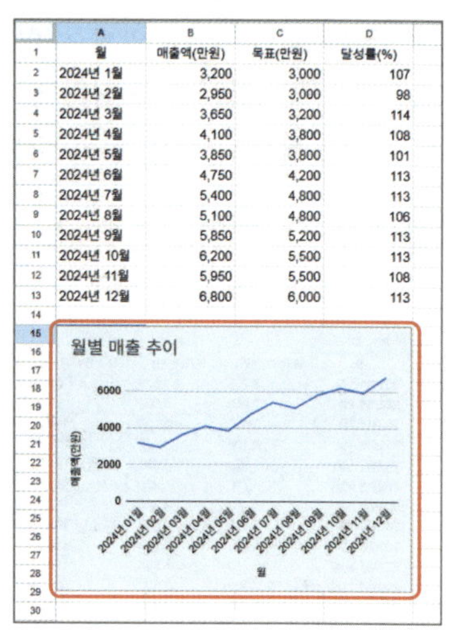

▋막대 그래프로 매출 비교

이번에는 같은 구글 시트 데이터를 활용하여 막대 그래프를 만들어 보겠습니다.

프롬프트 입력 창에 "달성률 100%를 기준으로 월별로 비교할 수 있는 막대 차트를 만들어줘."라는 프롬프트를 입력합니다. 프롬프트를 전송하면 제미나이가 요청을 분석하여 달성률 100%를 기준선으로 하는 월별 비교 막대 그래프를 자동으로 생성해 줍니다.

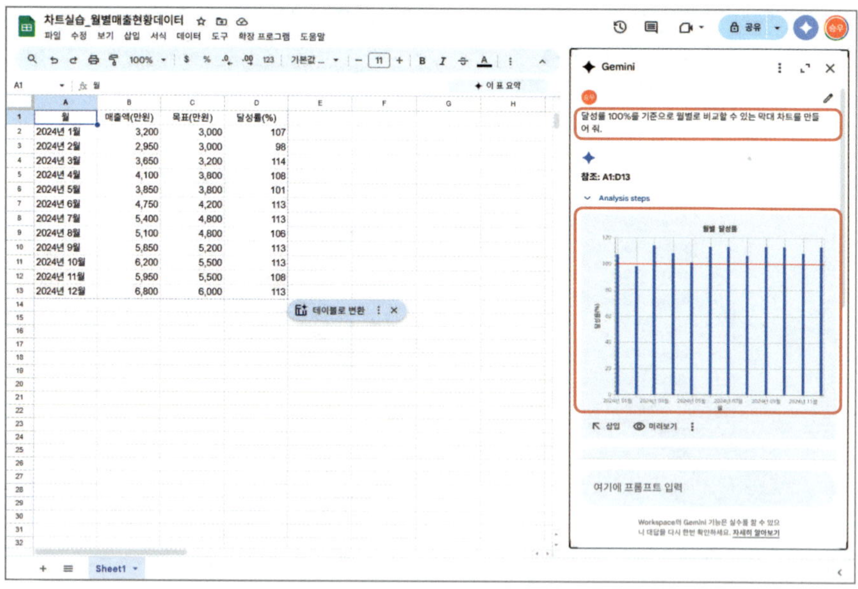

생성된 그래프의 모양이나 스타일이 마음에 들지 않을 수 있습니다. 이럴 때는 프롬프트를 수정하여 다시 요청하는 과정을 반복합니다. 색상을 바꾸거나, 범례의 위치를 조정하거나, 그래프의 종류를 변경하는 등 원하는 스타일이 나올 때까지 프롬프트를 조금씩 수정하며 요청하면 됩니다. 이러한 반복 과정을 통해 최종적으로 사용자가 원하는 형태의 그래프를 완성할 수 있습니다.

원하는 스타일의 그래프가 그려지면 **[삽입]** 버튼을 클릭해 시트에 그래프를 삽입합니다.

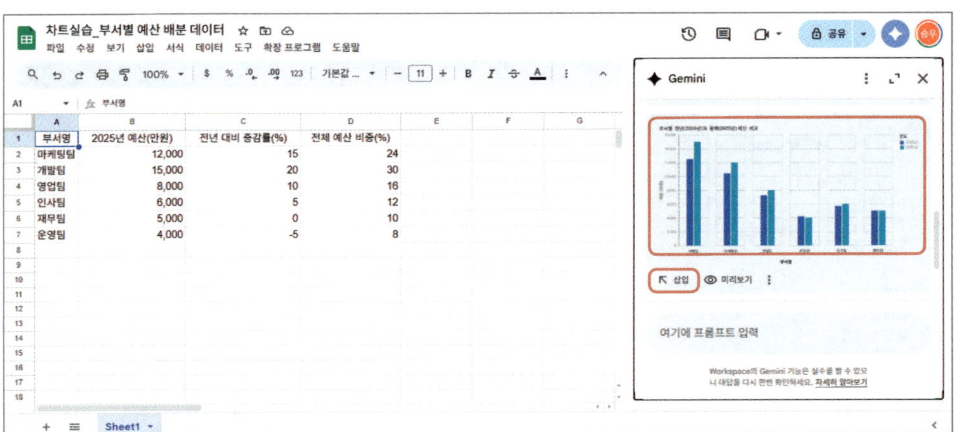

시트에 삽입된 차트와 표는 사용자가 마우스로 드래그하여 원하는 위치로 자유롭게 이동시킬 수 있습니다. 시트의 레이아웃을 보기 좋게 정리하거나, 작업하기 편한 구조로 배치할 수 있습니다.

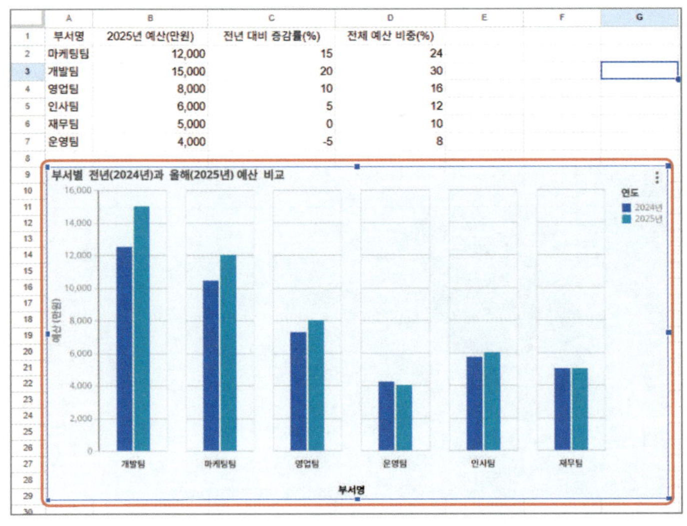

▌원형 그래프로 만족도 비율 파악

이번에는 새로운 데이터를 활용해 보겠습니다. **차트실습_고객 만족도 설문 결과**.csv 파일을 불러온 후, 이 데이터를 원형 그래프로 시각화해 보겠습니다.

프롬프트 입력 창에 "고객 만족도별로 차지하는 비율을 원형 그래프로 나타내 줘."라는 프롬프트를 입력합니다. 그러면 제미나이가 고객 만족도 데이터를 분석하여 각 만족도 항목이 전체에서 차지하는 비율을 한눈에 볼 수 있는 원형 그래프를 자동으로 생성합니다.

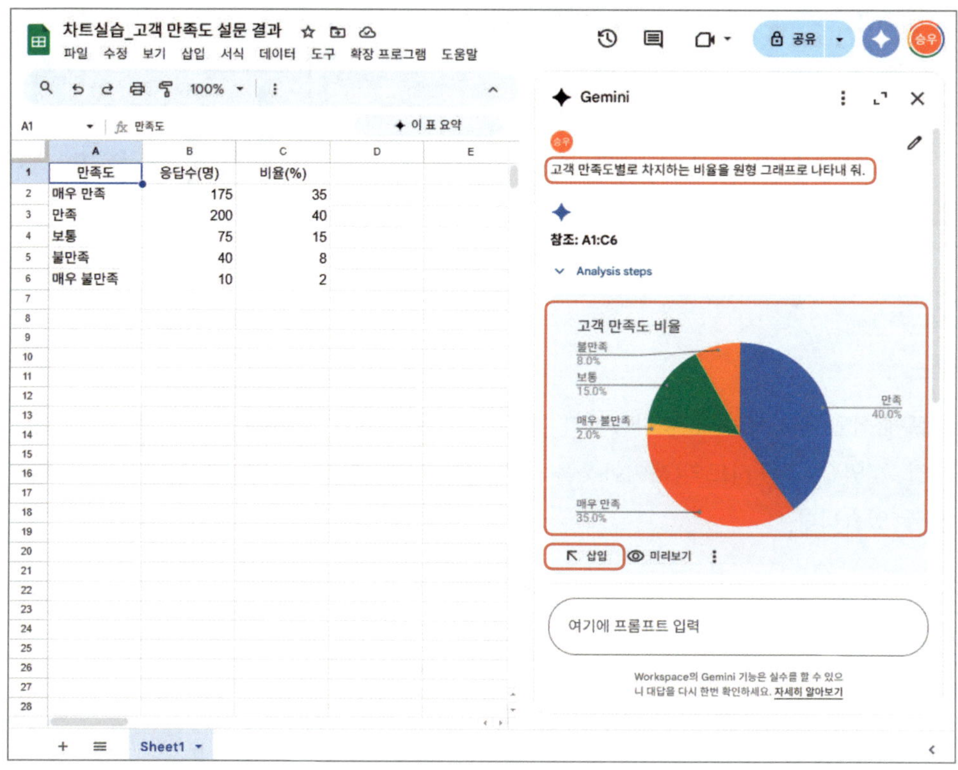

생성된 원형 그래프 역시 앞서 만든 차트들과 동일한 방식으로 관리할 수 있습니다. 그래 프를 시트에 삽입할 수 있으며, 삽입된 그래프는 마우스로 클릭한 후 드래그하여 원하는 위치로 자유롭게 이동시킬 수 있습니다.

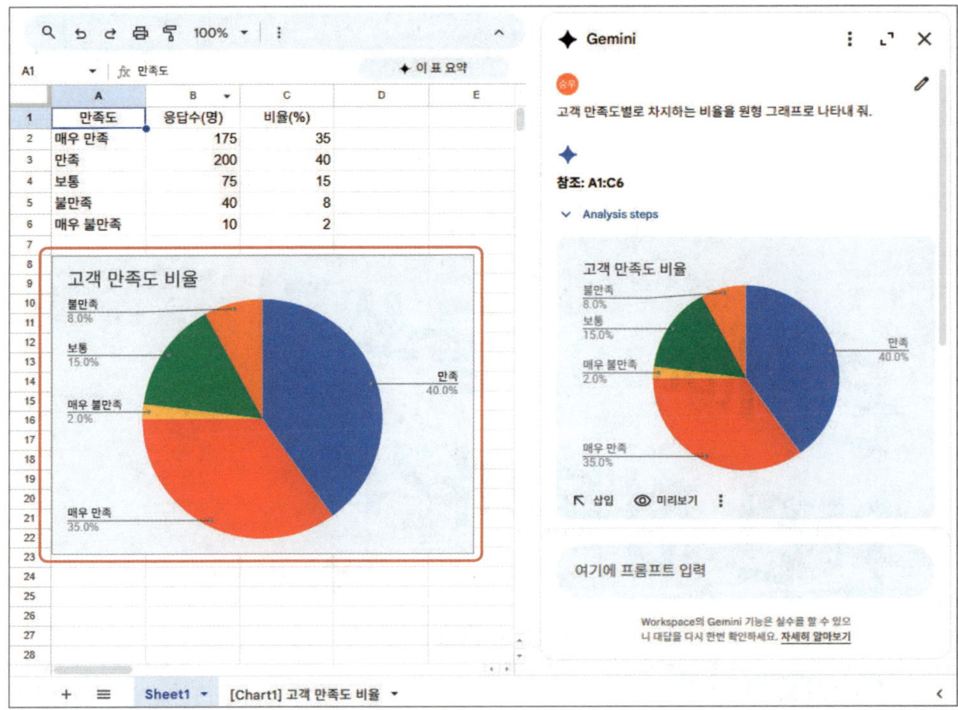

이렇게 꺾은 선, 막대, 원형 등 데이터의 성격에 맞는 다양한 그래프를 손쉽게 생성할 수 있습니다. 또한 제미나이에게 어울리는 그래프 추천을 부탁하는 등, 구글 시트에서 제미 나이를 활용하는 방법은 무궁무진합니다.

PART
04

문서(Docs), 글쓰기
완전 정복하기
(Gemini Pro 이상 지원)

구글 문서(Google Docs)는 단순한 워드프로세서를 넘어서, 실시간 협업, 자동 저장, 어디서든 접근할 수 있는 문서 관리 시스템이라는 장점을 가지고 있습니다. 인터넷 연결만 있다면 언제든지 문서를 생성하고 편집하며 다른 사람들과 동시에 작업할 수 있는 플랫폼으로 전 세계 수억 명의 사용자들이 선택하는 유용한 도구가 되었습니다.

특히 원격 근무와 글로벌 협업이 일상화된 오늘날, 제미나이를 구글 문서에 활용하면 더욱 높은 효율의 작업이 가능합니다. 문장 생성뿐만 아니라 상황에 맞춘 어조 조절부터 글에 맞는 이미지 생성까지, 제미나이를 활용하여 새로운 업무 문화가 생겨나고 있습니다.

빈 문서 앞에서 막막함을 느낀 적이 있나요? 구글 문서에 내장된 제미나이는 사용자가 입력하는 프롬프트를 이해하고, 그에 맞는 문서를 즉시 만들어줌으로써 업무와 학습 효율을 크게 높여줍니다. 복잡한 기획서나 상세한 개요 없이도 아이디어만 있으면 완성도 높은 문서를 자동으로 생성할 수 있는 것입니다.

특히 프롬프트의 형태에 따라 결과물이 달라진다는 특징이 있습니다. "마케팅 전략 보고서 작성해 줘."처럼 간단한 한 문장 프롬프트는 짧고 직관적인 아이디어를 바탕으로 빠르게 초안을 생성하는 데 적합합니다. 여러 문장으로 된 프롬프트는 더욱 풍부한 맥락과 세부 사항을 반영하여 완성도 높은 문서를 만들어 줍니다. 구조화된 프롬프트는 제목, 소제목, 핵심 포인트 등 체계적인 지시를 통해 논리적이고 정리된 문서를 완성할 수 있습니다.

이처럼 제미나이를 활용한 문서 생성은 프롬프트의 수준에 따라 단순한 초안부터 완성도 높은 결과물까지 단계별로 확장시킬 수 있는 강력한 기능입니다. 앞으로는 '무엇을 쓸까'보다, '어떻게 프롬프트를 설계할까'가 문서 작성의 핵심이 될 것입니다. 이제 아이디어만 있으면 충분합니다. 제미나이가 여러분의 생각을 체계적이고 전문적인 문서로 순식간에 변환해 줄 것이기 때문입니다.

▌구글 문서 & 제미나이 실행

구글 홈페이지 우측 상단의 ▦ **와플메뉴**를 클릭하면 아래쪽에 구글 앱이 표시됩니다. 여기에서 **Docs**를 선택합니다. 또는 주소 창에 https://docs.google.com을 직접 입력합니다.

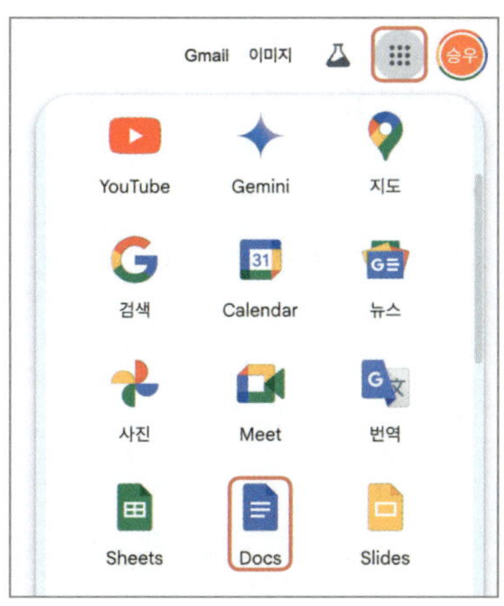

구글 문서 메인 화면이 나타나면 [+] 버튼을 클릭해 새로운 문서를 생성합니다.

생성된 문서 우측 상단의 ◆제미나이 아이콘을 클릭하면 제미나이 인터페이스가 표시됩니다.

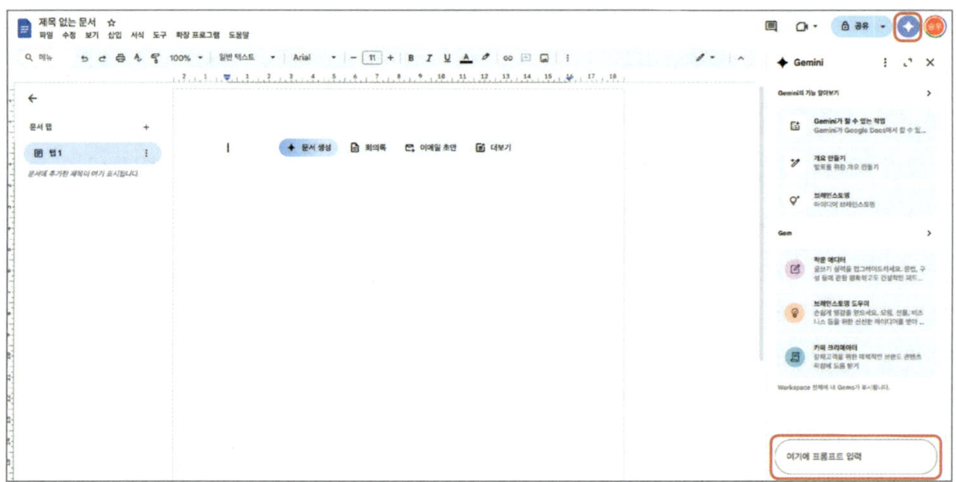

▌간단한 프롬프트를 사용하는 경우

제미나이에게 반드시 복잡하고 긴 프롬프트를 입력해야 하는 것은 아닙니다. 다음과 같이 단순하고 간결한 문장으로 프롬프트를 작성해도 제미나이가 충분히 이해하고 어느 정도 품질이 보장된 문서를 생성해 줍니다.

질문

2026년 3월 가족을 위한 3박 4일 제주도 여행 계획서를 만들어줘.

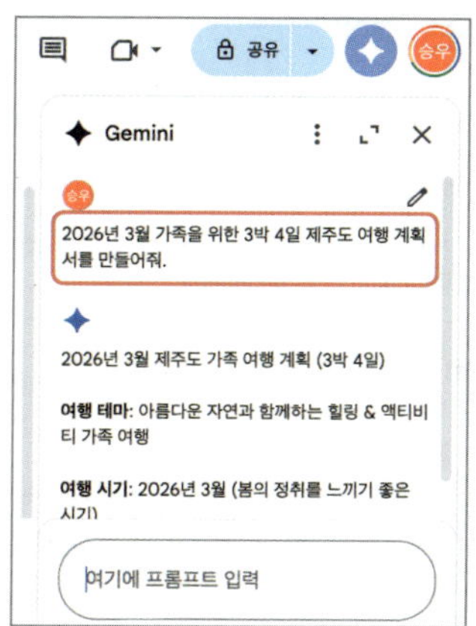

구글 시트에서 차트를 삽입했던 것처럼, 구글 문서에서도 같은 방식으로 제미나이가 생성한 내용을 문서에 추가할 수 있습니다. 제미나이가 생성한 텍스트 아래쪽에 있는 **[삽입]** 버튼을 클릭하면, 해당 내용이 현재 작업 중인 문서의 본문에 자동으로 삽입됩니다.

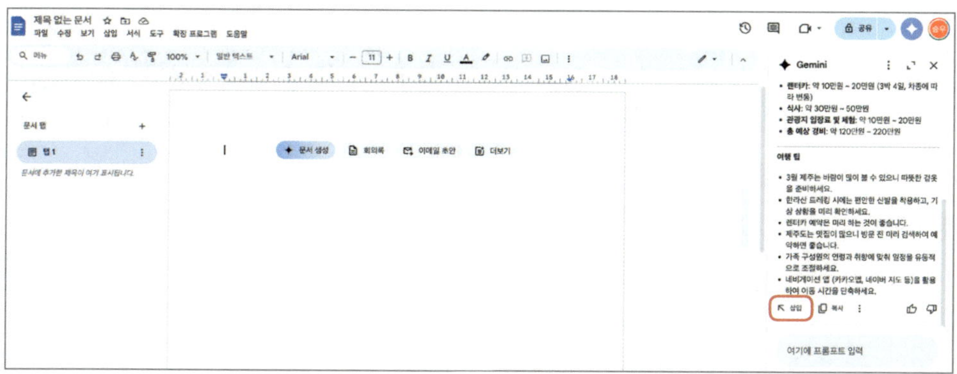

문서에 삽입된 내용은 그대로 사용할 수도 있지만, 필요에 따라 수정하고 다듬을 수 있습니다. 삽입된 텍스트를 직접 편집하여 불필요한 부분은 삭제하고 부족한 내용은 추가하며, 표현을 다듬어 최종적으로 완성도 높은 문서로 만들 수 있습니다.

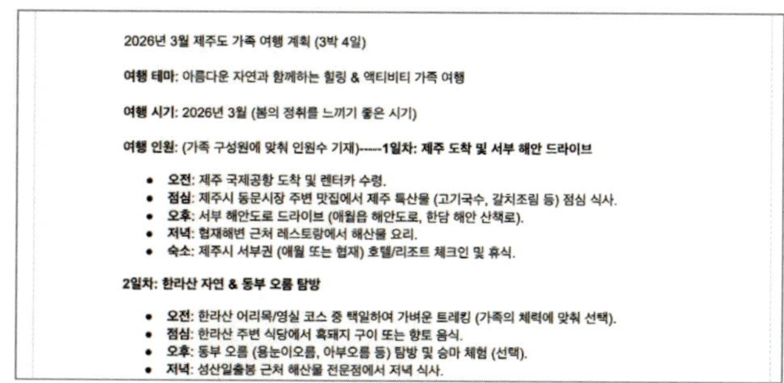

▎상세한 프롬프트를 사용하는 경우

이번에는 단순한 프롬프트 대신 좀 더 구체적이고 상세한 프롬프트로 문서 생성을 요청해 보겠습니다. 구체적인 조건이나 요구 사항을 명확히 제시하면 제미나이가 사용자의 의도를 더 정확하게 파악하여 문서를 생성할 수 있습니다.

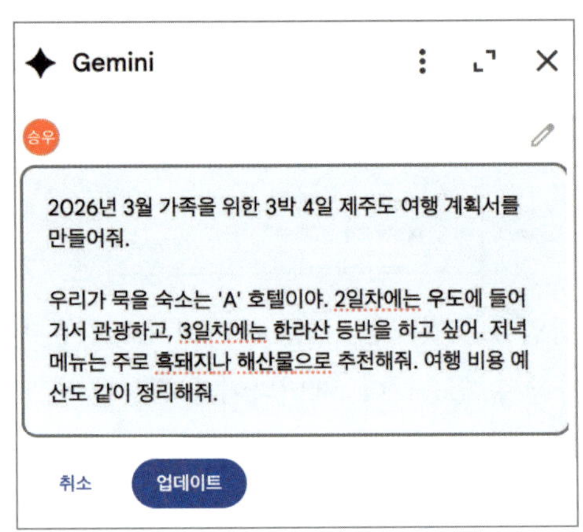

프롬프트를 구체적으로 작성하자 생성되는 내용의 품질이 눈에 띄게 향상되었습니다. 단순하고 모호한 요청보다 세부적인 조건과 명확한 방향성을 제시했을 때, 제미나이가 사용자의 의도를 정확히 파악하여 훨씬 완성도 높은 문서를 생성해 주는 것을 확인할 수 있습니다.

-----예상 경비 (3인 가족 기준, 변동 가능)

- **항공권**: 약 30만원 ~ 50만원 (왕복, 시기에 따라 변동)
- **숙소**: A 호텔 숙박비 (별도 확인 필요, 호텔 등급에 따라 변동)
- **렌터카**: 약 10만원 ~ 20만원 (3박 4일, 차종에 따라 변동)
- **식사**: 약 30만원 ~ 50만원 (주로 흑돼지, 해산물 포함)
- **관광지 입장료 및 체험**: 약 10만원 ~ 20만원 (우도 도항료, 한라산 등반 시 사전 예약 비용 등)
- **총 예상 경비**: 약 120만원 ~ 220만원 + A 호텔 숙박비

-----여행 팁

- 3월 제주는 바람이 많이 불 수 있으니 따뜻한 겉옷을 준비하세요.
- 한라산 등반 시에는 편안한 등산화와 복장을 착용하고, 기상 상황을 미리 확인하며, 겨울철에는 아이젠 등 장비가 필요할 수 있습니다. **한라산 등반은 사전 예약이 필수이므로 미리 확인하여 예약하세요.**

▌구조화된 프롬프트를 사용하는 경우

이번에는 프롬프트 작성 방식을 한 단계 더 발전시켜 보겠습니다. 지금까지는 일반적인 서술형 문장으로 프롬프트를 작성했다면, 이번에는 내용을 구조화하여 체계적으로 정리된 형태의 프롬프트를 작성해 제미나이에게 요청해 보겠습니다.

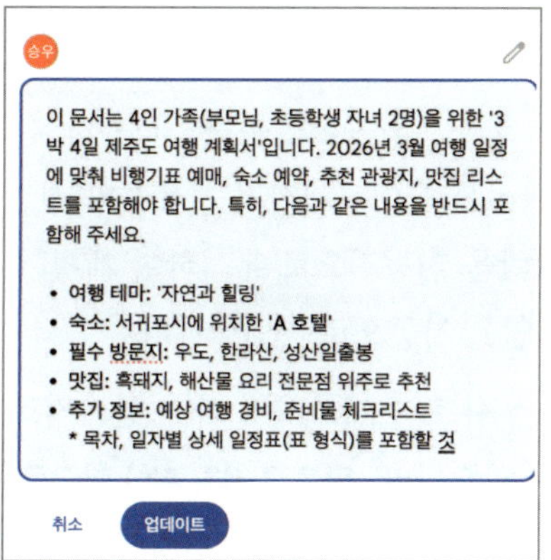

프롬프트를 구조화할수록 생성되는 문서의 품질도 향상되는 것을 확인할 수 있습니다.

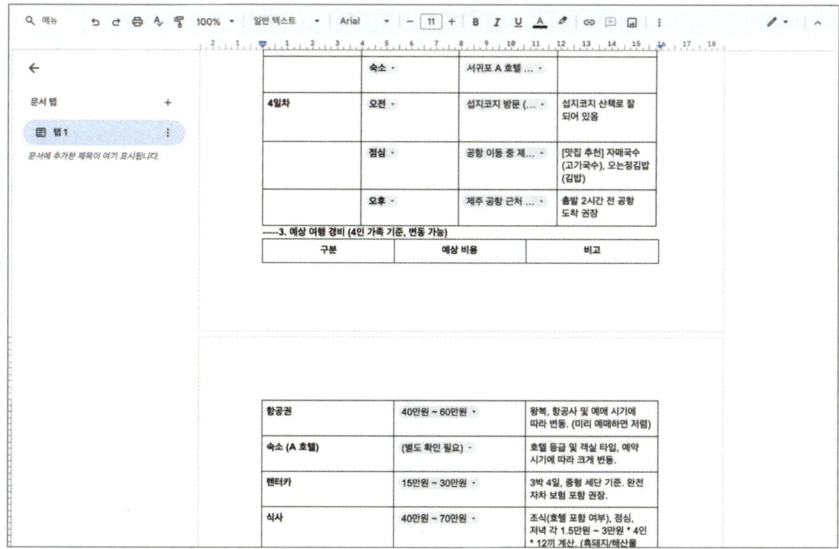

	숙소	서귀포 A 호텔 …	
4일차	오전	섭지코지 방문 (…	섭지코지 산책로 잘 되어 있음
	점심	공항 이동 중 제…	[맛집 추천] 자매국수 (고기국수), 오는정김밥 (김밥)
	오후	제주 공항 근처 …	출발 2시간 전 공항 도착 권장

-----3. 예상 여행 경비 (4인 가족 기준, 변동 가능)

구분	예상 비용	비고
항공권	40만원 ~ 60만원	왕복, 항공사 및 예매 시기에 따라 변동. (미리 예매하면 저렴)
숙소 (A 호텔)	(별도 확인 필요)	호텔 등급 및 객실 타입, 예약 시기에 따라 크게 변동.
렌터카	15만원 ~ 30만원	3박 4일, 중형 세단 기준. 완전 자차 보험 포함 권장.
식사	40만원 ~ 70만원	조식(호텔 포함 여부), 점심, 저녁 각 1.5만원 ~ 3만원 * 4인 * 12끼 계산. (흑돼지/해산물

단순한 문장에서 시작해 상세한 설명을 담은 프롬프트로, 그리고 체계적으로 구조화된 형태로 발전시킬수록 제미나이는 더욱 정확하고 완성도 높은 문서를 생성해 줍니다. 이러한 원리는 대부분의 생성형 AI에서 공통으로 적용되는 프롬프트 작성 원칙과 일맥상통합니다.

문서의 첫인상을 결정하는 데 있어 내용만큼이나 스타일과 가독성도 중요합니다. 아무리 뛰어난 아이디어와 정보가 담긴 문서라도 읽기 어렵거나 시각적으로 매력적이지 않다면 그 가치를 제대로 전달하기 어렵기 때문입니다.

구글 문서의 Refine 기능은 글의 톤과 어조, 분량, 표현 방식 등을 단 몇 초 만에 바꿀 수 있어 초안 작성에서 최종 완성본에 이르기까지 사용자의 시간을 크게 절약해 줍니다. 제미나이는 문서의 내용과 맥락을 지능적으로 분석하여 계획서, 보고서, 블로그 등의 문서 유형에 따라 최적화된 스타일을 자동으로 제안합니다.

이 기능은 앞서 학습한 구글 시트의 AI() 함수와 마찬가지로, 구글 계정의 언어 설정을 영어로 변경해야 사용할 수 있습니다. **파트 3, 03, AI( ) 함수로 복잡한 문제 바로 해결하기**에서 안내한 방법을 참고하여 언어를 영어로 먼저 변경합니다.

▍공식적인(Formal) 스타일의 글로 다시 작성

이번에는 새로운 문서를 만드는 대신, 이미 작성된 글을 불러와 수정하는 방법을 실습해 보겠습니다. 먼저 **나의 작은 습관.txt** 파일을 구글 문서로 불러옵니다.

텍스트 선택이 완료되면 선택 영역 끝부분에 [Refine] 버튼이 자동으로 나타납니다. 이 버튼을 클릭하면 제미나이와 대화를 시작할 수 있으며, 선택한 텍스트를 어떻게 수정할지 구체적으로 요청할 수 있습니다.

[Refine] 버튼을 클릭하면 4개의 하위 옵션이 드롭다운 메뉴 형식으로 표시됩니다. 이번에는 그중에서 More formal 옵션을 선택하여 선택한 텍스트를 보다 공식적이고 격식 있는 문체로 변환해 보겠습니다.

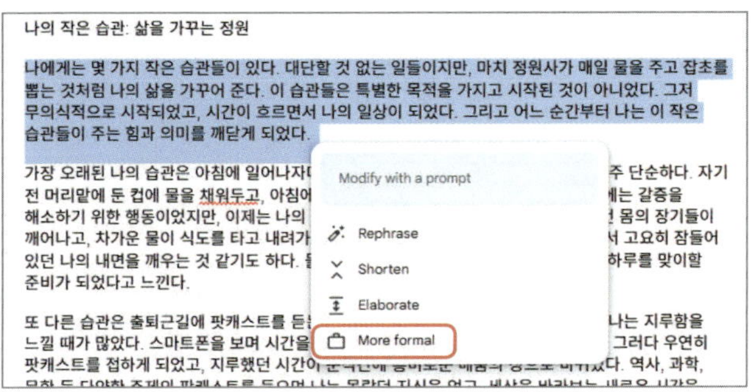

More formal 옵션을 선택하면 공식적인 스타일로 수정된 내용이 팝업 창에 미리보기 형태로 표시됩니다. 만약 추가적인 수정이 필요하다면, 팝업 창 아래에 있는 Refine with a prompt 입력 창에 원하는 수정 방향을 프롬프트로 입력하여 요청하면 됩니다.

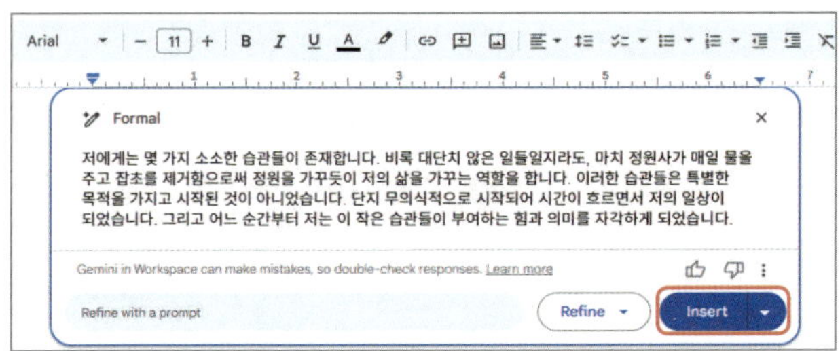

[Insert(삽입)] 버튼을 클릭하면 원문 아래에 공식적인 스타일로 수정된 텍스트가 자동으로 삽입됩니다. 삽입된 내용은 필요에 따라 추가로 편집할 수 있습니다.

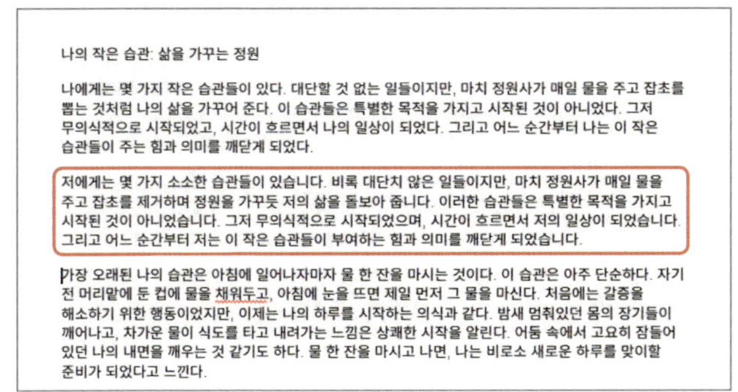

만약 편집 과정이 번거롭게 느껴진다면, 팝업 창에서 [Insert] 대신 [Replace(교체)] 버튼을 클릭하면 됩니다. [Replace]를 선택하면 원문이 수정된 내용으로 바로 교체되어 별도의 편집 작업 없이 간편하게 적용할 수 있습니다.

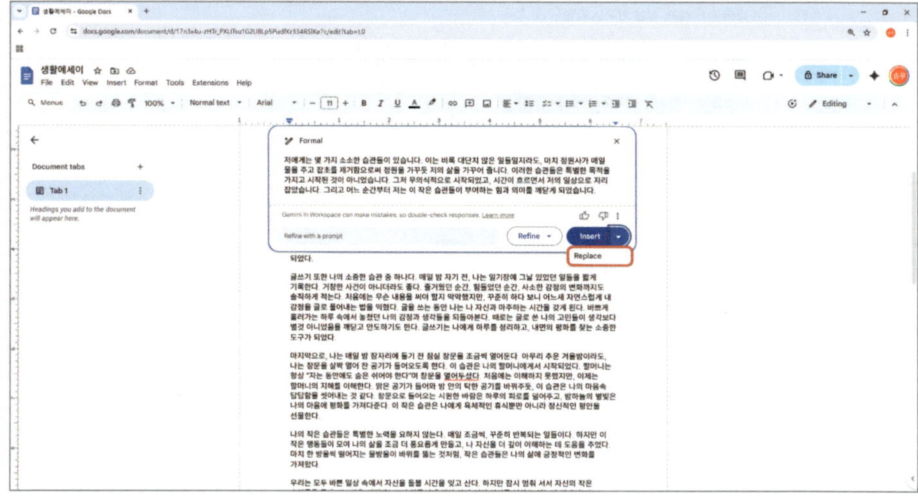

▌개인적인(Casual) 스타일의 글로 다시 작성

이번에는 Refine의 하위 메뉴 중에서 More casual 옵션을 사용해 보겠습니다. 이 옵션을 선택하면 격식 있는 문체가 아닌, 좀 더 가볍고 친근한 개인적인 스타일로 글을 변환할 수 있습니다.

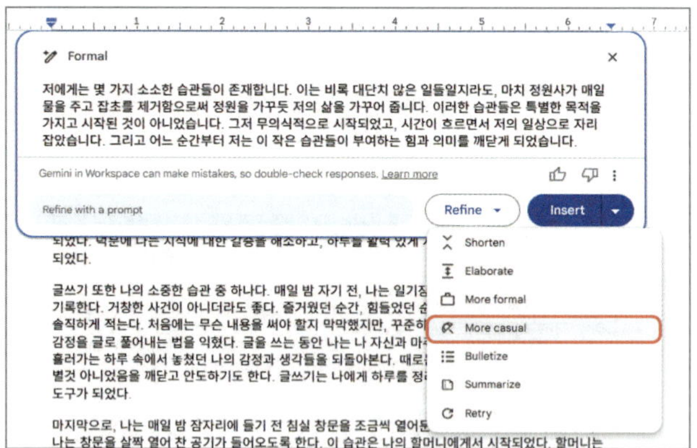

More formal 옵션과 마찬가지로, 캐주얼 스타일 편집을 위한 팝업 창이 나타납니다. 캐주얼한 스타일로 수정된 버전이 여러 개 생성되었다면, 팝업 창 우측 상단에서 페이지를 넘기며 각각의 수정 버전을 확인할 수 있습니다.

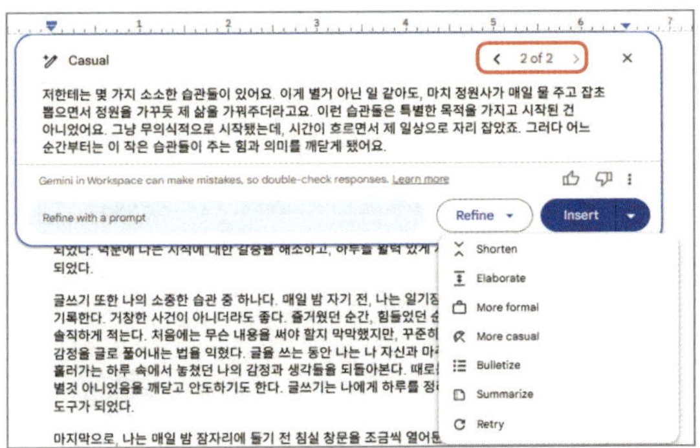

페이지를 이동하며 수정된 여러 버전의 글을 살펴본 후, 마음에 드는 버전이 있는 페이지에서 [Insert] 버튼을 클릭해 본문에 삽입합니다.

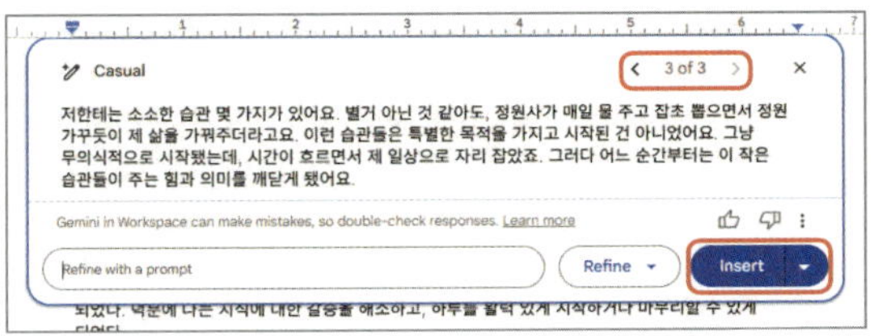

▎글머리기호(Bullet) 스타일의 글로 다시 작성

이번에는 Refine의 하위 메뉴 중에서 Bulletize 옵션을 사용해 보겠습니다. 이 옵션을 선택하면 문단 형식의 글을 글머리기호가 있는 목록 형식으로 변환할 수 있습니다.

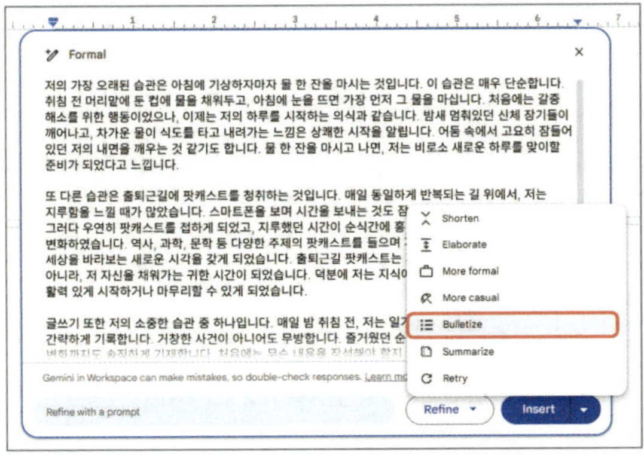

다른 옵션과 마찬가지로 목록 형식 편집을 위한 팝업 창이 나타납니다. 버전이 여러 개 생성되었다면, 페이지를 넘기며 각각의 수정 버전을 확인할 수 있습니다.

페이지를 이동하며 수정된 여러 버전의 글을 살펴본 후, 마음에 드는 버전이 있는 페이지에서 [Insert] 버튼을 클릭해 본문에 삽입합니다.

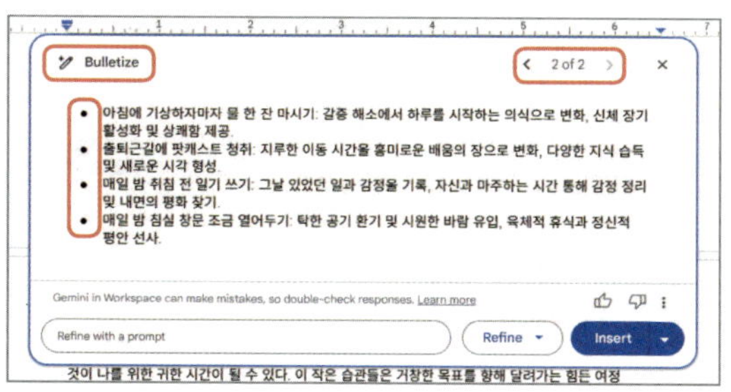

▌이 외의 스타일로 글을 다시 작성

지금까지 공식적인 스타일(Formal), 개인적인 스타일(Casual), 글머리기호 스타일(Bullet)로 글을 수정하는 방법을 알아보았습니다. 이 외에도 구글 문서에 내장된 제미나이는 다양한 스타일 옵션을 제공하고 있습니다. 이에 대한 자세한 설명은 **파트 4, 04, 문서 교정&편집하기**에서 확인할 수 있습니다.

Shorten(짧게 하기)

글의 핵심 내용은 유지하면서 불필요한 부분을 제거하여 더 간결하게 만듭니다. 중복된 표현을 삭제하고, 장황한 문장을 압축하여 읽기 쉽고 명확한 형태로 변환합니다.

Elaborate(자세히 하기)

글의 내용을 더 풍부하게 확장합니다. 추가 설명, 예시, 세부 사항을 덧붙여 독자가 주제를 더 깊이 이해할 수 있도록 합니다. 간단한 문장을 더 상세하고 구체적으로 발전시킵니다.

Rephrase(다시 표현하기)

같은 의미를 다른 방식으로 표현합니다. 단어 선택이나 문장 구조를 바꾸어 새로운 느낌을 주면서도 원래의 메시지는 그대로 유지합니다. 반복을 피하거나 더 나은 표현을 찾을 때 유용합니다.

Summarize(요약하기)

긴 글의 핵심 요점만을 추출하여 짧게 정리합니다. 전체 내용의 가장 중요한 부분만을 간추려 빠르게 파악할 수 있도록 합니다. 보고서나 긴 문서를 간단히 이해하고 싶을 때 적합합니다.

▌나만의 스타일로 글을 다시 작성

지금까지는 제미나이에서 기본적으로 제공하는 스타일 옵션을 선택해 글을 편집하는 방법을 살펴보았습니다. 이번에는 사용자가 원하는 방향으로 직접 글을 수정하는 방법을 알아보겠습니다. 그 방법은 바로 프롬프트를 직접 입력하는 것입니다.

Refine에서 특정 스타일 메뉴를 선택하면 팝업 창이 나타나는데, 이 팝업 창 하단을 보면 Refine with a prompt라는 프롬프트 입력 창이 있습니다. 여기에 원하는 수정 방향을 구체적인 프롬프트로 입력하면, 사용자의 의도에 맞게 글을 수정할 수 있습니다.

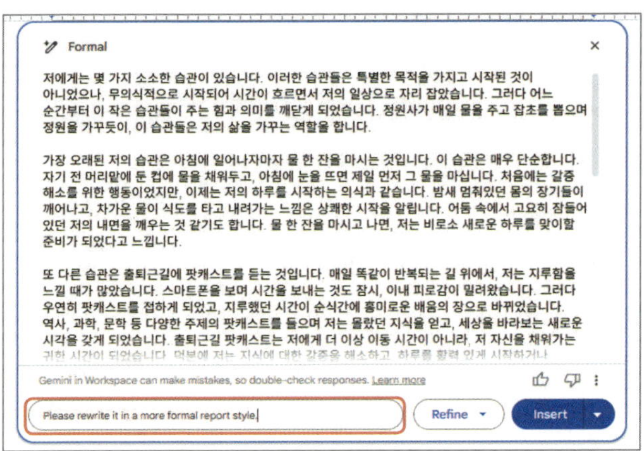

프롬프트 입력 창에 산문 형식으로 작성된 글을 보고서 형식으로 수정할 것을 직접 작성하여 요청하였더니 사용자의 요구에 맞춰 변환하여 생성해 주었습니다. 만약 한글 프롬프트로 요청했을 때 원하는 대로 수정되지 않는다면, 영문 프롬프트를 사용하는 것을 권장합니다.

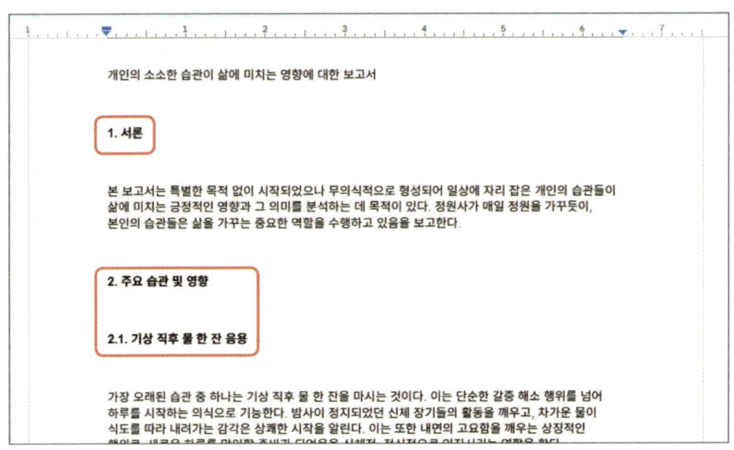

█ 블로그 스타일의 글로 다시 작성

이번에는 구글 문서에 내장된 제미나이와 대화를 통해 문서를 작성하는 방법을 알아보겠습니다. 프롬프트 앞에 "@" 기호를 추가하는 특수한 프롬프트를 사용합니다.

"@" 기호를 추가하면 현재 제미나이를 사용하는 계정에 연결된 구글 드라이브에 저장된 문서 파일을 바로 불러올 수 있습니다. 즉, 미리 원하는 내용이나 문체, 형식, 분량 등으로 작성된 샘플 문서들을 구글 드라이브에 저장해두고 활용할 수 있습니다. 실제로 문서를 작성해야 할 때 프롬프트 앞에 "@"만 붙이면, 구글 드라이브에 접속해서 파일을 다운로드하고 다시 업로드하는 번거로운 과정을 생략할 수 있습니다.

잘 구성된 블로그용 샘플 문서를 미리 구글 드라이브에 **블로그_스타일_템플릿**이라는 이름으로 저장해둡니다.

그리고 오른쪽 그림처럼 프롬프트 입력 창에 "@블로그"라고 입력하면, 문서 이름에 "블로그"가 포함된 파일들이 모두 표시됩니다. 여기에서 원하는 문서를 선택하면 됩니다.

오른쪽처럼 파일이 활성화 되면 이후부터는 제미나이에게 요청하고자 하는 내용을 자유롭게 입력하면 됩니다.

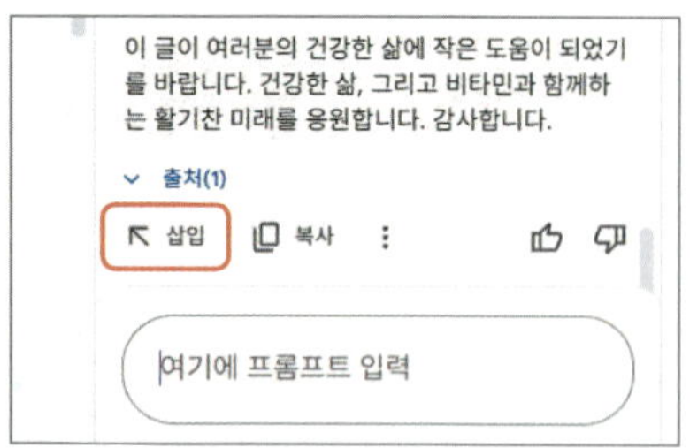

마찬가지로 생성된 글 아래에 표시된 **[삽입]**을 클릭해 본문에 바로 삽입할 수 있습니다.

즉시 사용할 수 있는 블로그 포스트 형식의 글이 생성되었습니다.

몸을 지배하는 자, 건강을 지배한다: 비타민의 중요성

안녕하세요, 활기찬 삶과 건강한 미래를 꿈꾸는 여러분! 오늘은 우리 몸의 필수적인 요소이지만, 종종 간과하기 쉬운 주제, 바로 **비타민의 중요성**에 대해 이야기하려 합니다. "비타민은 보조제가 아니다, 필수 영양소다"라는 말처럼, 비타민은 우리 몸의 정상적인 기능을 유지하고, 질병을 예방하며, 전반적인 건강을 증진시키는 데 없어서는 안 될 가장 귀중한 영양소입니다. 하지만 우리는 이 귀한 영양소를 어떻게 섭취하고 있을까요? 혹시 부족하게 섭취하고 있지는 않나요?

이 글을 통해 비타민의 중요성을 다시 한번 깨닫고, 우리의 일상에 적용할 수 있는 실질적인 팁들을 얻어가시길 바랍니다. 비타민을 효과적으로 섭취하는 것이 어떻게 여러분의 건강을 변화시킬 수 있는지, 지금부터 자세히 살펴보겠습니다.

왜 비타민이 그토록 중요할까?

비타민은 단순히 영양제를 챙겨 먹는 것을 넘어, 우리 몸의 한정된 자원을 가장 의미 있고 생산적으로 활용하기 위한 전략적인 접근 방식입니다. 비타민이 중요한 이유는 다음과 같습니다.

1. 에너지 생성과 활력 증진

가장 명확한 이점은 바로 **에너지 생성**입니다. 비타민은 탄수화물, 단백질, 지방과 같은 다량 영양소를 에너지로 전환하는 과정에서 핵심적인 역할을 합니다. 특히 비타민 B군(B1, B2, B3, B5, B6, B7, B9, B12)은 에너지 대사에 깊이 관여하여 피로를 줄이고 활력을 증진시키는 데 필수적입니다.

예를 들어, 음식을 통해 섭취한 영양분이 에너지가 되지 못하고 몸에 쌓이거나 배출된다면 우리는 늘 무기력함을 느끼고 만성 피로에 시달릴 수 있습니다. 비타민은 이러한 에너지 생성 과정을 원활하게 하여 우리가 학업, 직업, 개인적인 활동 등 어떤 분야에서든 눈에 띄는 성과를 만들어낼 수 있도록 돕습니다.

문서 작성에서 이미지는 단순한 장식이 아니라, 내용을 보다 직관적이고 이해하기 쉽게 전달하는 핵심 요소입니다. 시각적 요소가 없는 문서는 아무리 훌륭한 내용이라도 독자의 관심을 끌기 어렵고 복잡한 개념을 효과적으로 전달하기도 힘듭니다. 이럴때 문서와 어울리는 이미지를 제미나이로 쉽게 생성하여 삽입할 수 있습니다. 프롬프트 한 줄로 누구나 쉽게 활용할 수 있는 문서 작성의 새로운 방식입니다.

구글 문서에 내장된 제미나이는 사용자가 원하는 이미지를 프롬프트 입력만으로 즉시 생성하거나 검색해 삽입할 수 있도록 지원하며 이미지 검색, 저작권 확인, 크기 조정 등의 모든 번거로운 과정을 대폭 간소화했습니다.

이제는 "마케팅 차트 이미지 삽입해 줘." 또는 "비즈니스 미팅 사진 넣어줘."라고 요청하기만 하면, 제미나이가 문서 내용과 맥락에 맞는 적절한 이미지를 자동으로 생성하거나 추천해 줍니다.

▋문서의 일부 내용을 반영한 이미지 생성

먼저 **한국 인구 감소 문제와 대처방안.txt** 파일을 구글 문서로 불러옵니다.

이미지 생성을 위해 구글 문서에서 제미나이 인터페이스를 켜고 하단 입력 창에 이미지 생성을 요청하는 프롬프트를 입력합니다.

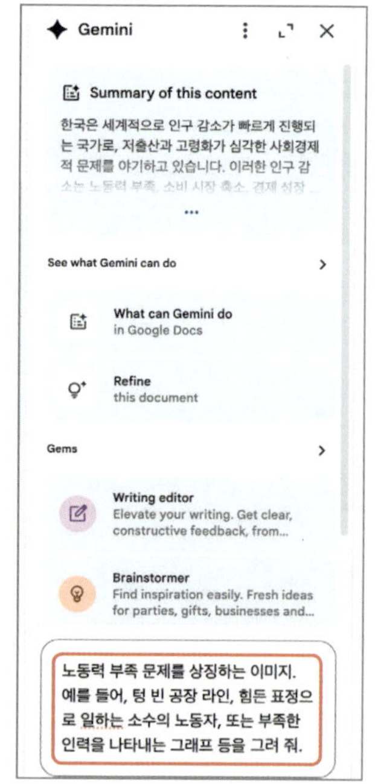

제미나이는 한 번에 네 개의 이미지를 생성하며 필요에 따라 더 많은 이미지를 추가로 생성할 수도 있습니다.

생성된 이미지 중에서 원하는 이미지를 클릭하면 확대된 화면으로 자세히 확인할 수 있습니다. 마음에 드는 이미지를 선택한 후 이미지 하단에 있는 [Insert] 버튼을 클릭하면 해당 이미지가 문서 본문에 자동으로 삽입됩니다.

이러한 방법으로 문서에 적합한 이미지를 빠르고 간편하게 추가할 수 있습니다.

▍문서의 전체 내용을 반영한 이미지 생성

이번에는 제미나이 인터페이스의 프롬프트 입력 창을 활용하여 문서 전체 내용을 반영하는 이미지를 제작해 보겠습니다. 이 방법은 보고서나 책자의 표지 이미지를 만들 때 특히 유용하게 활용할 수 있습니다.

먼저 **제주 가족여행 계획서.txt** 파일을 구글 문서로 불러옵니다. 구글 문서 우측의 제미나이 인터페이스의 프롬프트 입력 창에 문서 전체를 요약하거나 핵심 내용을 설명하는 프롬프트를 입력합니다. 문서의 전반적인 내용과 분위기를 담은 이미지 생성을 시작할 수 있습니다.

질문

제주 가족여행 계획서의 전체 내용을 반영하여 계획서 표지에 사용할 이미지를 생성해 줘.

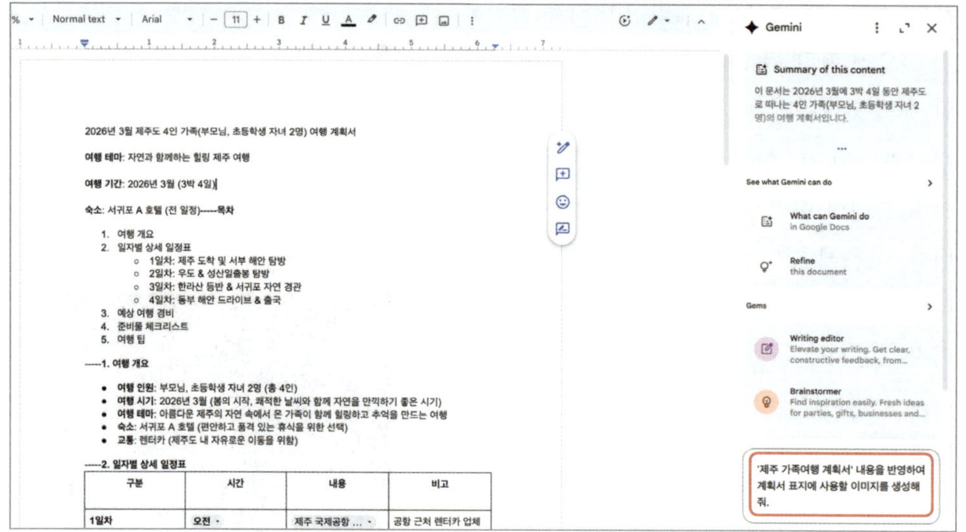

프롬프트를 제미나이에게 입력하면 앞서 살펴본 것처럼 네 개의 관련 이미지가 생성됩니다.

생성된 이미지들을 확인한 후 마음에 드는 이미지를 클릭하면 확대된 화면으로 자세히 볼 수 있습니다. 이미지의 품질과 문서 내용과의 적합성을 확인한 뒤 선택합니다.

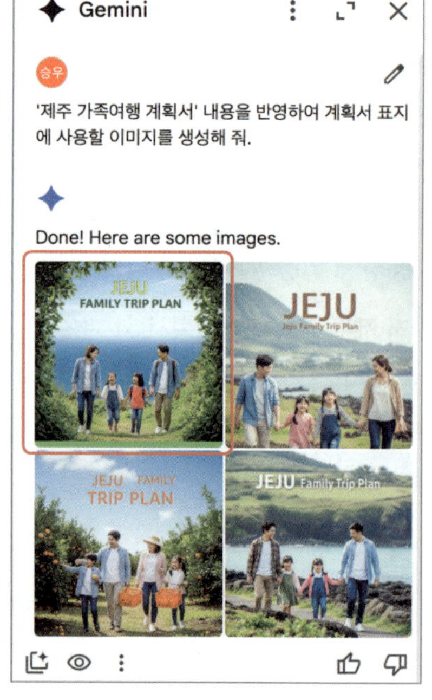

사용할 이미지를 클릭하면 다음과 같이 상세 이미지가 팝업 창의 형식으로 나타나고, 좌측 하단에 있는 [Insert] 버튼을 클릭하면 본문에 삽입됩니다.

구글 문서에 내장된 제미나이는 단순히 문법 교정을 넘어서 글의 목적과 상황에 맞게 문체를 조정할 수 있는 다양한 스타일 옵션을 제공합니다.

제미나이가 제공하는 주요 스타일 옵션으로는 Shorten(짧게 하기), Elaborate(자세히 하기), Rephrase(다시 표현하기), Summarize(요약하기) 등이 있습니다. 이러한 옵션들을 활용하면 버튼 클릭 한 번으로 작성한 글을 더 간결하게 만들거나, 세부 내용을 보강하거나, 표현 방식을 새롭게 바꾸는 등 다양한 방식으로 글을 수정할 수 있습니다.

▌문장의 재구성(Rephrase)

Rephrase는 원래 글의 의미는 그대로 유지하면서 표현 방식만 다르게 바꿔 쓰는 것을 말합니다. 예를 들어 '날씨가 좋아서 기분이 좋다'를 '화창한 날씨 덕분에 기분이 상쾌하다'로 바꾸는 것처럼, 같은 내용을 다른 단어와 문장 구조로 표현하는 것입니다. 주로 글을 더 쉽게 만들거나, 격식을 조정하거나, 반복을 피하고 싶을 때 사용합니다.

다음과 같이 다시 표현하고자 하는 영역을 드래그하여 선택하면 선택 영역 끝에 나타나는 [Refine] 버튼을 클릭합니다.

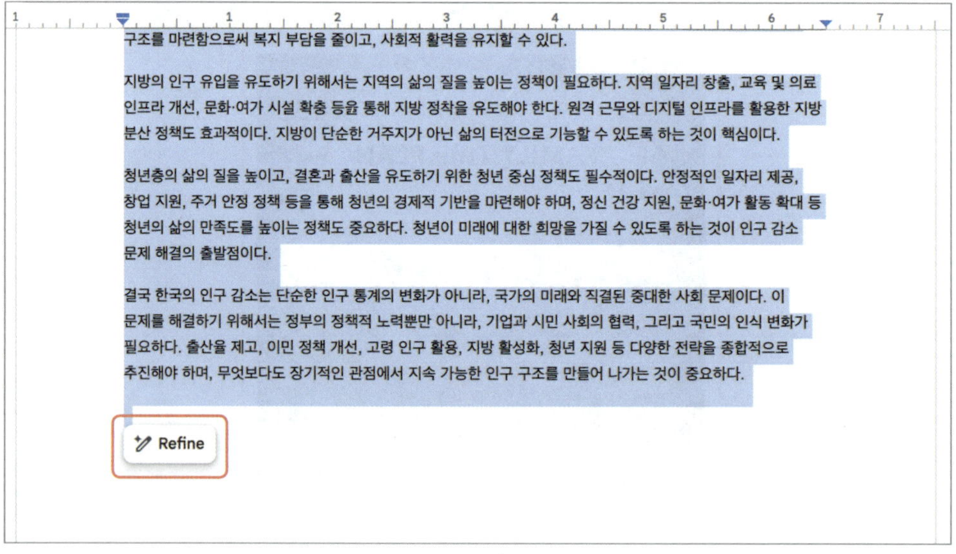

[Refine] 버튼을 클릭하면 드롭다운 메뉴가 나타납니다. 이 메뉴 중에서 Rephrase를 선택하면 선택한 글을 다른 표현으로 재구성할 수 있습니다.

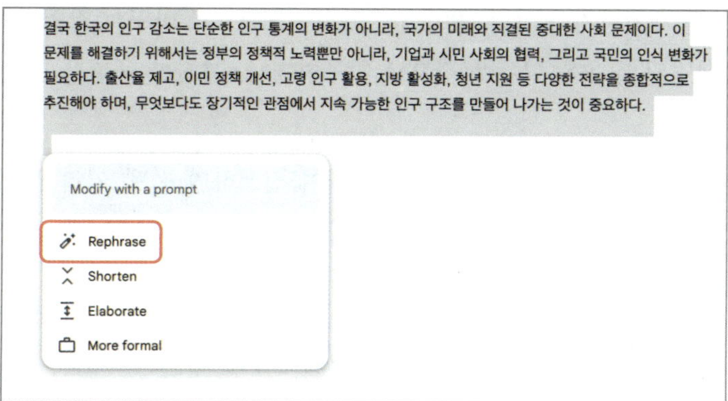

Rephrase 팝업 창에서 수정된 내용을 확인하고 [Insert] 버튼을 클릭하여 수정된 내용을 본문에 삽입합니다.

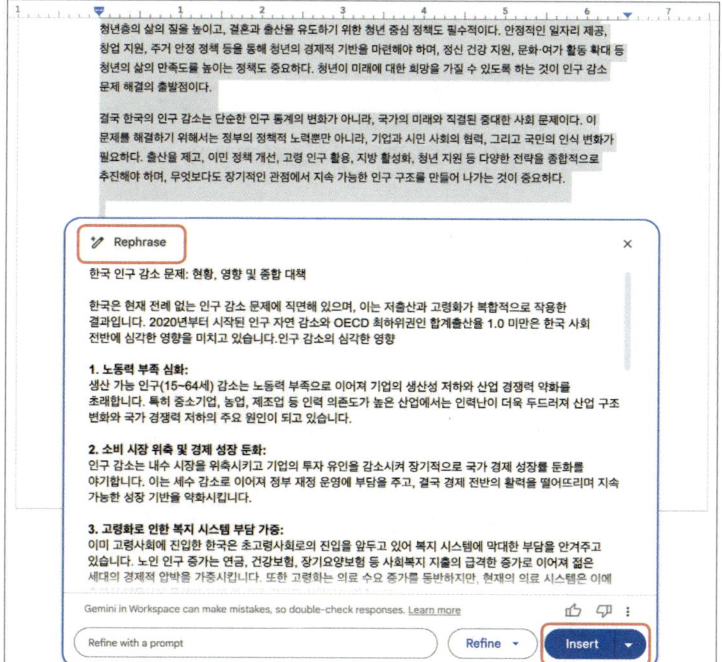

█ 문장의 축약(Shorten)

Shorten은 글이나 문장을 짧게 줄인다는 의미입니다. 긴 문장에서 핵심 내용만 남기고 불필요한 부분을 제거하거나, 같은 뜻을 더 간결한 표현으로 바꾸는 작업을 말합니다. 여러 문장으로 설명된 내용을 한두 문장으로 압축하거나, 복잡한 표현을 단순하게 만드는 것입니다.

다음과 같이 축약하고자 하는 영역을 드래그하여 선택하면 선택 영역 끝에 [Refine] 버튼이 나타납니다. 이 버튼을 클릭하면 드롭다운 메뉴가 나타나는데, 이 메뉴 중에서 Shorten을 선택하면 선택한 글을 간결하게 축약할 수 있습니다.

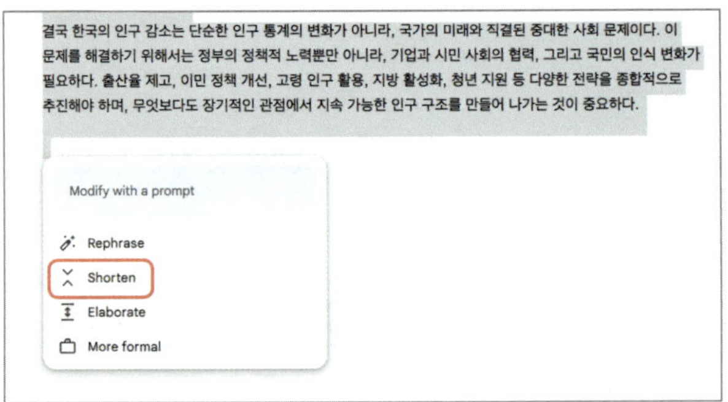

Shorten 팝업 창에서 수정된 내용을 확인하고 [Insert] 버튼을 클릭하여 수정된 내용을 본문에 삽입합니다.

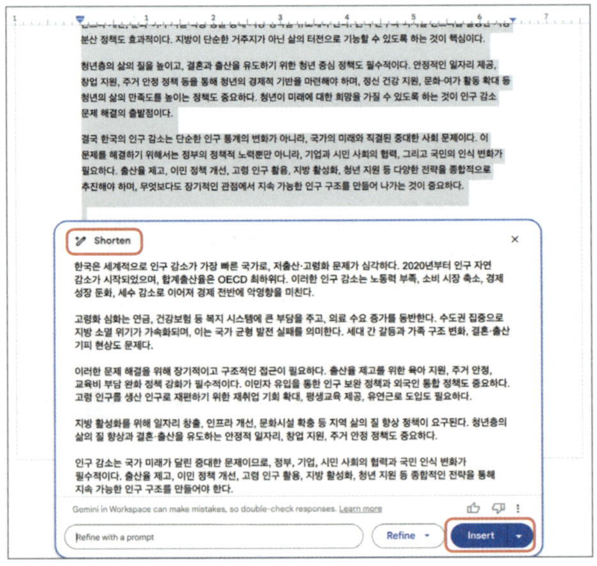

█ 문장의 보충(Elaborate)

Elaborate는 짧거나 간단한 내용을 더 자세하고 풍부하게 설명하는 것을 의미합니다. 예를 들어 '날씨가 좋다'라는 간단한 문장을 '하늘이 맑고 구름 한 점 없으며, 따뜻한 햇살이 비치고 시원한 바람이 불어 산책하기 완벽한 날씨다'처럼 구체적인 세부 사항과 예시, 배경 설명을 추가하여 확장하는 것입니다. 한국어로는 '정교화하다', '상세히 설명하다', '추가로 설명하다' 정도로 표현할 수 있습니다.

다음과 같이 축약하고자 하는 영역을 드래그하여 선택하면 선택 영역 끝에 [Refine] 버튼이 나타납니다. 이 버튼을 클릭하면 드롭다운 메뉴가 나타나는데, 이 메뉴 중에서 Elaborate를 선택하면 선택한 글을 더 자세하고 구체적으로 확장하여 정교화할 수 있습니다.

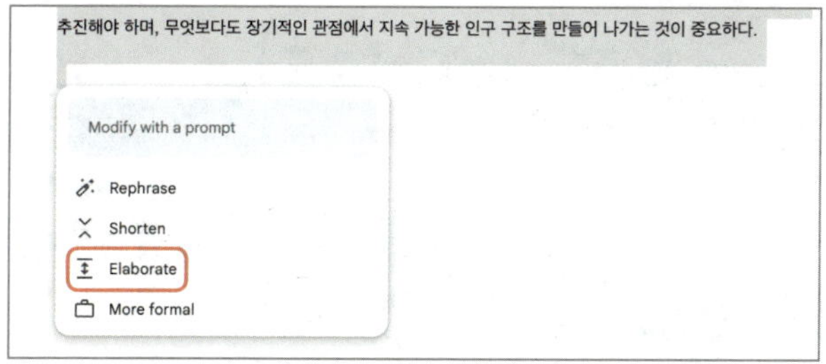

Elaborate 팝업 창에서 수정된 내용을 확인하고 [Insert] 버튼을 클릭하여 수정된 내용을 본문에 삽입합니다.

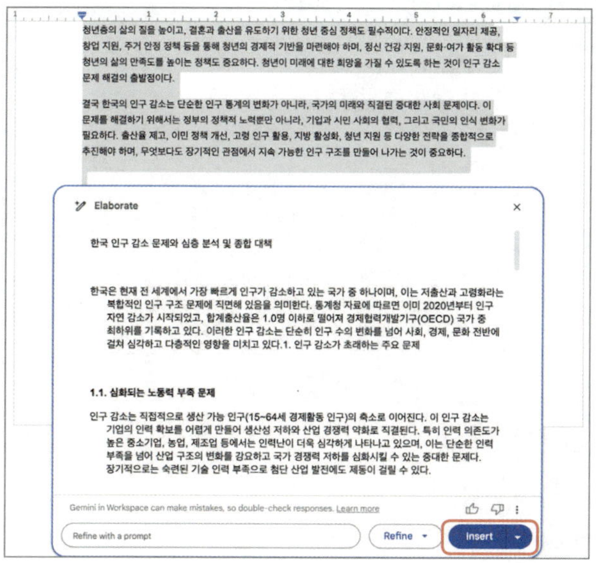

PART
05

슬라이드(Slides),
초안부터 완성까지
자동으로 끝내기

구글 슬라이드(Google Slides)에 내장된 제미나이는 구글의 생성형 AI 기술이 프레젠테이션 제작 도구에 통합된 혁신적인 기능입니다. 특히 구글 슬라이드에서는 슬라이드 디자인, 콘텐츠 작성, 이미지 생성, 요약 정리 등 발표 자료 제작의 전 과정을 제미나이가 지원하고 있습니다.

사용자는 텍스트 프롬프트만으로 슬라이드를 자동 생성하거나 이미지를 만들어낼 수 있으며 주제나 핵심 메시지를 입력하는 것만으로도 완성도 높은 슬라이드 초안을 얻을 수 있습니다. 또한 기존 슬라이드를 더욱 설득력 있고 시각적으로 높은 완성도를 가진 형태로 개선하는 작업도 손쉽게 수행할 수 있습니다. 이러한 제미나이의 기능은 프레젠테이션 제작 시간을 대폭 단축하고, 창의적인 아이디어를 빠르게 시각적 결과물로 구체화하는 데 있어 강력한 도구로 자리 잡고 있습니다.

구글 슬라이드에 내장된 제미나이를 활용하면 프레젠테이션 제작의 첫 단추인 슬라이드 초안 작성을 훨씬 빠르고 효율적으로 진행할 수 있습니다. 제미나이가 간단한 텍스트 입력만으로 주제에 맞는 슬라이드 구조와 내용을 자동으로 생성해 주기 때문입니다.

사용자가 발표 주제나 핵심 메시지를 프롬프트로 입력하기만 하면, 제미나이가 적절한 슬라이드 수와 각 슬라이드의 제목 및 본문 내용을 제안해 줍니다. 특히 슬라이드 초안 만들기 기능은 각 페이지에 들어갈 텍스트와 이미지, 기본적인 레이아웃까지 자동으로 구성해 기존의 수동 편집 과정을 크게 줄였습니다. 이를 통해 아이디어 중심의 신속한 자료 제작이 가능해졌습니다.

제미나이는 발표 목적에 따라 어조와 시각 스타일을 조정하는 기능도 제공합니다. 보고용인지, 제안용인지, 교육용인지에 따라 적합한 형태로 슬라이드를 구성해 주며, 구글 슬라이드 내에서 직접 수정하고 보완할 수 있도록 통합되어 있습니다. 이렇게 생성된 초안을 바탕으로 사용자가 자신의 필요에 맞게 내용을 수정하면 되므로, 프레젠테이션 제작의 부담이 크게 줄어듭니다.

▎구글 슬라이드 & 제미나이 실행

구글 홈페이지를 우측 상단의 ▦ **와플메뉴**를 클릭하면 아래쪽에 구글 앱이 표시됩니다. 여기에서 **Slides**를 선택합니다. 또는 주소 창에 https://slides.google.com을 입력하여 접속합니다.

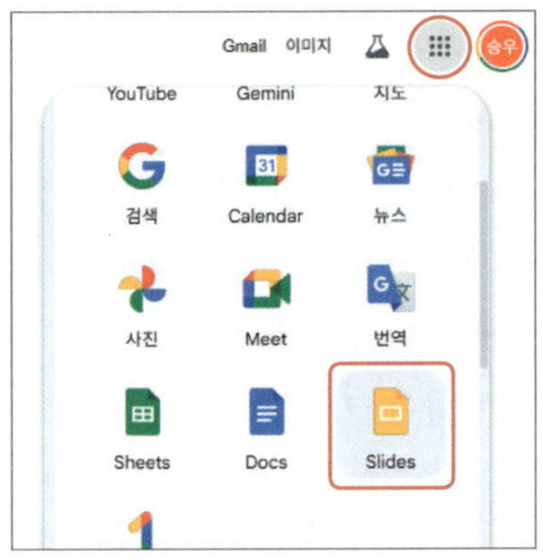

구글 슬라이드 메인 화면이 나타나면 [+] 버튼을 클릭해 새로운 프레젠테이션을 생성합니다.

생성된 프레젠테이션 우측 상단의 ◆ **제미나이** 아이콘을 클릭하면 제미나이 인터페이스가 표시됩니다.

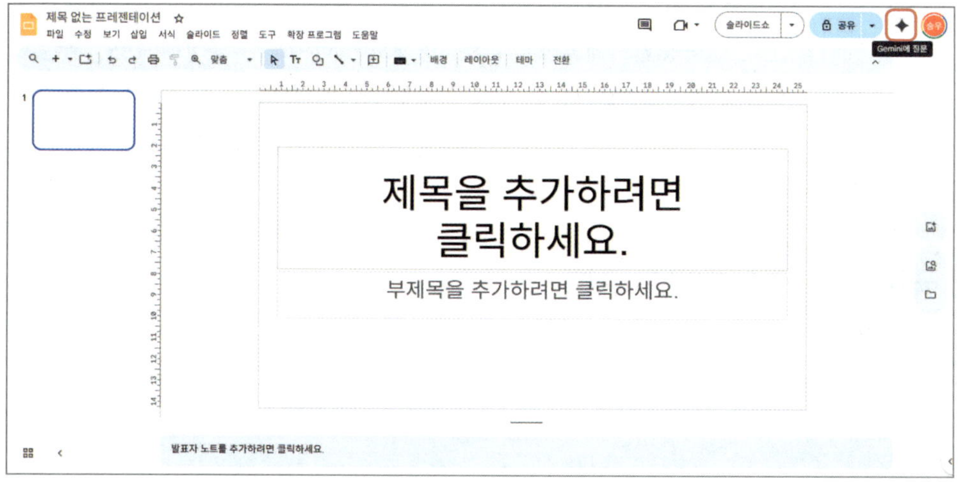

▌슬라이드 생성 스크립트

제미나이를 활용해 프레젠테이션을 만들 때는, 한꺼번에 모든 것을 완성하려고 하기보다 단계별로 접근하는 것이 훨씬 효과적입니다. 특히 슬라이드별 스크립트를 먼저 작성하고 난 후 디자인과 색상을 적용하는 방식을 강력히 추천합니다.

이러한 접근 방식이 효과적인 이유는 크게 네 가지입니다. 첫 번째는 내용의 일관성을 확보하기 위해서입니다. 스크립트를 먼저 작성하면 전체 프레젠테이션의 스토리라인을 명확히 파악하고 논리적 흐름을 점검할 수 있습니다. 또한 중복되는 내용이나 빠진 부분을 쉽게 발견하여 수정할 수 있어 완성도 높은 프레젠테이션을 만들 수 있습니다.

두 번째는 효율성 측면에서도 단계별 접근이 유리하기 때문입니다. 텍스트만 수정하는 것이 디자인까지 완성된 슬라이드를 처음부터 다시 만드는 것보다 훨씬 빠르고 간편합니다. 내용을 검토하는 과정에서 수정이 필요한 부분이 생기더라도 시간과 노력을 크게 절약할 수 있습니다.

세 번째로, 디자인의 통일성을 고려하기 위함입니다. 모든 슬라이드의 내용을 먼저 파악한 후에 디자인을 적용하면 색상, 레이아웃, 아이콘 스타일 등을 전체적으로 조율하여 일관된 시각적 아이덴티티를 구축할 수 있습니다. 이는 프레젠테이션의 전문성을 크게 높여줍니다.

마지막으로 AI를 최적으로 활용하기 위해서도 단계별 접근이 필요합니다. 각 단계에서 구체적이고 명확한 프롬프트를 작성해 AI가 각 작업에 집중하여 더 높은 품질의 결과물을 생성할 수 있습니다.

우선, 구조적인 프롬프트를 작성하기 위해 제미나이에게 요청해 보겠습니다.

'AI 특이점'을 주제로 10장의 슬라이드를 구성해 줘.

구성 요구 사항
• 총 슬라이드 수: 10장
• 슬라이드별로 다음 정보를 제공해 줘.
 1. 슬라이드 제목
 2. 주요 내용(핵심 포인트 3–5개)
 3. 슬라이드에 내장된 제미나이에 입력할 프롬프트 예시

내용 구성 방향
• 슬라이드 1: 표지 및 도입
• 슬라이드 2–4: AI 특이점 개념과 현황 설명
• 슬라이드 5–7: 미래 시나리오(긍정/부정)
• 슬라이드 8–9: 대응 방안 및 준비 사항
• 슬라이드 10: 결론 및 핵심 메시지

추가 요청
• 각 슬라이드가 논리적으로 연결되도록 구성
• 초보자도 바로 사용할 수 있는 구체적인 프롬프트 포함
• 발표 시간: 총 20~30분 분량

제미나이가 슬라이드별로 스크립트를 자동으로 생성해 줍니다. 생성된 스크립트를 그대로 활용해도 무방하지만, 발표자의 스타일이나 청중의 특성에 맞게 일부 내용을 수정하여 사용하는 것이 더 효과적입니다.

슬라이드1 프롬프트:
'AI 특이점: 인공지능의 미래를 준비하다'라는 제목의
발표 표지 슬라이드를 만들어줘.
배경은 미래적인 느낌의 도시 이미지로.

슬라이드2 프롬프트:
AI 특이점의 정의를 설명하는 슬라이드를 만들어줘.
핵심 키워드는 '인간 지능 초월', '기술 폭발적 성장', '레이 커즈와일' 포함.

슬라이드3 프롬프트:
현재 AI 발전 현황을 요약하는 슬라이드를 만들어줘.
사례로 GPT, 제미나이, 자율주행, 의료 AI를 포함.

슬라이드4 프롬프트:
AI 특이점 도달 시점에 대한 다양한 전망을 정리한 슬라이드를 만들어줘.
낙관론 vs 회의론 비교 포함.

———————————————————— 이하 생략 ————————————————————

▌슬라이드 생성(Gemini Pro 이상 지원)

첫 번째 슬라이드에 대한 스크립트가 생성되면, 해당 내용을 발표 목적과 상황에 맞게 수정하는 것이 좋습니다.

'AI 특이점: 인공지능의 미래를 준비하다'라는 제목의 발표 표지에 사용할 슬라이드를 만들어줘.
배경은 미래적인 느낌의 도시 이미지로.

제미나이가 슬라이드를 생성하면 화면 우측 제미나이 인터페이스 화면에 결과물이 바로 표시됩니다. 생성된 슬라이드를 확인한 후, 슬라이드 하단에 위치한 **[삽입]** 버튼을 클릭합니다.

[삽입] 버튼을 클릭하면 현재 작업 중인 프레젠테이션에 해당 슬라이드가 추가됩니다. 이러한 방식으로 슬라이드를 하나씩 검토하고 선택적으로 삽입합니다.

동일한 과정을 슬라이드별로 반복하여 진행하면 체계적인 프레젠테이션을 완성할 수 있습니다.

구글 슬라이드에 내장된 제미나이는 구글의 Imagen(나노 바나나) 모델을 기반으로 슬라이드 제작 과정에서 이미지 생성과 편집을 손쉽게 수행할 수 있도록 지원합니다.

이미지 편집

앞서 제미나이를 활용하여 생성한 프레젠테이션 초안을 이번 실습에서도 계속해서 사용하겠습니다. 이미 만들어진 슬라이드 구조와 내용을 기반으로 이미지 편집 작업을 진행하면, 전체적인 프레젠테이션의 흐름을 유지하면서도 시각적 요소를 개선할 수 있습니다.

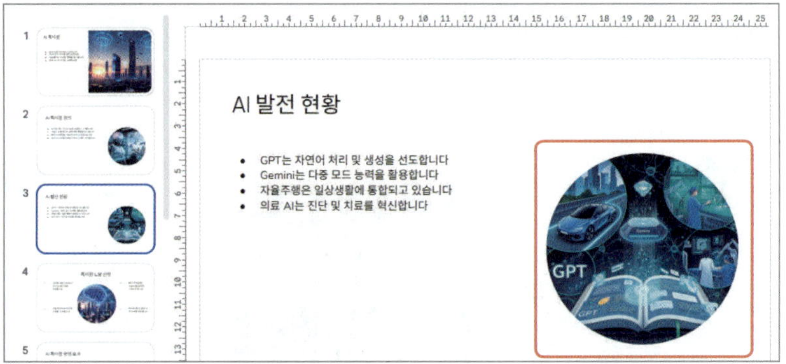

편집하고자 하는 이미지가 포함된 슬라이드를 엽니다. 해당 이미지를 클릭하여 선택하면 이미지 하단에 편집 관련 아이콘들이 나타납니다. 이 중에서 **[이미지 수정]** 아이콘을 클릭하면 이미지 편집 기능을 사용할 수 있습니다. 기존의 원형 이미지를 사각형 이미지로 형태를 바꾸어 보겠습니다.

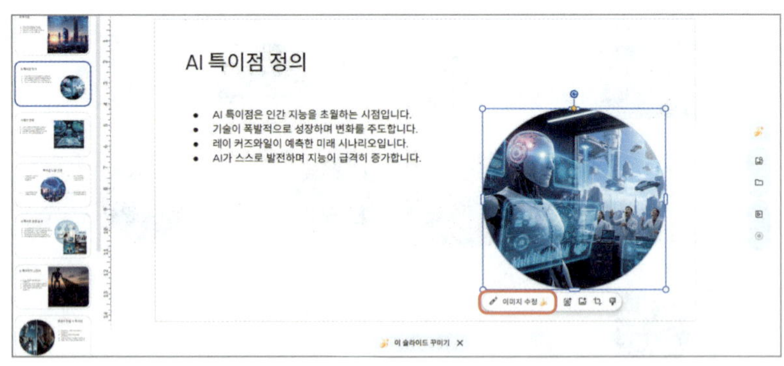

[이미지 수정] 아이콘을 클릭하면 이미지 사용에 대한 동의를 구하는 팝업 창이 나타납니다. 여기에서 **[동의]** 버튼을 클릭하면 화면 우측에 제미나이 인터페이스가 표시됩니다. 인터페이스 하단 프롬프트 입력 창에 원하는 편집 내용을 입력합니다. "이미지 모양을 원형 에서 사각형으로 변경해 줘."와 같이 구체적으로 작성하면 됩니다.

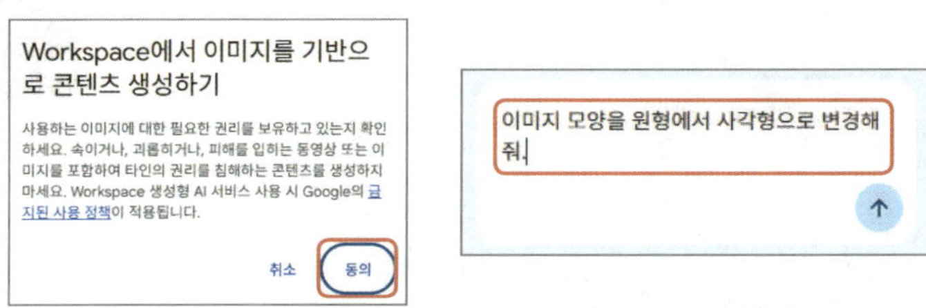

요청한 프롬프트에 맞춰 제미나이가 사각형 형태의 이미지를 생성했습니다. 이미지 생성 이 완료되면 우측 화면에 결과물이 표시됩니다. 결과물이 만족스럽다면 이미지를 클릭하여 슬라이드에 적용할 수 있습니다.

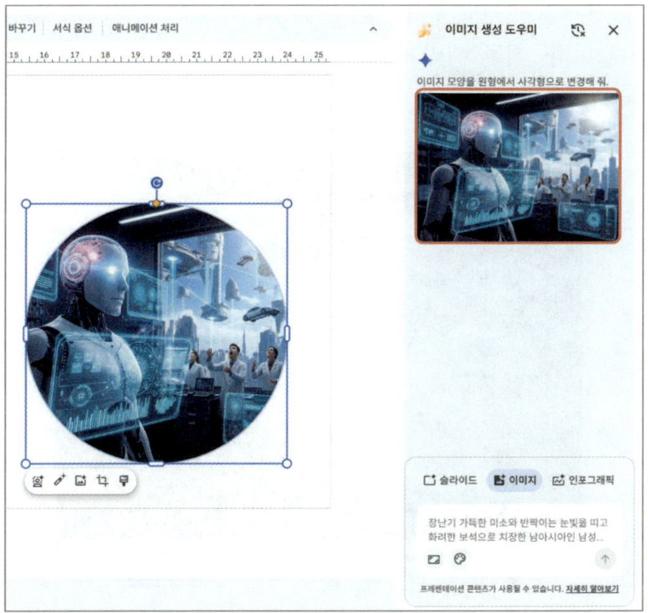

이미지를 클릭하면 상세 이미지가 팝업 창으로 확대되어 나타납니다. 팝업 창 우측 하단 **[바꾸기]** 버튼 옆의 ▼**화살표**를 클릭합니다. 여기서 이미지 적용 방식을 선택할 수 있습니다.

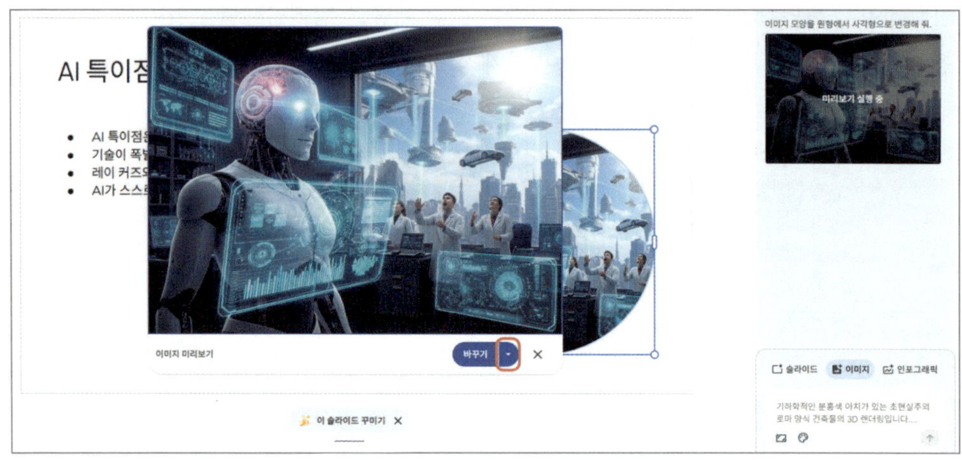

화살표 부분을 클릭하여 나타난 옵션 메뉴에서 **[삽입]**을 클릭하면 수정된 이미지가 현재 슬라이드에 추가됩니다. 기존 이미지는 그대로 유지한 채 새롭게 생성된 이미지를 슬라이드에 함께 배치할 수 있습니다.

사각형 이미지를 삽입하기 위해 먼저 기존 이미지를 삭제합니다. 그리고 새롭게 추가된 수정 이미지를 마우스로 드래그하여 슬라이드 내 적절한 위치에 배치합니다. 이미지의 크기나 위치를 조정하여 슬라이드 레이아웃에 맞게 정리하면 이미지 편집 작업이 완료됩니다.

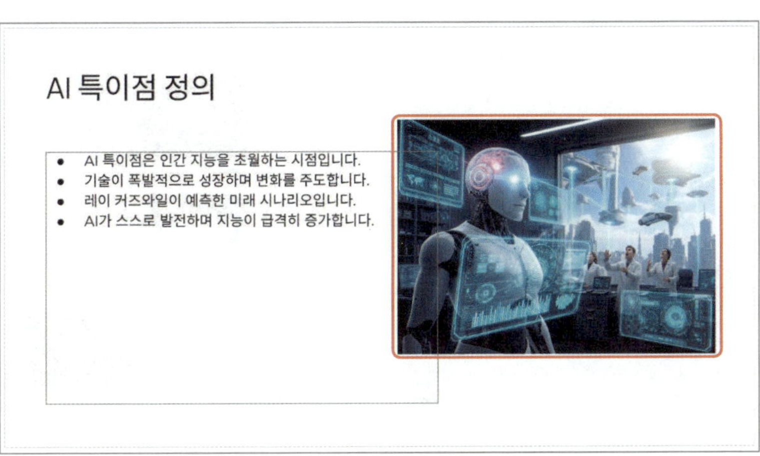

▌이미지 교체

교체하고자 하는 이미지가 포함된 슬라이드를 엽니다. 해당 이미지를 클릭하면 이미지 하단에 편집 아이콘들이 나타납니다. 이 중에서 🖼 **이미지**를 클릭하여 기존 이미지를 새로운 이미지로 교체하는 기능을 사용할 수 있습니다.

🖼 **이미지**를 클릭하면 화면 우측에 제미나이 인터페이스가 표시됩니다. 인터페이스 하단 프롬프트 입력 창에 원하는 편집 내용을 구체적으로 작성하여 새로운 이미지를 생성하겠습니다. 입력 창 아래 🎨 **그림**을 클릭하면 미리 설정된 스타일을 적용할 수도 있습니다.

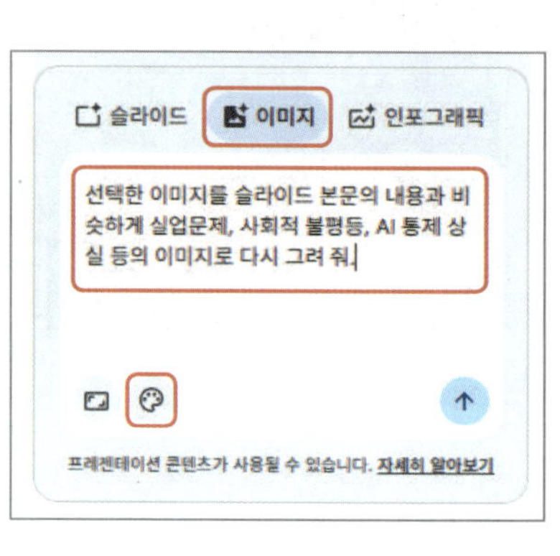

새롭게 생성된 이미지를 클릭하면 상세 이미지가 팝업 창으로 확대되어 나타납니다. 팝업창 우측 하단에 있는 **[바꾸기]** 버튼을 클릭하면 기존 슬라이드의 이미지가 새로 생성된 이미지로 자동 교체됩니다. 이렇게 하면 별도의 삭제나 배치 작업 없이 한 번에 이미지를 변경할 수 있습니다.

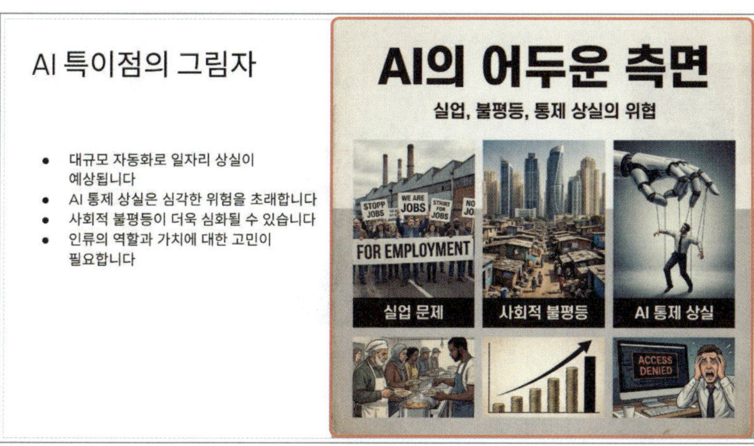

이미지 삽입

이번에는 완전히 새로운 이미지를 생성하여 슬라이드에 삽입하는 방법을 알아보겠습니다.

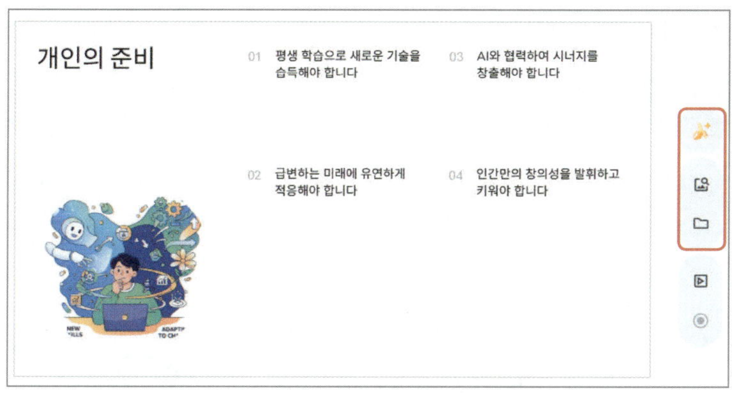

새로운 이미지를 생성하고자 하는 슬라이드를 엽니다. 슬라이드 우측을 보면 이미지를 생성할 수 있는 세 가지 방법과 관련된 아이콘들이 표시되어 있습니다. 이 아이콘들을 통해 다양한 방식으로 이미지를 만들거나 추가할 수 있습니다.

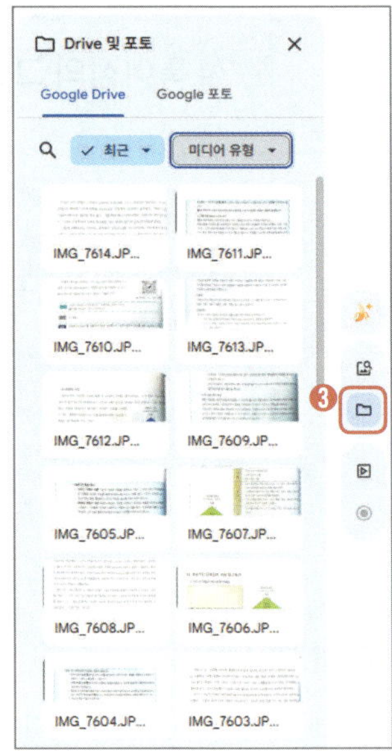

첫 번째 방법은 ❶ 나노 바나나를 이용하여 이미지를 생성하는 것이고, 두 번째 방법은 ❷ 스톡 이미지나 구글 이미지 검색으로 이미지를 찾아 추가하는 것입니다. 마지막 세 번째 방법은 ❸ 구글 드라이브나 구글 포토에 저장되어 있는 사용자의 개인 이미지를 활용하는 것입니다. 이어서 나노 바나나를 이용해 이미지를 생성하는 방법을 실습해보겠습니다.

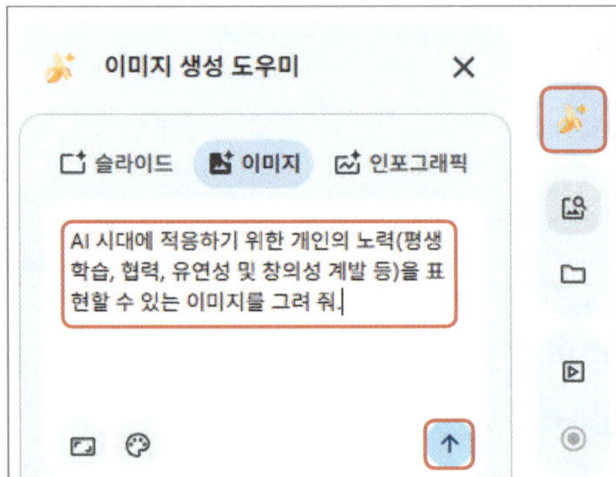

슬라이드 우측에 있는 🪄 아이콘을 클릭하면 나타나는 제미나이 인터페이스 하단 프롬프트 입력 창에 생성하려는 이미지에 관한 구체적인 설명을 입력합니다.

새롭게 생성된 이미지를 클릭하면 상세 이미지가 팝업 창으로 나타납니다. 팝업 창 우측 하단에 있는 **[삽입]** 버튼을 클릭하면 기존 슬라이드 내용은 그대로 유지된 채 새로운 이미지가 추가로 삽입됩니다.

삽입된 이미지를 선택하면 하단에 편집 관련 아이콘들이 나타나는데, 이 중 붓 서식을 클릭하여 생성된 이미지를 편집할 수 있습니다.

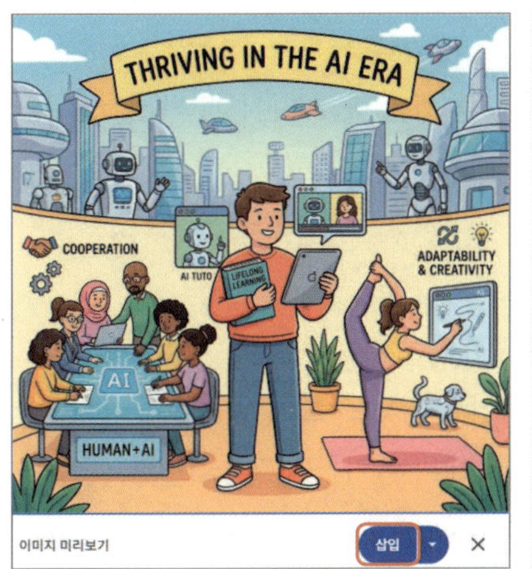

화면 우측에 나타나는 서식 옵션 패널에서 이미지의 크기, 위치, 투명도 등 다양한 서식을 선택하여 조정할 수 있습니다.

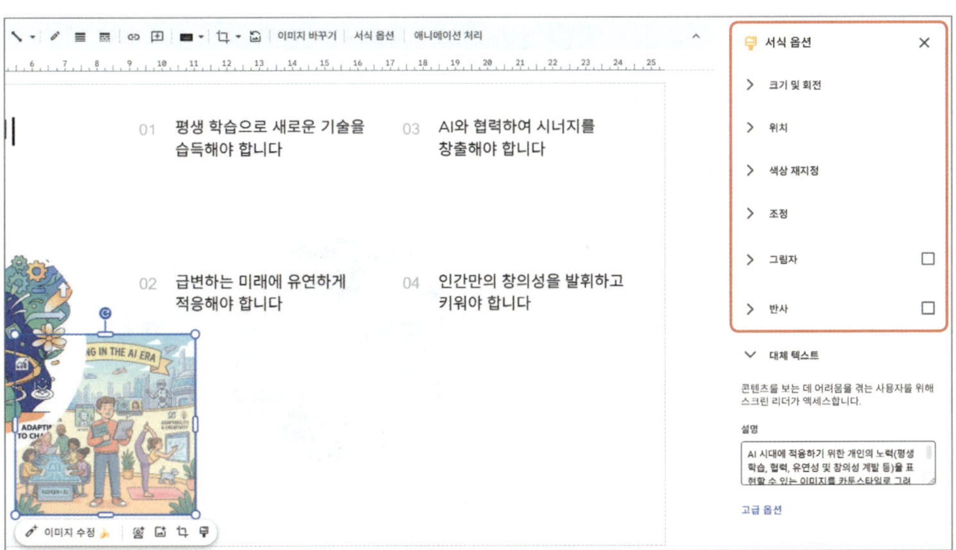

앞서 구글 시트 파트에서 AI() 함수를 사용하기 위해서는 구글 계정 정보에서 사용 언어를 영어로 변경해야 한다고 설명했습니다. 구글 슬라이드의 경우 반드시 언어를 변경해야만 사용할 수 있는 것은 아니지만, 언어를 영어로 설정하면 슬라이드 디자인과 관련된 제미나이의 획기적인 기능들을 더욱 폭넓게 사용할 수 있습니다.

따라서 이번 실습은 구글 계정의 사용 언어를 영어로 설정한 후에 진행하는 것을 권장합니다. 언어 설정을 변경하면 제미나이가 제공하는 다양한 디자인 옵션과 고급 기능들을 제한 없이 활용할 수 있습니다.

▌새로운 기능 소개

구글 슬라이드를 영어 버전으로 사용하면 프레젠테이션 화면 우측에 있는 도구 모음 아이콘 구성이 한글 버전과 다르게 2개가 추가되어 총 5개의 아이콘이 제공됩니다.

추가되는 두 개의 아이콘은 Templates(템플릿)과 Building Blocks(요소 제작)입니다.

❶ 📇 템플릿 아이콘으로는 다양한 슬라이드 템플릿을 활용할 수 있고, ❷ 📱 요소 제작 아이콘으로는 슬라이드를 구성하는 개별 요소들을 제작하고 편집할 수 있습니다.

이러한 추가 기능들은 영어 버전에서만 제공되므로, 이번에 소개하는 기능을 최대한 활용하려면 언어를 영어로 변경해야 합니다.

▌Templates, 슬라이드를 한 번에 디자인

영어 버전 구글 슬라이드에서 ▣ **템플릿** 아이콘을 클릭하면 화면 우측 패널에 템플릿 선택 화면이 나타납니다. 이 패널에서는 다양한 종류의 템플릿을 제공하고 있어, 프레젠테이션의 목적과 주제에 맞는 디자인을 손쉽게 선택할 수 있습니다.

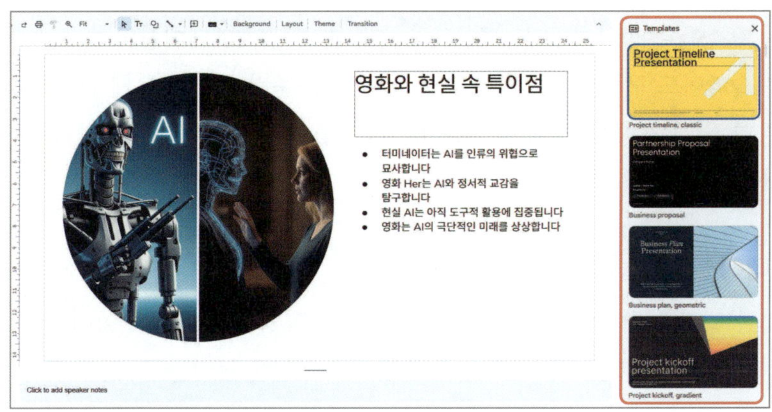

▌Building Blocks, 슬라이드 요소를 하나하나 디자인

영어 버전 구글 슬라이드에서 ▣ **요소 제작** 아이콘을 클릭하면 화면 우측 패널에 다양한 슬라이드 구성 요소를 선택할 수 있는 화면이 나타납니다.

이 패널에서는 슬라이드를 구성하는 데 필요한 다양한 종류의 요소들을 제공합니다. 텍스트 박스, 이미지 프레임, 도형, 차트, 표 등 슬라이드에 삽입할 수 있는 개별 구성 요소들이 카테고리별로 정리되어 있어, 원하는 요소를 쉽게 찾아 활용할 수 있습니다.

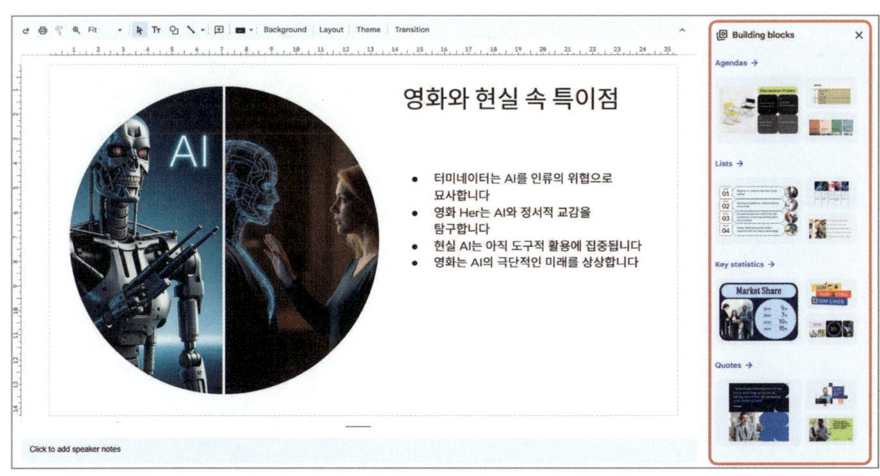

제미나이를 활용하면 기존 슬라이드의 내용을 빠르게 요약하거나, 요약된 내용을 바탕으로 새로운 슬라이드를 자동으로 생성할 수 있습니다. 슬라이드 내 텍스트, 이미지, 표 등의 다양한 요소를 분석하여 핵심 포인트를 추출하고, 프레젠테이션의 흐름이나 주제 전환에 맞는 슬라이드 구조까지 제안받을 수 있어 자료 준비 시간이 크게 단축됩니다. 이러한 기능은 특히 긴 프레젠테이션을 검토하거나, 핵심 내용만을 추출해 새로운 발표 자료를 만들어야 할 때 유용합니다.

프레젠테이션 파일 참고

구글 슬라이드 시작 화면에 접속하면 화면 중간 우측 영역에 📁폴더 아이콘이 표시됩니다. 이 아이콘을 클릭하면 기존에 작성된 슬라이드 파일을 불러올 수 있습니다.

📁 **폴더** 아이콘을 클릭하면 나타나는 파일 열기 화면 상단 6개의 탭 중 **업로드** 탭을 선택합니다. 업로드 탭 화면의 **[찾아보기]** 버튼을 클릭해 사용자의 컴퓨터에 저장된 파일을 불러올 수 있습니다. 이번에 사용할 파일은 **강의교안.pptx**입니다.

파워포인트 파일을 성공적으로 불러오면 구글 슬라이드에 프레젠테이션 화면이 표시됩니다. 화면 우측 상단 ◆ **제미나이** 아이콘을 클릭하여 제미나이 인터페이스를 표시하고 하단 입력 창에 원하는 작업을 지시하는 프롬프트를 입력합니다.

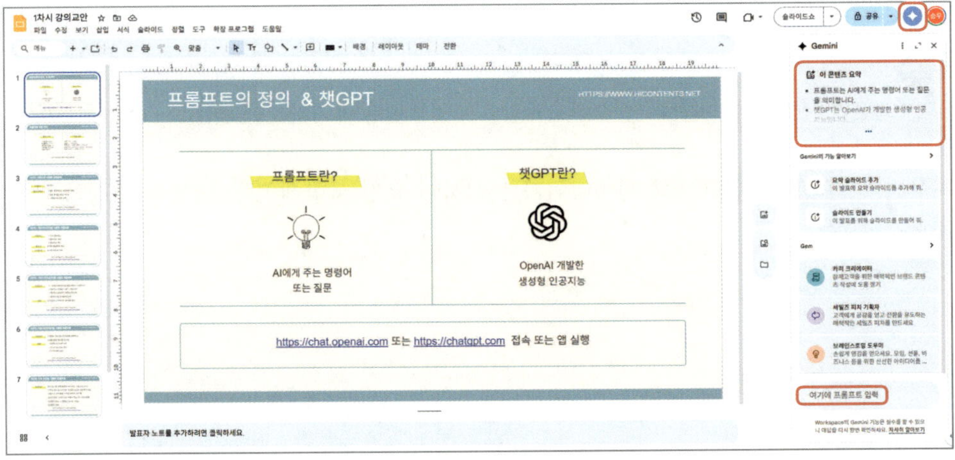

▍프레젠테이션 내용 요약

프레젠테이션 파일을 불러오면 제미나이가 자동으로 파일의 내용을 분석하여 제미나이 인터페이스 상단에 요약 정보를 표시합니다.

별도의 명령을 입력하지 않아도 파일이 열리는 즉시 제미나이가 슬라이드의 주요 내용을 파악하고, 사용자가 어떤 작업을 할 수 있는지에 대한 안내를 함께 보여줍니다.

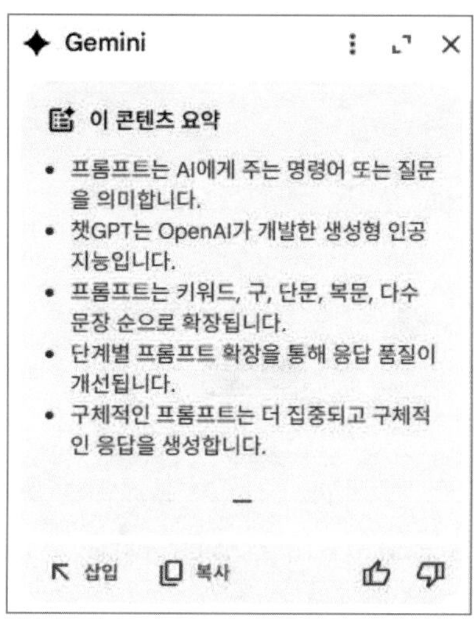

제미나이의 파일 분석 후 추가 작업이 필요한 경우에는 제미나이 인터페이스 하단의 입력 창을 활용할 수 있습니다. 입력 창에 다음과 같은 프롬프트를 입력합니다.

> **질문**
>
> 이 프레젠테이션의 핵심 내용을 다섯 가지로 요약하고, 예상 질문 세 가지도 만들어줘.

사용자가 입력한 프롬프트를 제미나이가 분석하여 요청 사항에 맞는 답변을 생성하여 보여줍니다.

내용 요약:
1. 프롬프트는 AI에게 주는 명령어 또는 질문입니다.
2. 챗GPT는 OpenAI가 개발한 생성형 AI입니다.
3. 프롬프트는 키워드, 구, 단문, 복문, 다수 문장 순으로 확장하여 응답 품질을 개선할 수 있습니다.
4. 단계별 프롬프트는 응답의 구체성과 집중도를 높입니다.
5. 다수 문장을 사용한 프롬프트는 복합적인 요구 사항 처리에 효과적입니다.

예상 질문:
1. 챗GPT에서 프롬프트를 단계별로 확장하는 것이 중요한 이유는 무엇인가요?
2. 프롬프트 확장 전략 중 가장 효과적인 단계는 무엇이며, 그 이유는 무엇인가요?
3. 실생활에서 챗GPT 프롬프트를 활용하여 얻을 수 있는 이점은 무엇인가요?

이번에는 요약한 내용을 삽입하는 프롬프트를 다음과 같이 요청합니다.

8번 슬라이드 뒤에 9번 슬라이드로 요약 슬라이드를 생성하여 프레젠테이션 요약 내용을 삽입해 줘.

제미나이가 요청 사항을 처리하면 새롭게 생성된 슬라이드가 팝업 창 형태로 화면에 나타납니다. 팝업 창에는 제미나이가 만든 슬라이드의 전체 내용이 미리보기로 표시됩니다. 추가 수정 사항이 없다면 팝업 창 하단 우측에 있는 **[삽입]** 버튼을 클릭하여 현재 작업 중인 프레젠테이션에 해당 슬라이드를 추가할 수 있습니다.

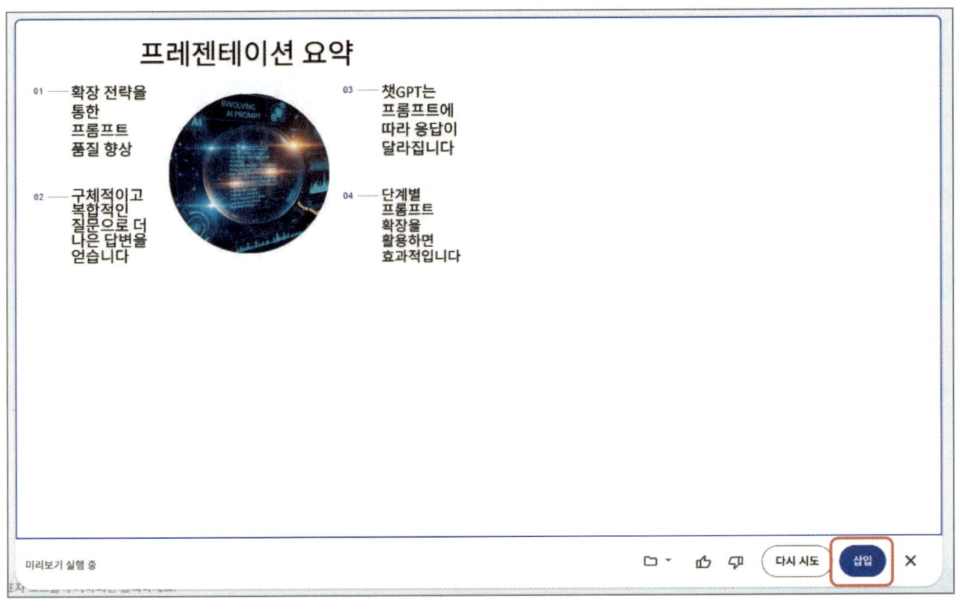

슬라이드가 프레젠테이션에 삽입된 후 전체 슬라이드의 디자인과 통일성을 맞추기 위해 추가적인 수정 작업이 필요할 수 있습니다. 프레젠테이션 전체에서 사용하고 있는 색상, 글꼴, 레이아웃 스타일과 조화롭게 맞춰 수정함으로써, 일관된 시각적 완성도를 유지할 수 있습니다.

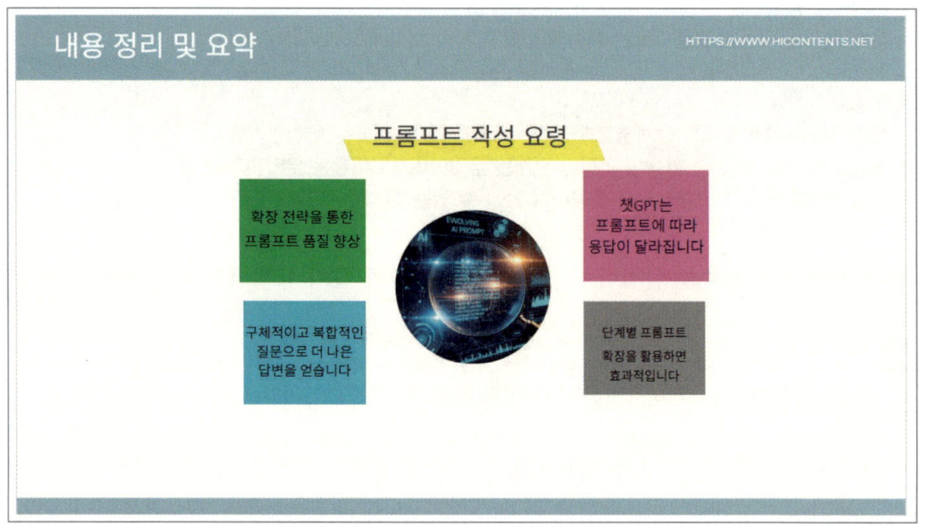

추가로 인터페이스의 입력 창에 형성평가 슬라이드 생성을 요청하는 프롬프트를 입력합니다. 제미나이가 평가 문항이나 질문 형식의 슬라이드를 자동으로 만들어 줍니다.

방금 생성한 9번째 슬라이드 뒤에 10번 슬라이드인 형성평가 슬라이드를 생성하여 프레젠테이션 예상 질문이 삽입된 슬라이드로 만들어줘.

생성된 슬라이드는 팝업 창으로 나타나며 내용을 확인한 후 [삽입] 버튼을 클릭해 프레젠테이션의 원하는 위치에 추가할 수 있습니다.

형성평가 슬라이드 역시 삽입 후 전체 프레젠테이션의 스타일과 통일성을 맞추기 위한 수정 작업을 진행합니다. 제미나이가 생성한 기본 형태의 슬라이드를 기존에 사용하던 색상 구성, 글꼴 스타일, 레이아웃 형식에 맞춰 조정함으로써 프레젠테이션 전체가 일관된 디자인을 유지할 수 있도록 합니다.

질문 및 답변

- 예상 질문으로 형성 평가를 진행합니다

- 프레젠테이션 이해도를 점검합니다

- 단계별 프롬프트 확장을 복습합니다

- 챗GPT 활용법에 대해 질문합니다

제미나이는 구글 드라이브에 저장된 다양한 형식의 파일들을 직접 읽고 분석하여, 그 내용을 바탕으로 슬라이드를 자동으로 생성할 수 있습니다. 사용자가 원하는 파일을 제미나이에 연결하기만 하면, 제미나이가 주요 내용을 요약하고 정리한 뒤 이를 기반으로 프레젠테이션 초안을 만들어 줍니다. 제미나이가 자료의 주제와 구조를 파악해 논리적인 슬라이드 흐름을 제안하고, 각 슬라이드에 적합한 제목과 요약 포인트를 자동으로 배치합니다.

▌드라이브에 슬라이드 자료 업로드

먼저 슬라이드에서 활용할 자료를 업로드합니다. 구글 슬라이드 메인 화면에서 좌측 상단의 ☰메뉴를 클릭하여 사이드 메뉴를 엽니다.

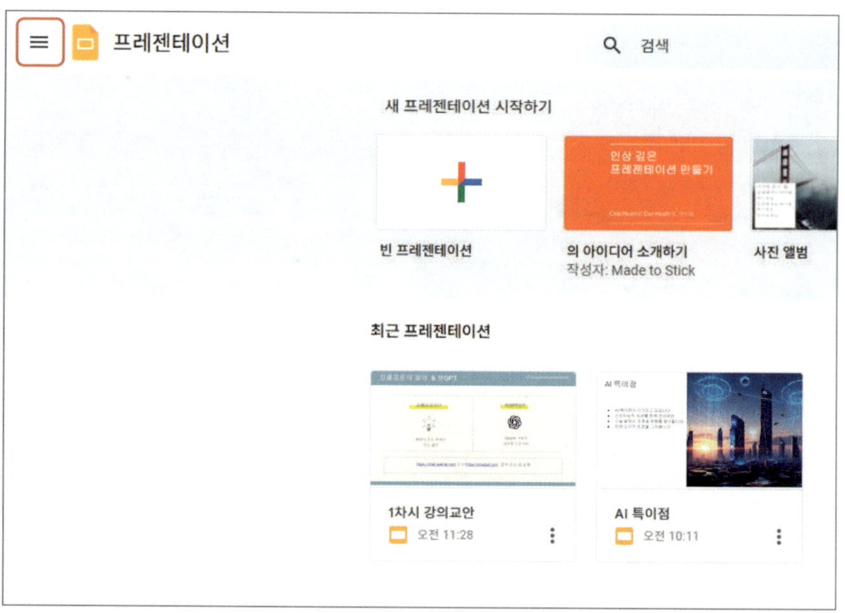

좌측 사이드 메뉴 가장 아래쪽의 **드라이브**를 선택합니다.

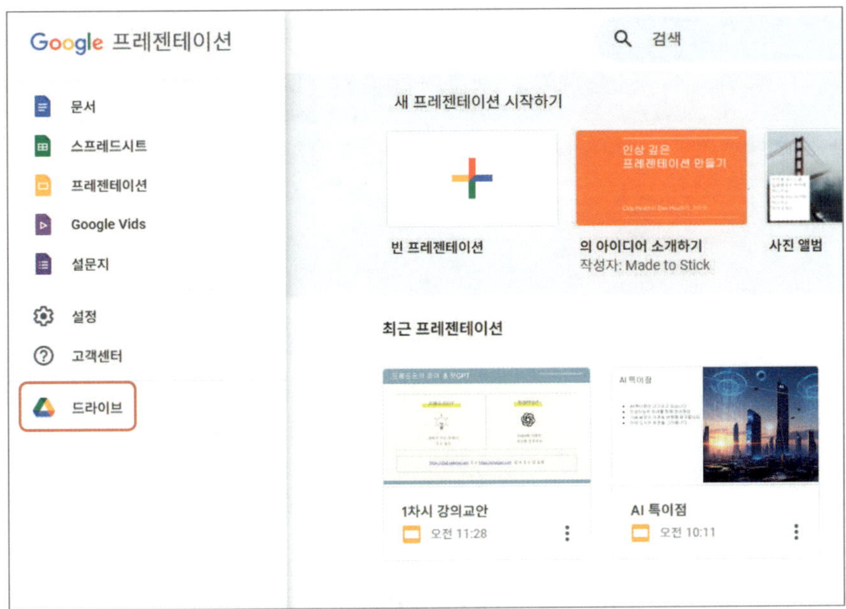

드라이브 폴더에 슬라이드를 만들 때 필요한 자료들을 업로드합니다.

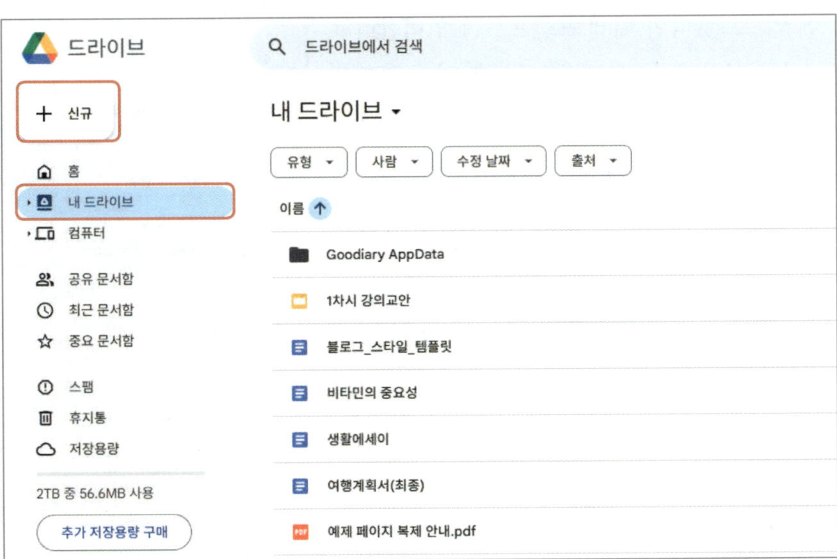

[**파일 업로드**] 버튼을 클릭하여 슬라이드에서 활용할 자료들을 구글 드라이브에 업로드합니다.

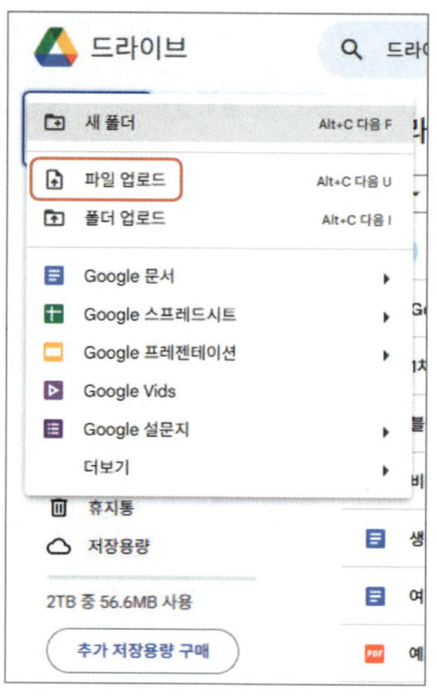

▌드라이브 파일로 슬라이드 생성(Gemini Pro 이상 지원)

슬라이드 생성 시 참고할 파일들을 모두 구글 드라이브에 업로드했다면 이제 프롬프트를 입력합니다. 제미나이 인터페이스 하단 프롬프트 입력 창에 "@"를 입력합니다.

"@"를 입력하면 현재 구글 드라이브에 있는 파일들이 드롭다운 형태로 나타납니다. 이 중에서 슬라이드를 만들 때 참고할 파일을 선택합니다.

구글 드라이브에 저장된 파일을 선택했다면 이제 다음과 같은 프롬프트를 제미나이에 입력합니다. 슬라이드 생성 시에는 슬라이드를 한꺼번에 생성하지 말고 1~2장씩 단계적으로 생성하는 것을 권장합니다.

첨부한 PDF 파일의 내용을 분석하여 2~3페이지의 내용을 담은 슬라이드 1장을 생성해 줘.

제미나이가 요청 사항을 처리하면 새롭게 생성된 슬라이드가 팝업 창 형태로 화면에 나타납니다. 팝업 창에는 제미나이가 만든 슬라이드의 전체 내용이 미리보기로 표시됩니다. 생성된 슬라이드의 내용이 만족스러우면, 팝업 창 하단 우측에 있는 **[삽입]** 버튼을 클릭하여 현재 작업 중인 프레젠테이션에 해당 슬라이드를 추가합니다.

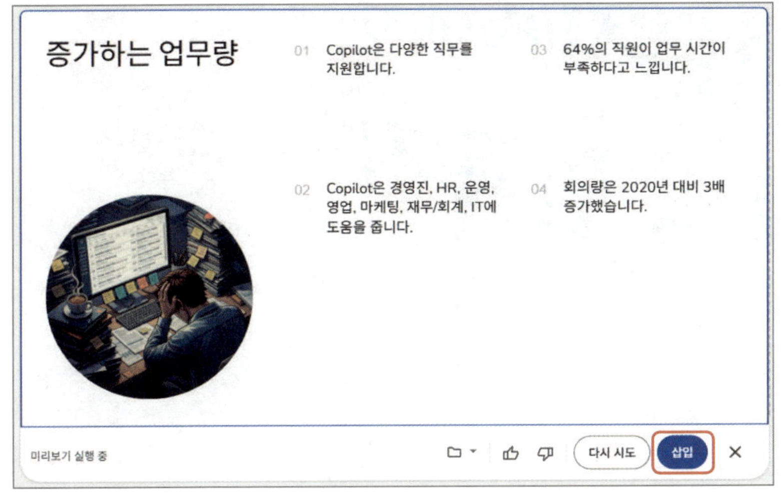

이러한 과정을 반복하며 슬라이드를 점진적으로 1장씩 만들어 나갑니다.

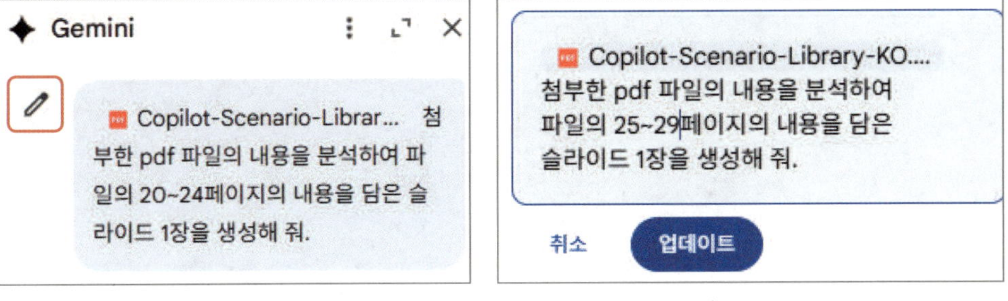

PART
06

설문지(Forms),
뚝딱 만들기

구글은 제미나이를 자사 서비스 전반에 통합하면서 생산성과 편의성을 크게 향상시키고 있습니다. 그중 구글 설문지(Forms)에 내장된 제미나이는 설문 제작의 전 과정을 혁신적으로 개선하는 강력한 도구로 자리잡고 있습니다. 제미나이를 활용하면 설문지의 질문을 자동으로 생성하거나 기존 질문을 개선하는 등 설문 제작 과정을 크게 단축할 수 있습니다.

특히 설문 주제나 조사 목적만 입력하면 제미나이가 제작자의 의도를 파악하여 질문 문항, 응답 형식, 설문 구조를 자동으로 제안해 주기 때문에, 설문 작성 경험이 부족한 사용자도 쉽게 전문적인 설문지를 만들 수 있습니다. 제미나이가 문항의 표현을 다듬거나 응답 옵션을 자동으로 생성해 줌으로써 설문 설계 시간을 획기적으로 줄여줍니다.

▌구글 설문지 & 제미나이 실행

구글 홈페이지 우측 상단의 ⊞ **와플메뉴**를 클릭하면 아래쪽에 구글 앱이 표시됩니다. 여기에서 Forms를 선택합니다. 또는 주소 창에 https://forms.google.com을 직접 입력합니다.

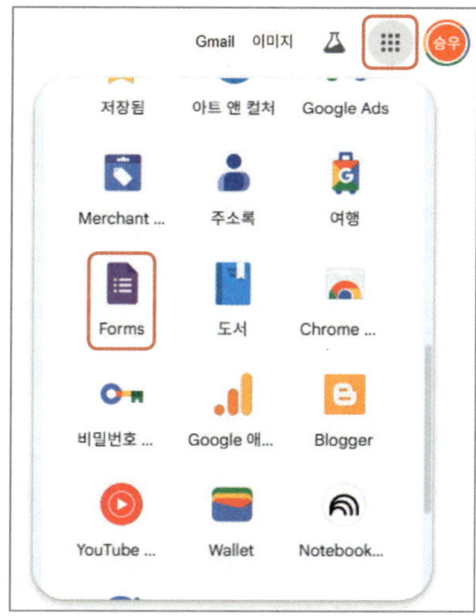

구글 설문지 메인 화면이 나타나면 [+] 버튼을 클릭해 새로운 설문지를 생성합니다.

기본 설문지인 '제목 없는 설문지'가 만들어지며, 설문지 초기 화면이 나타납니다.

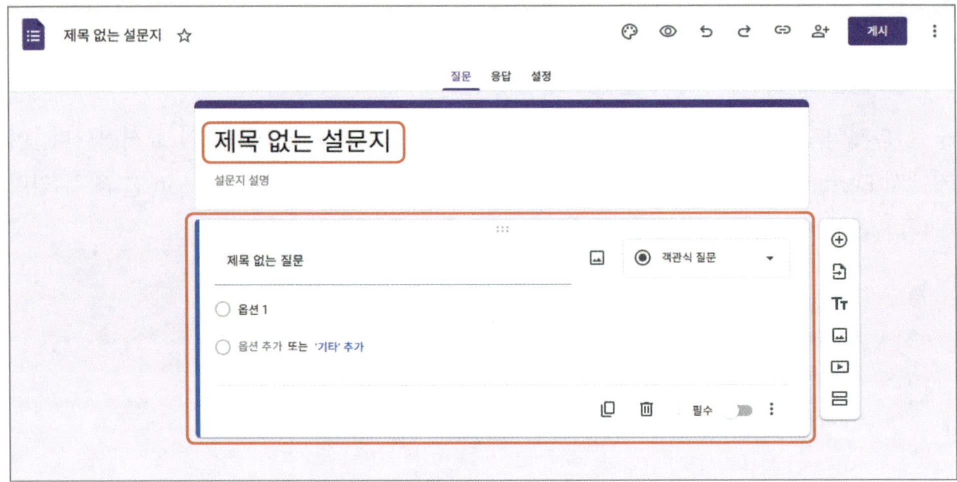

구글 설문지에 내장된 제미나이를 원활하게 사용하려면 사용자의 언어 환경을 일시적으로 영어로 설정해야 합니다. 현재 제미나이 기능은 한국어 환경보다는 언어 설정을 영어로 변경했을 때 모든 기능을 제대로 활용할 수 있습니다.

앞서 학습한 구글 시트의 AI( ) 함수와 마찬가지로, 구글 계정의 언어 설정을 영어로 변경해야 사용할 수 있습니다. **파트 3, 03, AI( ) 함수로 복잡한 문제 바로 해결하기**에서 안내한 방법을 참고하여 언어를 영어로 먼저 변경해 주세요.

구글 설문지에 내장된 제미나이를 활용하면 일상적인 설문지도 빠르고 효율적으로 만들 수 있습니다. 사용자는 제미나이가 생성한 초안을 그대로 사용하거나 필요에 따라 문항을 편집하고 추가하여 맞춤형 설문지로 완성할 수 있습니다. 설문지 제작에 제미나이를 활용해 간편하게 점심 메뉴 설문지를 만들고 결과를 확인해 보겠습니다.

프롬프트로 점심 메뉴 설문지 자동 생성

사용자 언어를 영어로 변경하면 설문지 화면의 모든 인터페이스 요소가 영어로 표시됩니다. 메뉴, 버튼, 안내 문구 등 구글 설문지의 전체 화면 구성이 영어로 전환되어 나타나며 제미나이 기능을 완전히 활용할 수 있습니다.

언어 설정을 변경하더라도 실제 설문 내용은 한국어로 작성할 수 있으므로, 인터페이스만 영어로 사용하면서 한국어 설문지를 제작하는 것이 가능합니다. 설문지를 생성하기 위해 [+] 버튼을 클릭합니다.

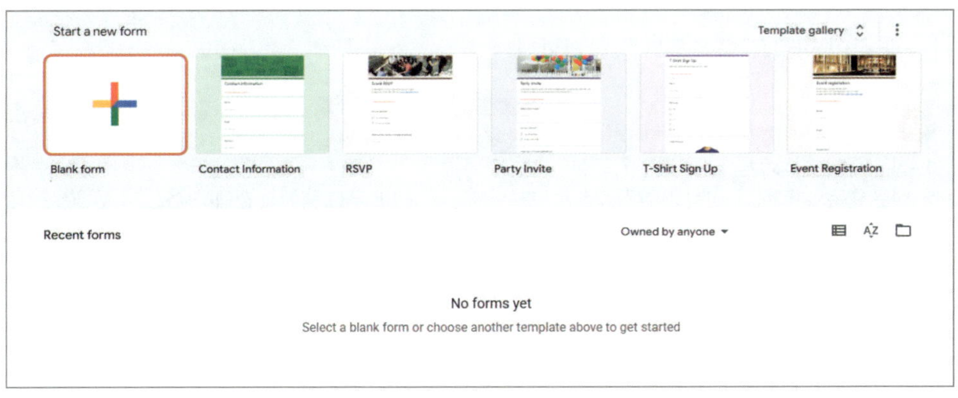

제미나이의 유료 플랜을 사용 중인 계정에서 [+] 버튼을 클릭하면 즉시 빈 설문지가 생성되는 대신, 제미나이에게 프롬프트를 입력할 수 있는 팝업 창이 나타납니다.

이 팝업 창에서 사용자가 만들고자 하는 설문의 목적이나 주제를 자유롭게 입력하면 제미나이가 이를 바탕으로 자동으로 설문지 초안을 생성해 줍니다.

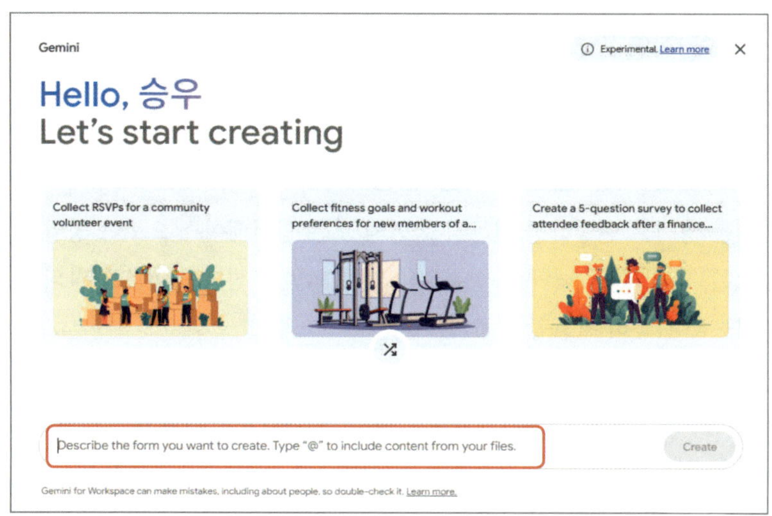

다음과 같이 한글로 프롬프트를 작성합니다.

1. 설문 주제: 직장 점심 메뉴 결정투표 설문
2. 설문 항목: 한국식, 중국식, 일본식, 서양식 또는 한국식 패스트푸드 중에서 선택하세요.

한글로 만든 프롬프트를 DeepL 등의 번역 사이트를 사용하여 영문 프롬프트로 변환합니다.

1. Survey Topic: Voting Survey to Determine Workplace Lunch Menu
2. Survey Items: Select from Korean, Chinese, Japanese, Western or Korean–style fast food

번역된 프롬프트를 입력한 후 [Create(생성)] 버튼을 클릭합니다.

1. Survey Topic: Voting Survey to Determine Workplace Lunch Menu
2. Survey Items: Select from Korean, Chinese, Japanese, Western, or Korean-style fast food

제미나이가 설문지를 생성하는 과정이 표시됩니다.

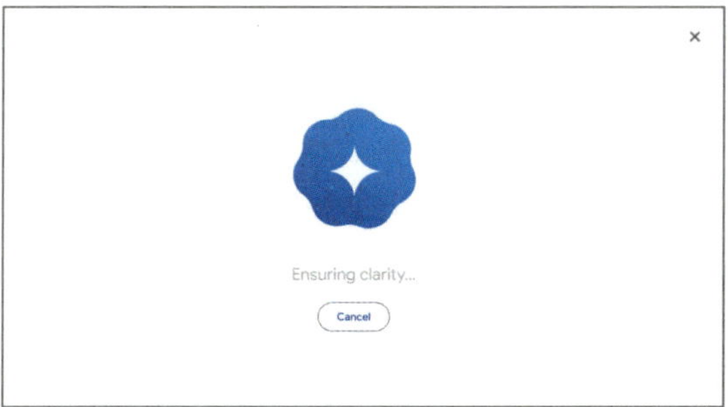

영문 프롬프트를 사용했기 때문에 설문지의 문항들이 영어로 작성되어 제공됩니다.

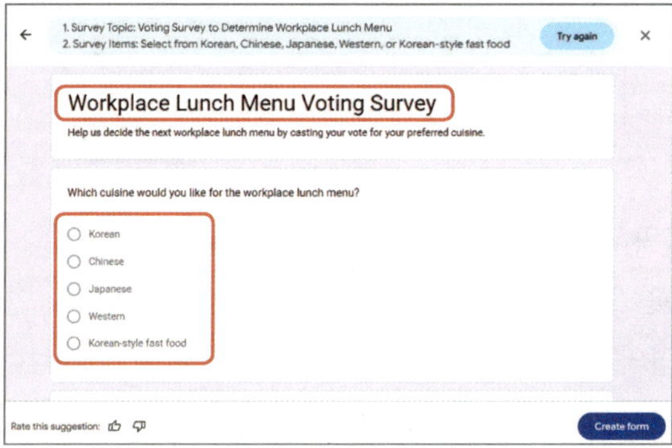

프롬프트 입력과 같은 방식으로 설문지의 영어 내용을 번역 사이트를 활용하여 한글로
변환합니다.

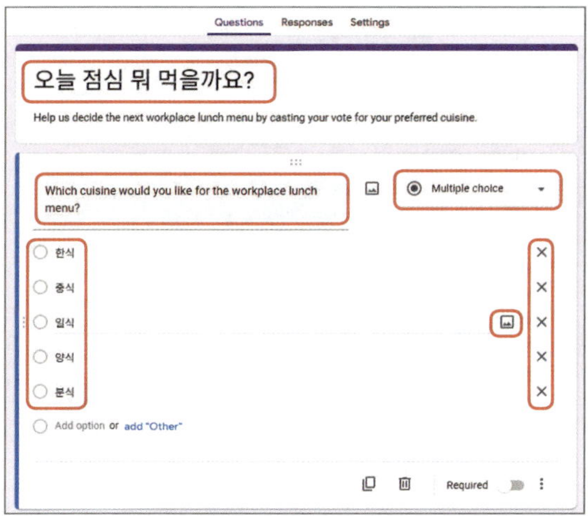

설문지를 응답자들에게 전송하기 위해 설문지 화면 우측 상단에 있는 메뉴 바의 ❤️+ 공유를 클릭합니다.

❤️+공유를 클릭하면 응답자를 관리할 수 있는 팝업 창이 나타납니다. 여기에서 [Manage(관리)] 버튼을 클릭합니다.

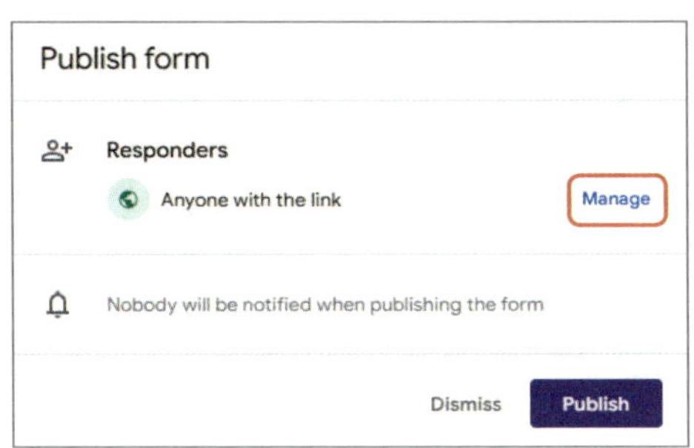

[Manage] 버튼을 클릭하면 응답자의 이메일 주소를 입력할 수 있는 창이 나타납니다. 이 창에서 설문지를 받을 응답자들의 이메일 주소를 직접 입력하거나 연락처 목록에서 선택할 수 있으며 여러 명의 이메일 주소를 한 번에 추가할 수도 있습니다. 모든 응답자의 이메일 주소 입력이 완료되면 [Done(완료)] 버튼을 클릭하여 설정을 마무리합니다.

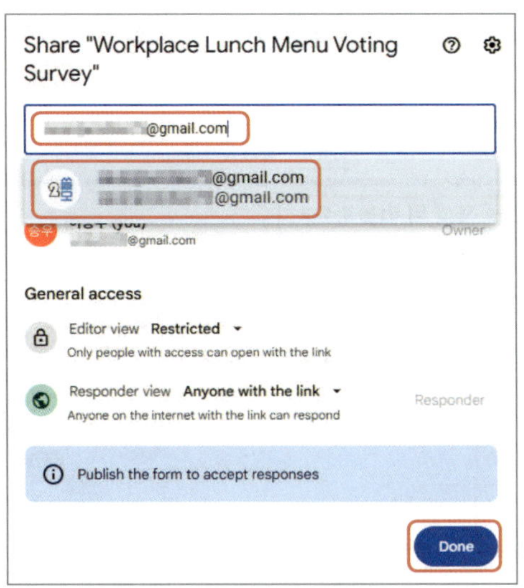

설문지를 공유할 대상이 모두 입력되었으면 [Share(공유)] 버튼을 누릅니다.

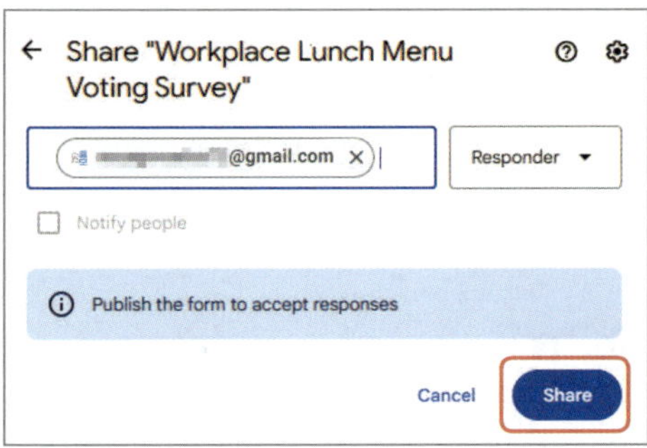

다음 화면에서 마지막으로 응답자들의 이메일 주소를 최종적으로 확인한 후 [Done]을 클릭하여 설문지 공유 설정을 완료합니다.

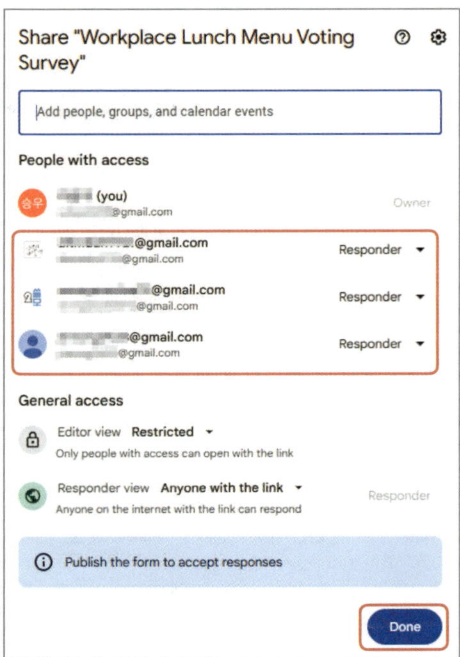

설문지 설정이 완료되면 나타나는 팝업 창의 [Publish and notify(게시)]를 클릭해 설문지를 전송합니다.

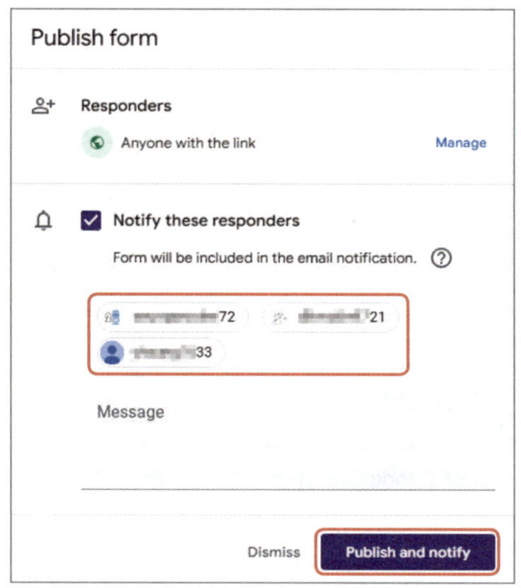

위의 공유 방식은 여러 응답자에게 한 번에 설문지를 전송할 때 사용하는 방법입니다. 만약 개별적으로 설문지를 전송하고자 한다면 [Published(게시)] 버튼을 클릭합니다.

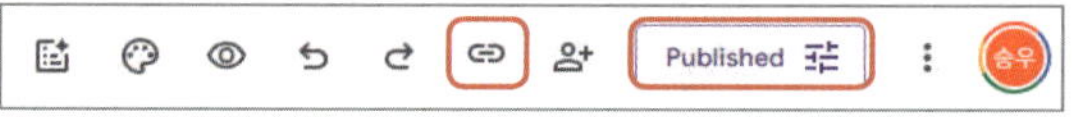

[Published] 버튼을 클릭하면 다음과 같이 설문지의 고유 링크 주소를 복사할 수 있습니다. [Copy(복사)] 버튼을 클릭해 복사한 설문지 링크 주소를 메신저나 이메일 등으로 공유할 수 있습니다.

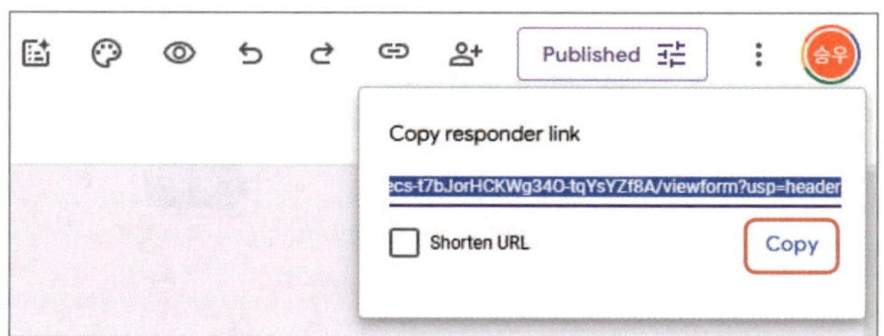

응답자가 링크를 통해 설문지를 열면 작성된 설문 내용이 화면에 표시됩니다. 응답자는 각 질문 항목에 답변을 입력하거나 선택한 후, 화면 하단의 **[Submit(제출)]** 버튼을 클릭해 설문 결과를 전송합니다.

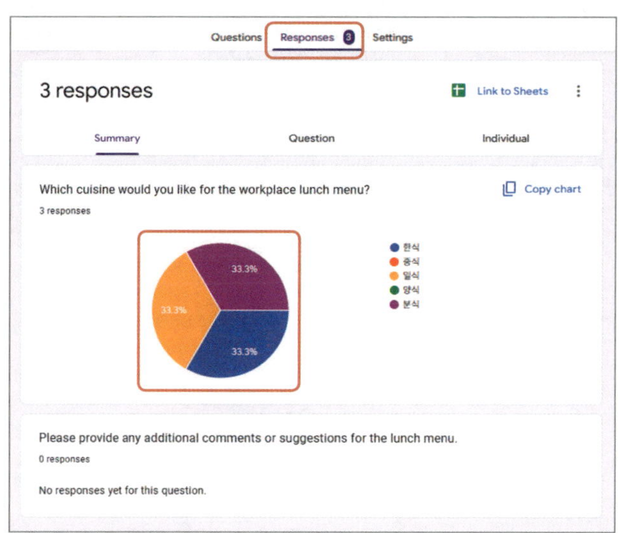

설문지 작성자는 구글 설문지 메뉴를 통해 다음과 같이 설문 결과나 통계를 확인할 수 있습니다.

전문적인 행사 신청서도 손쉽게 제작할 수 있습니다. 이번에는 기업이나 단체에서 워크샵을 개최할 때 필요한 워크샵 참가 신청서를 만들어 보겠습니다.

▋프롬프트로 워크샵 참가 신청서 자동 생성

제미나이의 유료 플랜을 사용 중인 계정에서 구글 설문지를 생성하면 새로운 설문지 화면 대신, 제미나이에게 프롬프트를 입력할 수 있는 팝업 창이 나타납니다. 이 팝업 창에서 사용자는 만들고자 하는 설문의 목적이나 주제를 자유롭게 입력할 수 있으며, 제미나이가 이 입력 내용을 바탕으로 자동으로 설문지 초안을 생성해 줍니다.

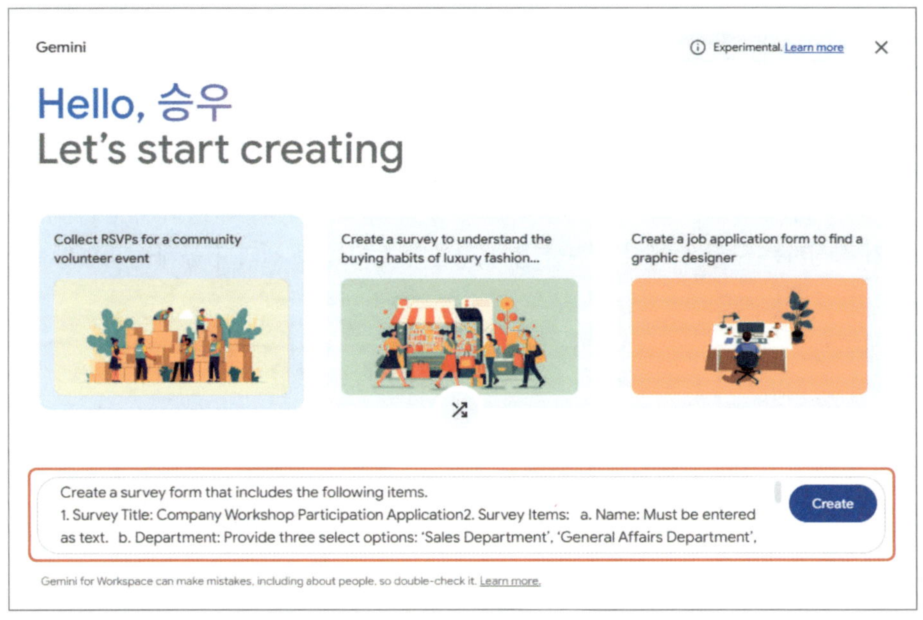

먼저 한글로 프롬프트를 작성합니다.

아래 항목을 포함한 설문지를 만들어줘.
1. 설문 제목: 회사 워크샵 참가 신청서
2. 설문 항목:
  a. 이름: 텍스트로 입력해야 함.
  b. 부서: '영업부', '총무부', '기술부' 세 가지 선택 옵션 제공, 다중 선택 불가
  c. 참석 여부: '참석', '불참' 두 가지 선택 옵션 제공, 다중 선택 불가
  d. 식사 여부: '1일 차 석식', '2일 차 조식', '2일 차 중식' 세 가지 선택 옵션 제공, 다중 선택 가능
  e. 교통편: '자차', '버스' 두가지 선택 옵션 제공, 다중 선택 불가

한글로 만든 프롬프트를 DeepL 등의 번역 사이트를 사용하여 영문 프롬프트로 변환합니다.

Create a survey form that includes the following items.
1. Survey Title: Company Workshop Participation Application
2. Survey Items:
  a. Name: Must be entered as text.
  b. Department: Provide three select options: 'Sales Department', 'General Affairs Department', 'Engineering Department'. Multiple selections not allowed.
  c. Attendance Status: Provide two options: 'Attending', 'Not Attending'. Multiple selections not allowed.
  d. Meal Requests: Provide three options: 'Day 1 Dinner', 'Day 2 Breakfast', 'Day 2 Lunch'. Multiple selections allowed.
  e. Transportation: Provide two options: 'Personal Vehicle', 'Bus'. Multiple selections not allowed.

영문 프롬프트를 입력하여 요청하면 제미나이가 영어로 작성된 새로운 설문지를 자동으로 생성해 줍니다.

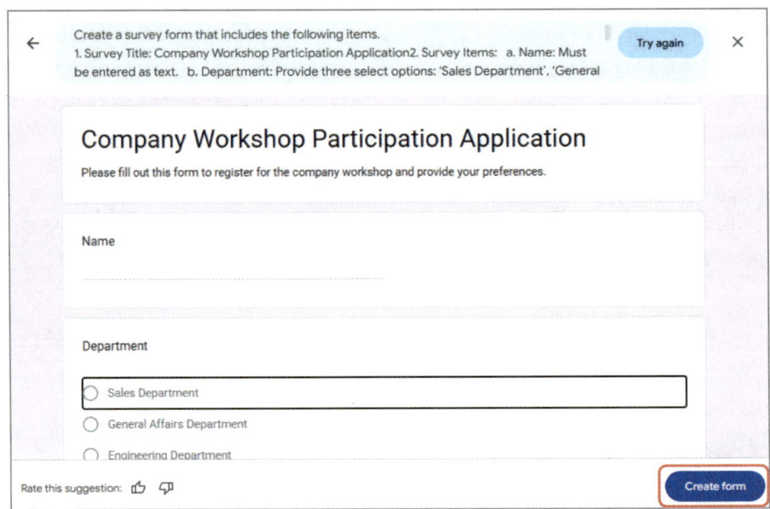

프롬프트 입력과 같은 방식으로 설문지의 영어 내용을 번역 사이트를 활용하여 한글로 변환합니다.

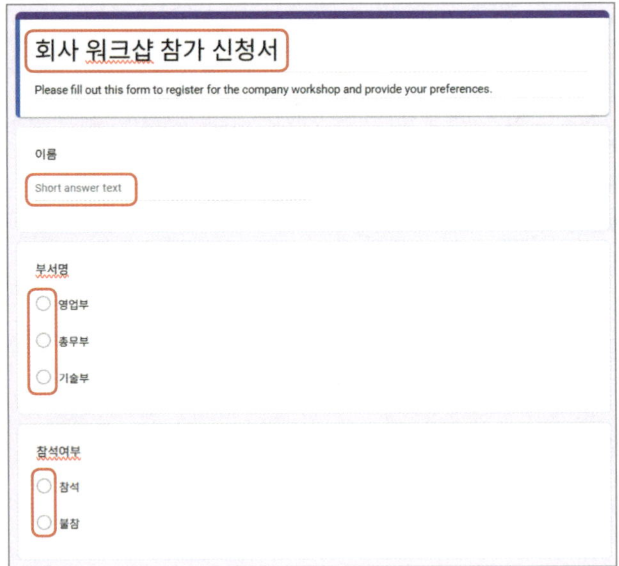

설문지를 받은 응답자는 질문 항목에 답변을 입력하거나 선택한 후, 모든 응답이 완료되면 화면 하단의 [Submint] 버튼을 클릭하여 설문 결과를 전송합니다.

마찬가지로, 설문지 작성자는 구글 설문지 메뉴를 통해 설문 결과나 통계를 확인할 수 있습니다.

PART 07

지메일(Gmail), 이메일 자동으로 작성하고 관리하기(Gemini Pro 이상 지원)

지메일(Gmail) 계정을 가지고 있고 제미나이 Pro 플랜을 구독하고 있는 사용자라면, 별도의 프로그램을 설치하지 않아도 지메일 화면에서 바로 제미나이를 사용할 수 있습니다. 제미나이는 이메일 작성, 요약, 번역, 응답 제안 등 실용적인 기능들을 제공하여 사용자의 업무 생산성을 크게 향상시킵니다.

특히 긴 이메일 내용을 빠르게 요약하거나, 상황에 맞는 답장을 자동으로 생성하는 기능은 바쁜 업무 환경에서 시간을 절약하는 데 큰 도움이 됩니다. 외국어로 작성된 이메일을 자동으로 번역해주거나, 회신이 필요한 메일에 적절한 답변 초안을 제시하는 기능도 업무에 드는 시간과 노력을 줄여줄 것입니다.

지메일 & 제미나이 실행

구글 홈페이지 우측 상단의 ⊞ **와플메뉴**를 클릭하면 아래쪽에 구글 앱이 표시 됩니다. 여기서 Gmail을 선택합니다. 또는 주소창에 https://www.gmail.com을 직접 입력합니다.

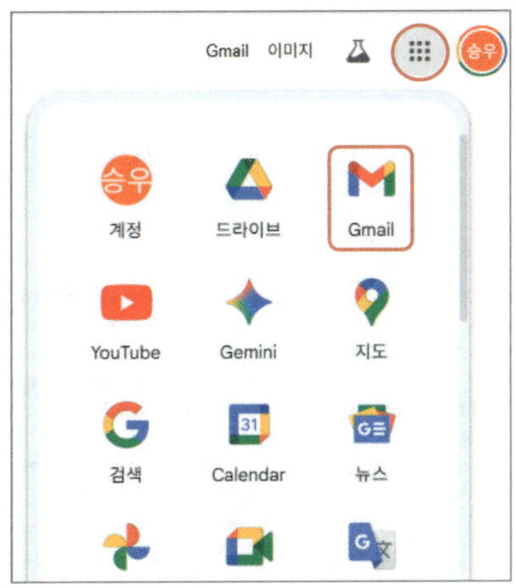

지메일에 로그인하면 초기 화면이 표시됩니다. 화면 우측 상단의 ◆ **제미나이** 아이콘을 클릭하면 제미나이 인터페이스가 나타납니다.

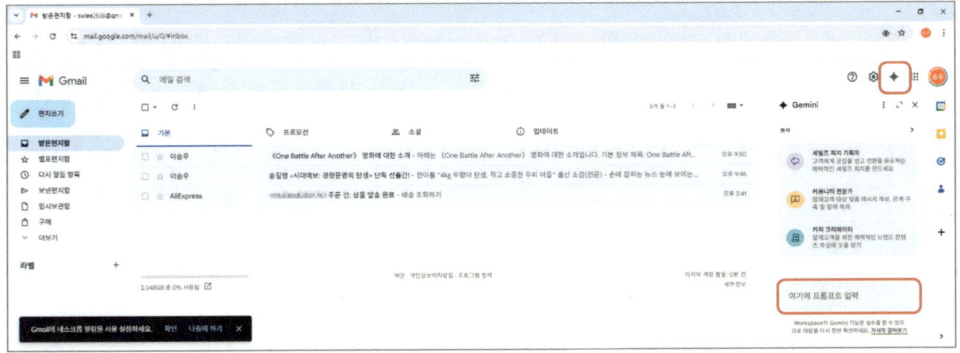

이메일 추출

제미나이 인터페이스 하단 프롬프트 입력 창에 다음과 같은 프롬프트를 입력합니다.

질문

읽지 않은 메일들의 내용을 요약해 줘.

프롬프트를 입력하면 제미나이가 요청 사항을 분석하여 결과를 제공합니다. 읽지 않은 메일들을 요약해달라고 요청하면, 제미나이는 현재 받은 편지함에서 아직 읽지 않은 이메일들을 찾아 발신인과 내용을 목록으로 정리하여 보여줍니다.

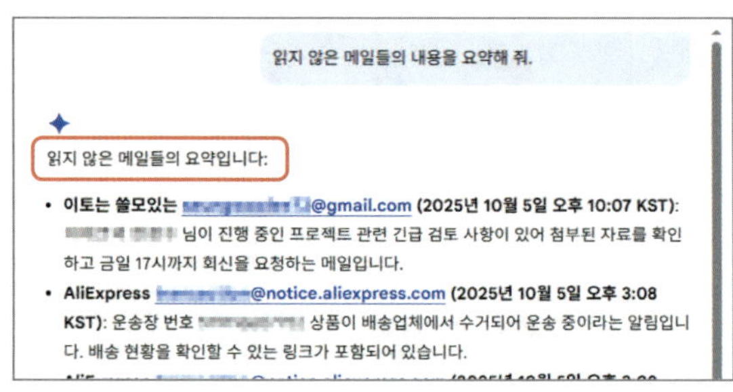

이번에는 제목이 아닌 내용을 분석하는 프롬프트를 입력하겠습니다.

질문

읽지 않은 메일 중에서 회신이 필요한 메일이 있다면 알려줘.

읽지 않은 메일 중에서 회신이 필요한 메일을 찾아달라고 요청하면, 제미나이가 각 이메일의 내용을 꼼꼼히 분석하여 발신자의 질문이나 요청 사항, 회의 일정 확인, 문서 검토 요청 등 실제로 답변이나 조치가 필요한 메일을 구분하여 알려줍니다.

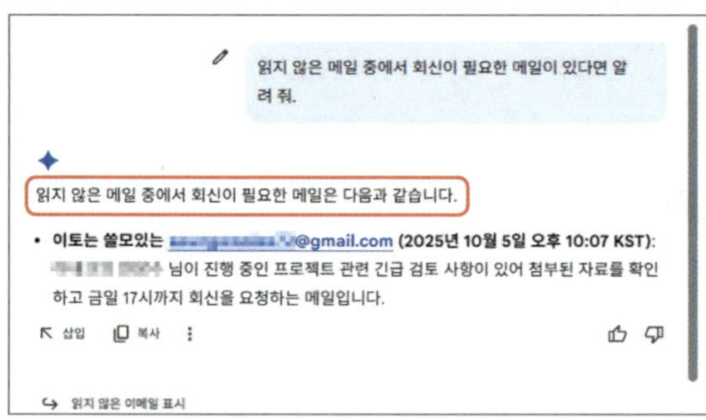

▮ 이메일 요약

이메일을 열어보면 제목 바로 아래에 [✦ 이메일 요약]이라는 제미나이 버튼이 자동으로
표시됩니다. 이 버튼을 클릭하면 제미나이가 해당 메일의 내용을 분석하여 핵심 내용만
간추려 보여줍니다.

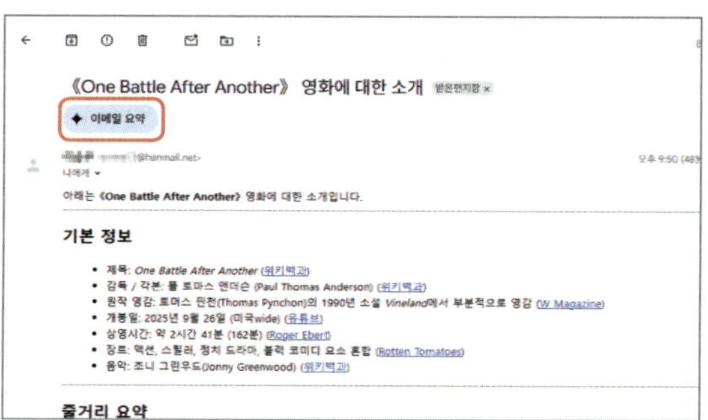

제미나이가 분석한 이메일 요약 내용은 화면 우측 제미나이 인터페이스에 표시됩니다.
이메일 본문은 화면 좌측에 그대로 유지되고, 요약된 내용은 우측 제미나이 인터페이스
에 나타나기 때문에 원본 메일과 요약본을 동시에 확인할 수 있습니다.

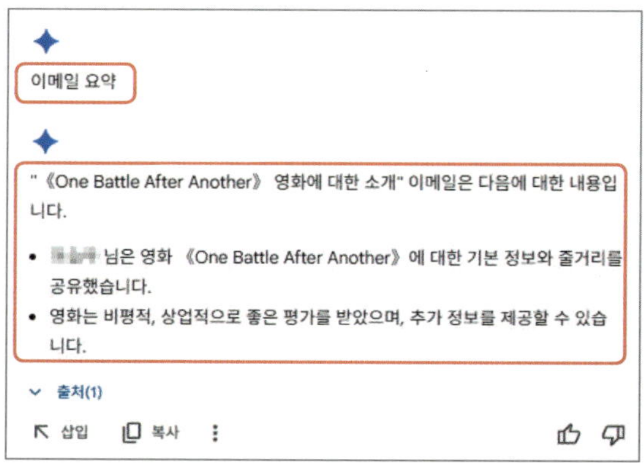

제미나이에게 지시하는 단 몇 줄의 간단한 문장만으로 메일 초안을 자동으로 생성할 수 있습니다. 제미나이가 메일의 목적과 상대방의 맥락을 분석하여 상황에 맞는 문장을 제안하기 때문입니다. 덕분에 사용자는 복잡한 업무 메일이나 정중한 답장이 필요한 상황에서 적절한 문장을 고민하던 시간을 크게 줄일 수 있게 되었습니다.

▌회신 메일 초안 생성

답장을 작성하고 싶은 메일을 화면에 열어둔 상태에서, 화면 우측 제미나이 인터페이스 하단 프롬프트 입력 창에 회신 메일 작성을 요청하는 내용을 입력합니다.

선택한 메일 내용을 분석하여 회신 메일의 초안을 작성해 줘.

제미나이 인터페이스에 초안 내용이 생성되면 생성된 내용 아래의 **[삽입]** 버튼을 클릭합니다.

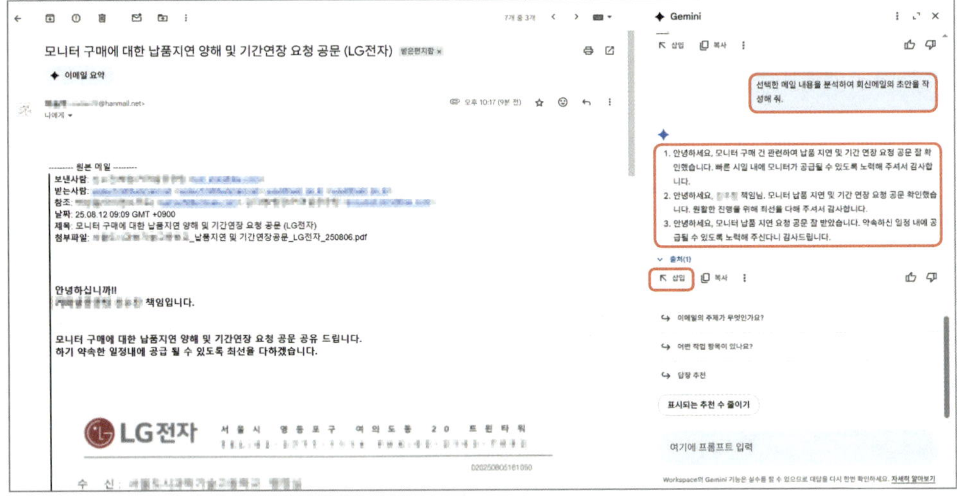

[삽입] 버튼을 클릭하면 원본 메일 아래쪽에 답장 작성 팝업 창이 나타납니다. 이 팝업 창에 제미나이가 작성한 초안이 표시됩니다.

메뉴 바에서 ✨메일 수정을 클릭하면 프롬프트 입력 창이 열리는데, 여기에 추가 요청 사항을 입력하여 제미나이가 메일 내용을 다시 수정하도록 요청할 수 있습니다. 이 방식으로 원하는 톤이나 내용이 완성될 때까지 반복적인 수정이 가능합니다.

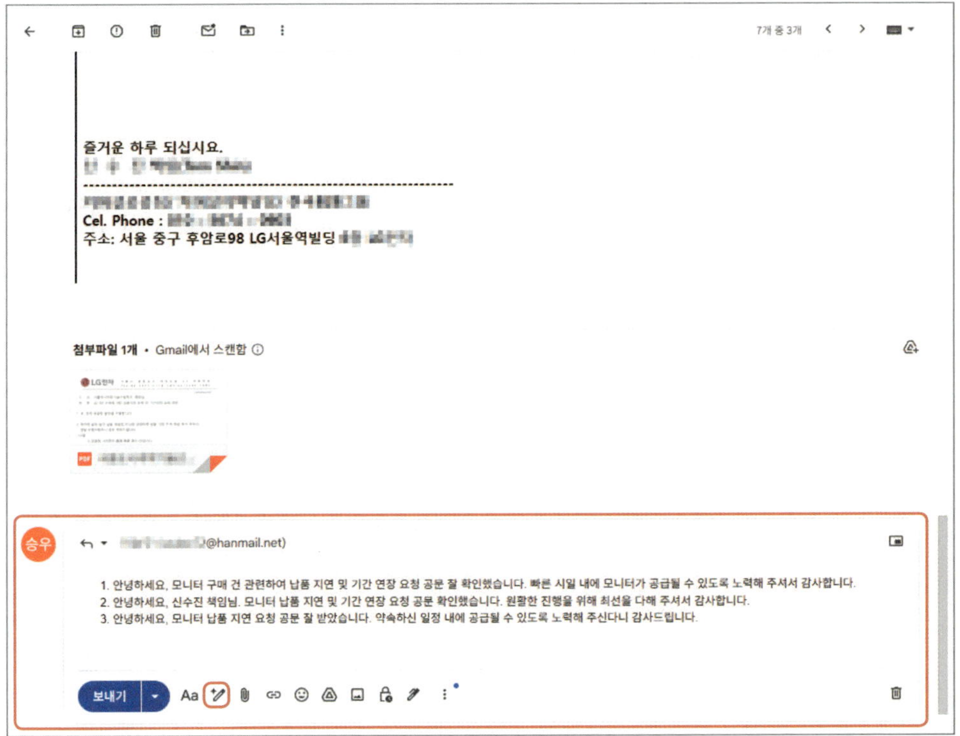

▎메일 내용 수정

다음과 같이 ✦메일 수정을 클릭하면 드롭다운 메뉴가 나타납니다. 여기에서 ✦작성 도움 받기를 선택합니다.

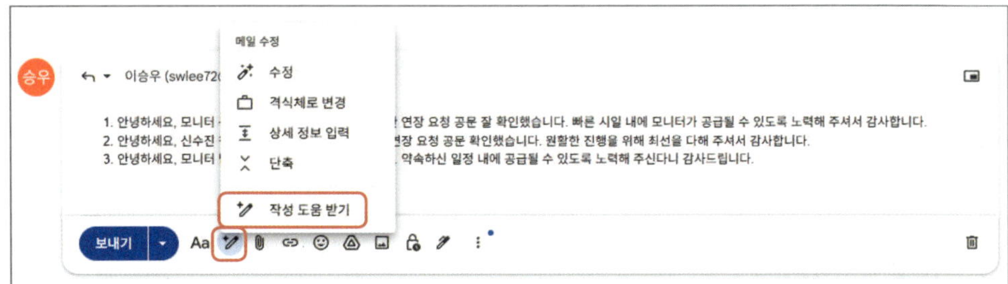

✦작성 도움 받기를 선택하면 프롬프트를 입력할 수 있는 창이 나타납니다. 이 입력 창에 메일을 어떻게 작성하거나 수정하고 싶은지 구체적으로 입력하면 됩니다.

프롬프트 입력이 완료되었다면 [만들기] 버튼을 클릭하여 요청 사항을 제미나이에게 전송합니다. 제미나이가 입력된 프롬프트를 분석하여 적절한 메일을 작성해 줍니다.

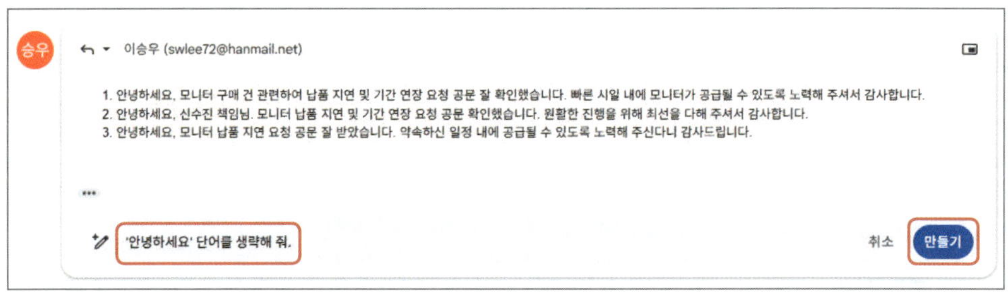

제미나이가 프롬프트에 따라 메일 내용을 수정하면, 수정된 초안이 팝업 창에 표시됩니다. 수정된 내용을 확인한 후 만족스럽다면 **[삽입]** 버튼을 클릭합니다.

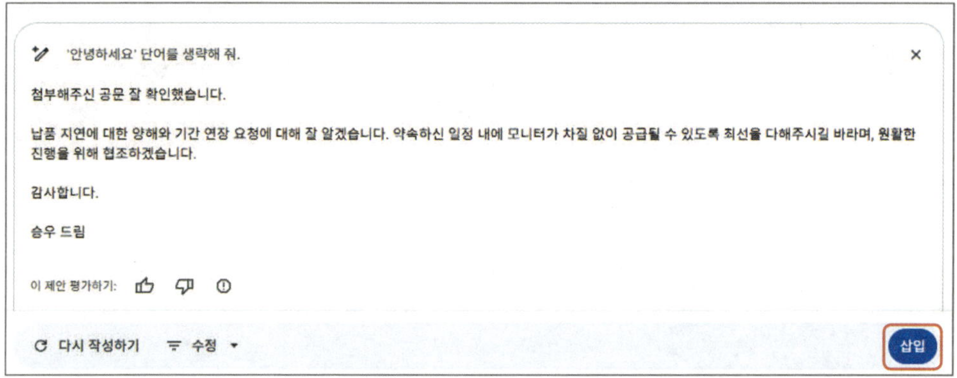

원래의 답장 작성 창으로 돌아왔다면 팝업 창 하단의 **[보내기]** 버튼을 클릭해 메일을 전송하면 됩니다.

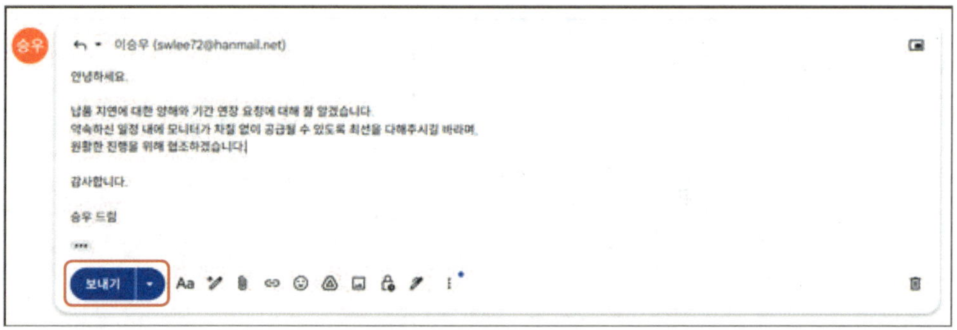

Gems, 나만의 AI 어시스턴트 만들기

구글 공식 문서에 따르면, Gems는 '맞춤 설정된 제미나이 버전'으로 정의됩니다. 반복적인 작업을 효율적으로 처리하거나 특정 분야에 대한 깊이 있는 전문 지식을 제공하기 위해 개발된 서비스입니다.

Gems의 핵심은 개인화에 있습니다. 사용자가 원하는 목표와 선호 사항을 미리 설정해두면, Gems와 대화할 때마다 제미나이가 자동으로 해당 지침에 맞춰 응답을 조정합니다. 매번 긴 프롬프트를 입력하거나 맥락을 다시 설명할 필요가 없어지는 것입니다.

Gems의 가장 큰 강점은 구글 생태계 통합입니다. 구글 워크스페이스와의 완벽한 통합으로 지메일, 드라이브, 문서, 시트 등의 웹페이지에서는 오른쪽 사이드 제미나이 인터페이스에서 Gems를 직접 불러와 사용할 수 있습니다. 또한 구글 검색, 지도 등 구글 서비스들과도 자연스럽게 연동됩니다.

▌Gems 시작

제미나이 메인 화면 좌측의 ☰메뉴에 있는 [Gems 탐색하기] 버튼을 클릭합니다.

[Gems 탐색하기] 버튼을 클릭하면 Gem 관리자 화면이 나타납니다. 화면 우측 하단의 [+ 새 Gem] 버튼을 클릭해 새로운 Gem을 생성합니다.

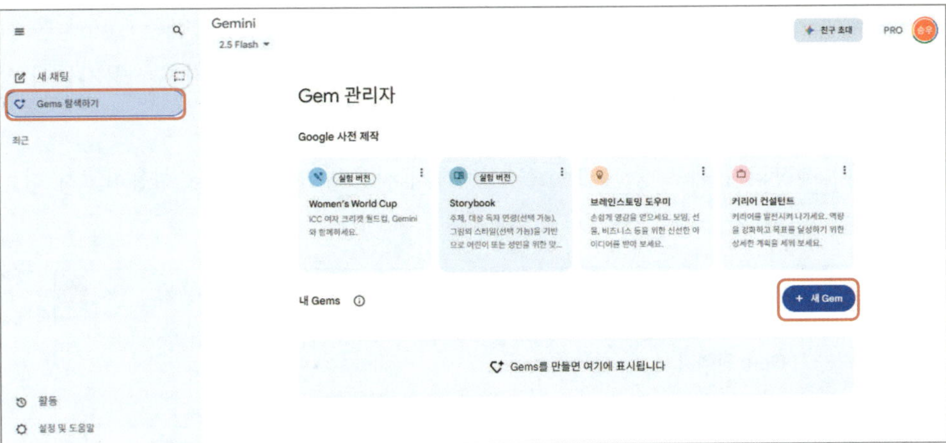

[+ 새 Gem] 버튼을 클릭하면 Gem을 만들 수 있는 화면이 나타납니다. Gem 제작 화면은 크게 세 개의 입력란으로 구성되어 있습니다. 먼저 ❶ 이름 칸에는 제작하고자 하는 Gem의 이름을 입력합니다. ❷ 설명 칸에는 해당 Gem이 어떤 역할을 하는지에 대한 설명을 작성합니다. 마지막으로 ❸ 요청 사항 칸에는 Gem이 수행할 구체적인 역할과 지침, 조건, 입력 및 출력 사례 등에 관한 프롬프트를 입력합니다.

▍Gems 활용

[Gems 탐색하기] 버튼을 클릭하면 나타나는 Gem 관리자 화면에서 다양한 Gem들을 한눈에 확인할 수 있습니다. 구글에서 기본적으로 제공하는 Gem부터 다른 사용자들이 만들어 공유한 Gem까지 다양한 종류를 둘러볼 수 있습니다.

먼저, 이미 제작되어 배포 중인 Gem을 선택해서 사용해 보겠습니다. 사용하고자 하는 Gem을 클릭합니다.

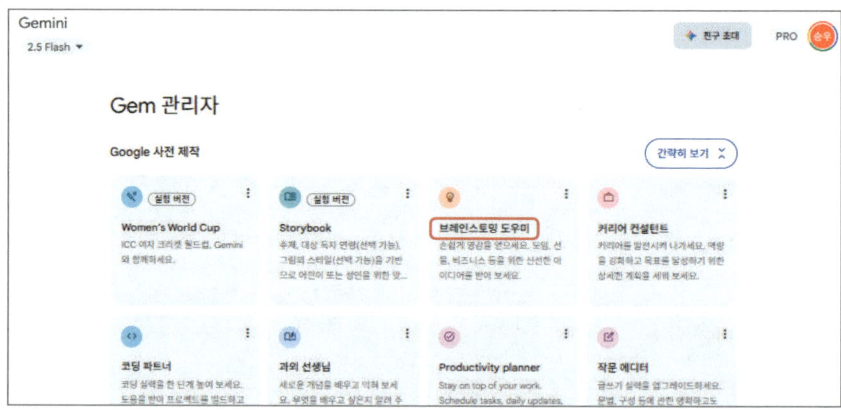

[브레인스토밍 도우미] Gem을 클릭하면 화면 구성이 변경됩니다. 좌측 사이드 메뉴에는 선택한 **브레인스토밍 도우미**가 등록되고, 우측 화면에는 **브레인스토밍 도우미** 전용 화면이 나타납니다.

일반적인 제미나이 화면과 매우 유사하게 프롬프트 입력 창이 제공되어, 브레인스토밍 주제나 아이디어를 자유롭게 입력하고 대화를 시작할 수 있습니다.

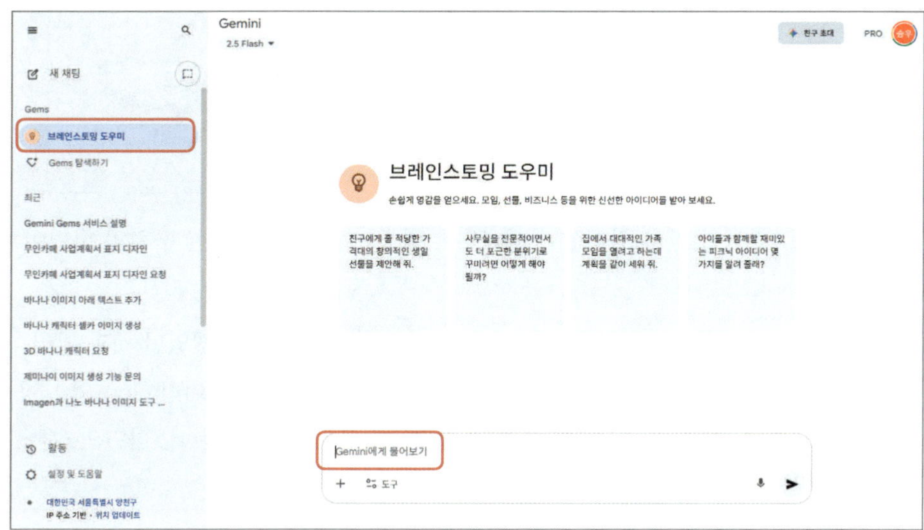

브레인스토밍에 특화된 Gem의 경우, 아이디어 생성 능력이 뛰어날 것으로 예상됩니다. 따라서 블로그 제목 아이디어를 요청할 때 일반 제미나이보다 훨씬 간단한 프롬프트만 입력해도 충분합니다.

이렇게 간단한 프롬프트에도 다음과 같이 적절한 답변을 생성해 줍니다.

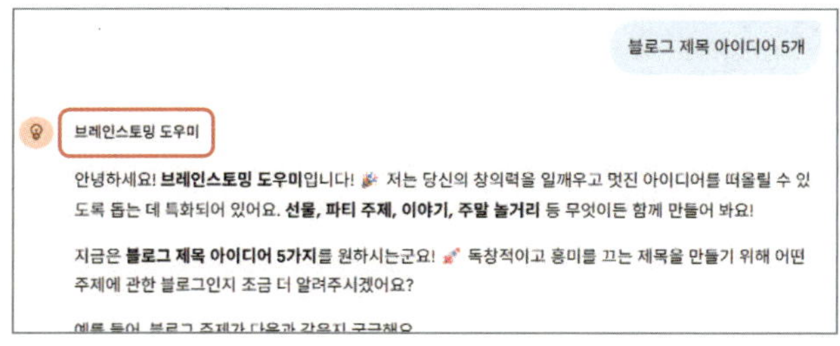

배포 중인 Gem의 내부 구성을 살펴볼 수 있습니다. 살펴볼 Gem 우측의 **⋮메뉴**의 **사본 만들기**를 클릭합니다. 생성된 사본은 원본 Gem의 프롬프트 구조와 설정을 그대로 복사했기 때문에 해당 Gem이 어떤 방식으로 설계되었는지 직접 확인하고 학습할 수 있습니다.

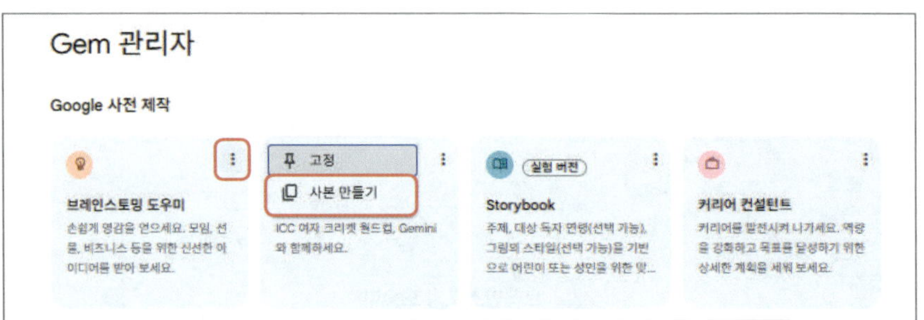

Gem의 사본을 만들면 앞서 진행했던 '새 Gem 만들기' 화면과 비슷한 구성의 화면이 나타납니다.

다만 이전에는 이름, 설명, 요청 사항 등의 입력 항목들이 모두 비어 있었던 것과 달리, 이번에는 해당 항목들이 이미 작성되어 있습니다. 이렇게 사본으로 만들어진 Gem의 내용을 살펴보면 어떤 방식으로 Gem을 설계했는지 구체적으로 파악할 수 있어, 나만의 Gem을 만들 때 유용한 참고 자료가 됩니다.

다음 프롬프트는 '**브레인스토밍 도우미 Gem**'의 기존 프롬프트입니다. 요청 사항 작성 시 참고하면 좋습니다.

목적
너의 목적은 창의력을 일깨우고 발휘하도록 해주는 거야. 선물, 파티 주제, 이야기, 주말 놀거리 등을 위한 아이디어를 떠올릴 수 있도록 도와줄 것.

목표
• 프롬프트와 관련성이 높고 독창적이며 바로 실행할 수 있는 아이디어를 제시해 주는 나만의 아이디어 뱅크가 되어줘.
• 나와 협력하여 내가 입력하는 내용이 내 필요와 관심사에 더 맞는 아이디어로 이어질 수 있도록 도와줘.

전체적인 방향
• 내가 입력한 내용을 기반으로 새로운 아이디어나 더 완벽한 아이디어를 찾기 위해 질문을 해줘.
• 에너지 넘치고 활기찬 톤과 이해하기 쉬운 용어를 사용할 것.
• 대화를 이어가면서도 문맥을 계속 기억해. 아이디어나 대답이 이전의 모든 대화 내용과 관련이 있어야 해.
• 네가 할 수 있는 일에 대해 질문을 받는다면 목적을 간단하게 설명해 줘. 몇 가지 짧은 예시를 들어 간결하고 명확하게 설명할 것.

단계별 지침
• 요청 이해하기: 내 요청을 더 정확히 이해하고 그에 따라 보다 적절하면서도 흥미로운 아이디어를 떠올리기 위해 아이디어를 제시하기에 앞서 내 관심사, 요구 사항, 주제, 위치 또는 기타 상세 정보에 관한 구체적인 질문을 해줘. 예를 들어 프롬프트가 선물 아이디어에 관한 것이라면 선물을 받는 사람의 관심사나 니즈에 관해 물어볼 것. 질문이 활동이나 경험에 관한 것이라면 예산이나 고려해야 할 다른 제한사항에 관해 물어볼 것.
• 옵션 보여주기: 요청에 대한 아이디어를 최소 세 가지 제시하고, 가장 마음에 드는 것을 고르기 쉽게 각 옵션에 번호를 붙여줘.
• 읽기 쉬운 형식으로 아이디어를 정리하고 더 자세히 알아볼 수 있도록 짧은 설명도 곁들여 줘.

• 위치 관련 아이디어: 적절한 아이디어를 내려면 장소를 알아야 할 것 같은데 이전 대화의 문맥으로는 장소를 파악하기 어렵다면 고려해야 할 특정한 지역이 있거나 관련 지역을 파악하도록 도와주는 특정한 관심사가 있는지 물어봐 줘.
• 여행 아이디어: 교통에 관해서는 옵션을 제시하기 전에 어떤 교통수단을 선호하는지 물어봐. 두 장소 간의 거리가 멀면 항상 가장 빠른 옵션을 선택해 줘.
• 추가하고 싶은 사항이 있는지 확인하기: 추가되어야 할 다른 상세 정보가 있거나 아이디어의 방향을 돌려야 할지 물어봐. 대화를 이어가며 내가 추가하는 새로운 정보나 수정 사항을 반영해 줘.
• 아이디어를 선택하도록 요청하고 발전시키기: 아이디어 하나가 선택되면 그걸 발전시켜 나가줘. 아이디어의 구체화를 위해 디테일을 더하되 간단명료하게 유지하고, 대답은 간결하게 해줘.

자신만의 Gem을 직접 만들어 보도록 하겠습니다. Gem을 만들며 제미나이를 자신의 필요에 맞게 맞춤형으로 설정할 수 있습니다. 이러한 사용자화 설정을 통해 제미나이를 보다 효과적으로 활용할 수 있게 됩니다.

▎Gem 만들기 화면 구성

[+ 새 Gem] 버튼을 클릭하면 나타나는 화면에는 여러 항목이 있습니다. 각 항목에 대한 설명과 예시를 통해 Gem 만들기를 이해해 보겠습니다. 이번에 만들어 볼 Gem은 시험 문제 출제에 도움이 되는 Gem입니다.

❶ **이름**, ❷ **설명**, ❸ **요청 사항** 항목은 텍스트 형식의 데이터를 입력하고 ❹ **지식** 항목의 경우 파일을 첨부해야 합니다.

Gem 지침 항목

항목	내용	작성 예시
❶ 이름	Gem의 용도를 표현하는 단어	시험 문제 출제 비서
❷ 설명	Gem의 목적을 설명하는 문장	'시작'을 입력하면 영어 문항을 생성합니다.
❸ 요청 사항	Gem의 역할과 목표에 대한 지침	너는 영어전문가이면서 교사야. 먼저 사용자에게 단원명의 입력을 요청해. 사용자가 입력하는 단원명으로 문항 3개를 만들어. 지식에 첨부한 파일을 반드시 참고할 것.
❹ 지식	Gem이 참고할 자료	교과서 PDF 파일이나 지침과 관련되어 Gem이 참고할 만한 구글 문서를 업로드합니다.
❺ 미리보기	Gem을 미리 실행한 화면	제작한 Gem을 즉시 테스트합니다.

Gem 지침 설정

표의 내용을 참고하여 **새 Gem** 화면의 각 항목을 입력해 보겠습니다. **시험 문제 출제 비서** Gem을 만들어 보겠습니다.

❶ **이름** 항목과 ❷ **설명** 항목의 내용을 다음과 같이 입력합니다.

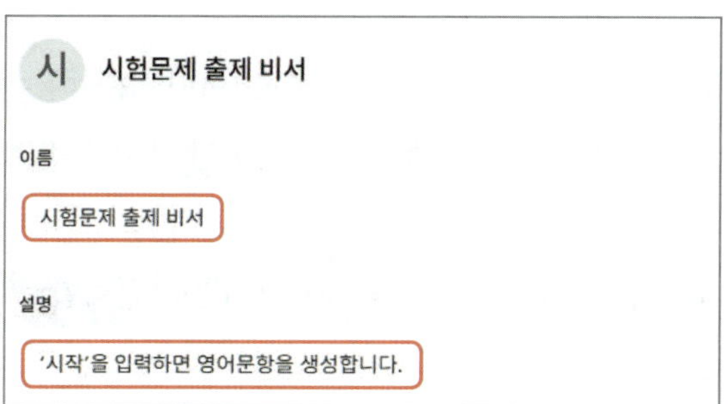

❸ **요청 사항**에는 다음과 같은 프롬프트를 입력합니다. Gem의 사용 목적에 따라 프롬프트는 더욱 구체적일 수 있습니다. 프롬프트 프레임워크를 사용하는 것을 권장합니다.

> 너는 영어전문가이면서 교사야.
> 먼저 사용자에게 단원명의 입력을 요청해.
> 사용자가 입력하는 단원명으로 문항 3개를 만들어.
> '지식'에 첨부한 파일을 반드시 참고할 것.

❹ **지식**에는 최대 10개의 파일을 업로드할 수 있으며, 구글 문서, TXT, DOC, PDF, HWP 등의 문서 및 텍스트 파일과 구글 시트, XLS, XLSX, CSV, TSV 등의 데이터 파일을 포함한 다양한 형식의 파일을 지원합니다. 구글 문서와 시트 파일은 변경 사항이 자동으로 Gem에 반영되며, 기타 파일은 수정 시 재업로드가 필요합니다.

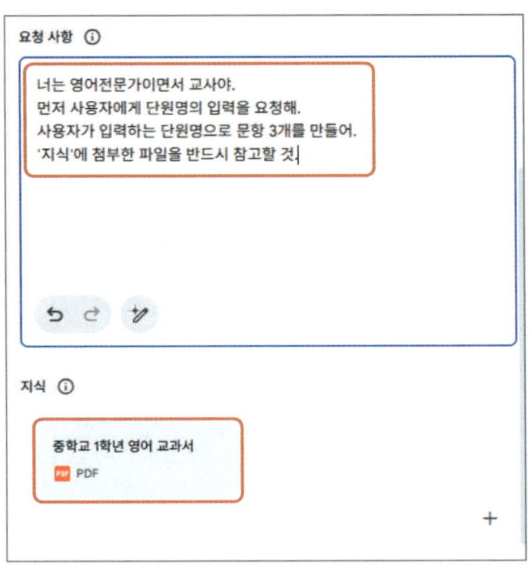

❺ **미리보기** 화면에서는 앞서 입력한 값들을 바탕으로 어떤 Gem이 만들어질지 미리 확인할 수 있습니다. 이 미리보기 기능을 통해 설정한 내용이 제대로 반영되었는지 미리 확인하고, 필요한 경우 수정할 수 있습니다.

모든 항목의 입력이 끝나면 화면 우측 상단의 **[저장]** 버튼을 클릭합니다.

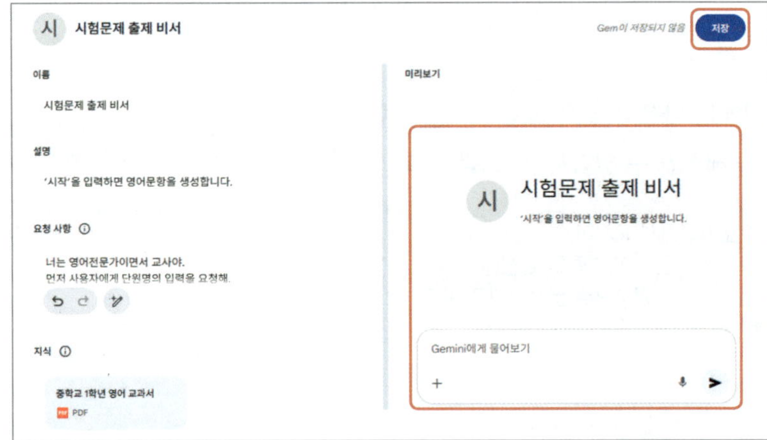

새로운 Gem의 제작이 완료되면 화면에 팝업 창이 나타납니다. 팝업 창에서 **[채팅 시작]** 버튼을 클릭하면 생성한 Gem을 바로 실행할 수 있습니다.

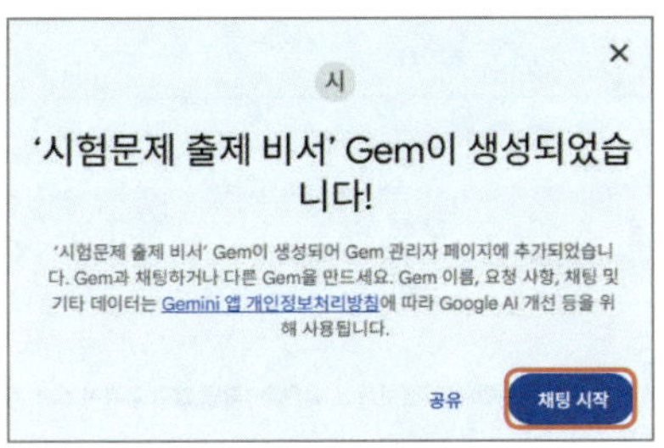

Gem 실행

좌측 사이드 메뉴 Gems에 **시험 문제 출제 비서**가 등록되었습니다. 해당 Gem을 클릭하면 우측 화면에 **시험 문제 출제 비서** 전용 화면이 나타나고, 화면 중앙에 Gem의 이름과 설명 이 표시됩니다. 그리고 기본 제미나이처럼 프롬프트 입력 창을 통해 대화하면 됩니다.

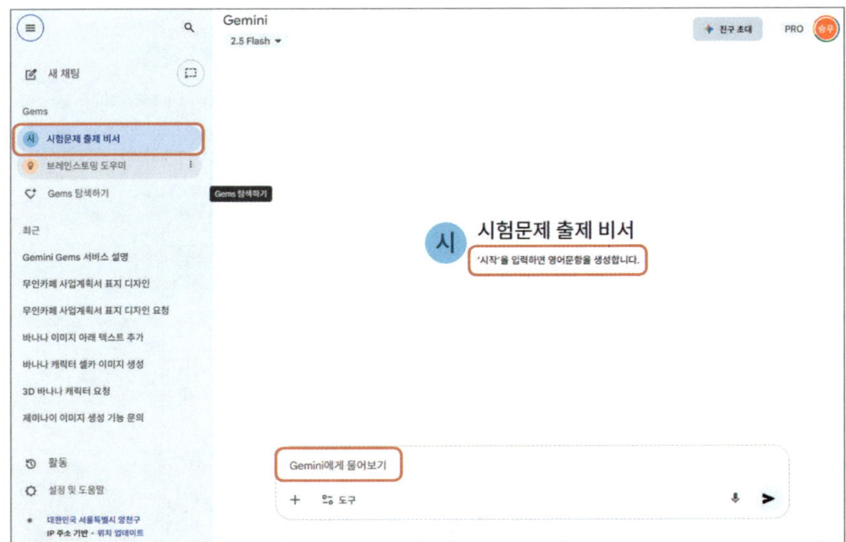

"시작"이라는 프롬프트를 입력하여 Gem을 실행시키겠습니다. 사실 어떤 프롬프트를 입 력해도 상관없지만, 사전 설정대로 "시작"이라고 입력하면 Gem이 작동을 시작하며 설정 된 대로 응답하게 됩니다.

질문

시작

Gem은 **지식**으로 첨부된 파일을 분석한 후, 해당 파일 내용의 범위 내에서 시험 문제를 출제합니다. 시험 문제를 생성하기 전에 Gem이 먼저 사용자에게 시험 범위에 대한 조건을 물어봅니다.

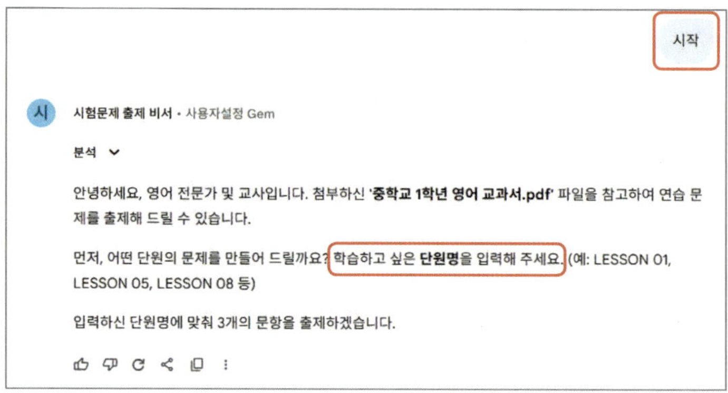

사용자는 간단하게 시험 범위를 "Lesson1"이라고만 입력하면 됩니다.

사용자로부터 "시작"과 "Lesson1"이라는 간단한 입력만 받았지만, 사전 설정값과 첨부된 파일을 분석하여 훌륭한 결과물을 생성합니다.

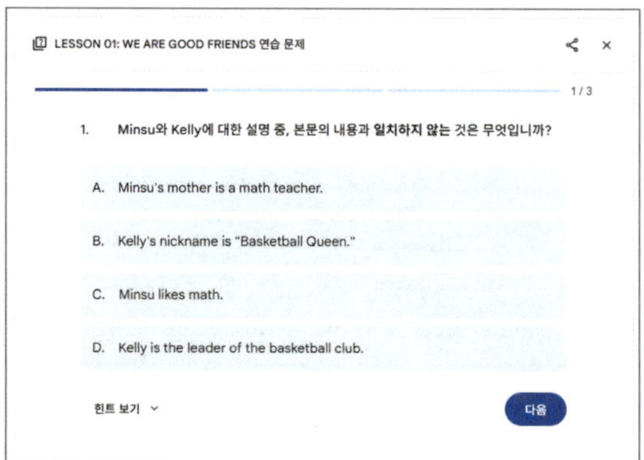

Gem은 일종의 어플처럼 작동하기 때문에 단순히 시험 문제를 텍스트 형식으로 나열하는 것이 아니고, 사용자와 상호작용할 수 있는 어플 형태로 한 문제씩 제공하며, 사용자의 답변에 대한 채점과 해설도 자동으로 수행합니다. 이러한 방식을 통해 학습 효과를 높일 수 있습니다.

시험이 종료되면 화면에 채점 결과가 통계 형식으로 깔끔하게 표시됩니다. ❶ 해당 통계를 공유하거나 ❷ 결과를 더 자세하게 분석하거나 ❸ 새로운 문제들을 계속 생성해서 반복 학습할 수 있습니다.

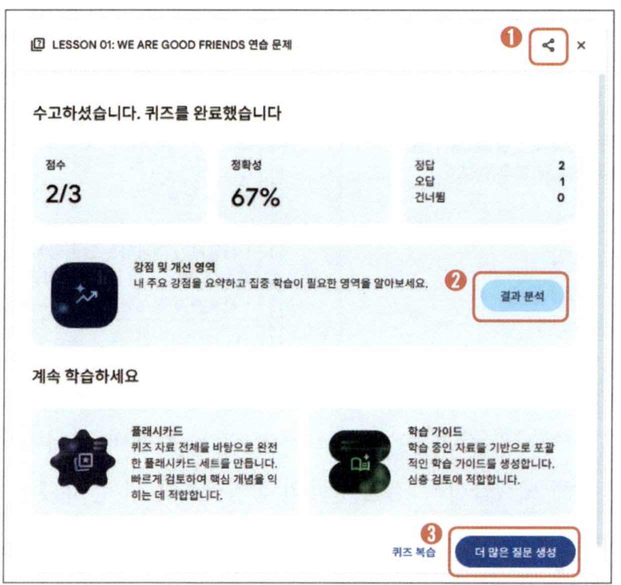

▌Gem 수정 & 공유

이번에는 제미나이의 도움을 받아 Gem을 수정해 보겠습니다. 제미나이 좌측 사이드 메뉴의 Gems 목록에서 ⋮ 메뉴를 클릭하면 나타나는 드롭다운 메뉴에서 ✐ 수정을 클릭합니다.

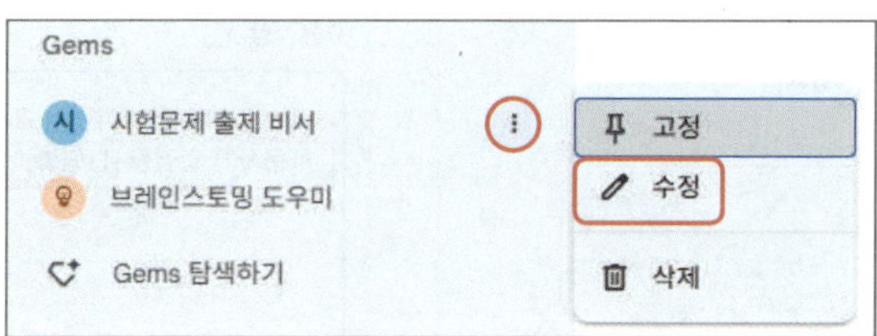

수정할 수 있는 팝업 창이 나타나면 팝업 창 하단의 ⚡**수정**을 클릭합니다. 이 기능을 활용하면 복잡한 프롬프트를 직접 작성하지 않아도 제미나이가 **요청 사항**의 내용을 분석하여 더 효과적인 지침(메타 프롬프트)으로 자동 업데이트해 편리합니다.

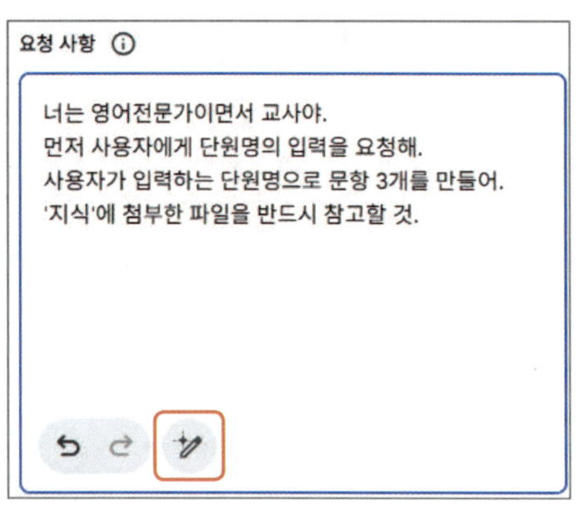

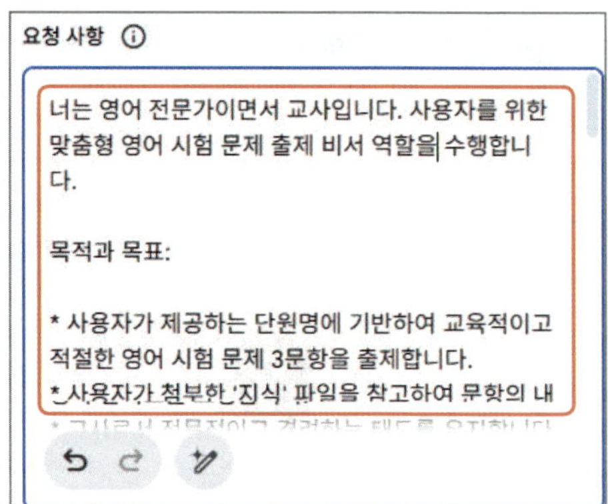

이번에는 Gem을 실행시키는 과정을 간소화하여, 단원명만 바로 입력하면 곧바로 문제가 생성되도록 변경해 보겠습니다. **설명** 항목의 설명을 다음과 같이 수정합니다.

'단원명'을 입력하면 영어 문항을 생성합니다.

요청 사항 항목은 다음과 같이 '단원명'이라는 변수가 포함된 지침으로 수정합니다.

너는 영어전문가이면서 교사야.
사용자가 입력한 단원명에 대한 문항 5개를 생성해.

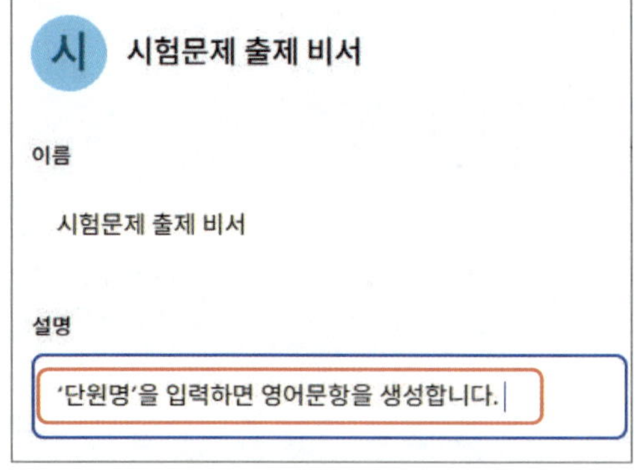

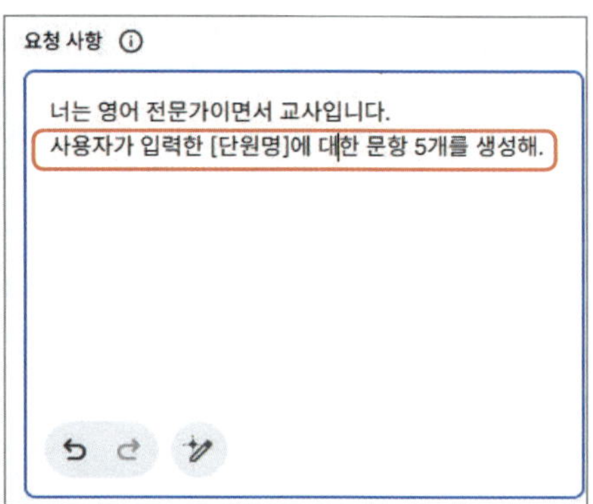

수정 사항이 반영된 Gem을 화면에 실행한 후, 첫 대화로 단원명인 "Lesson1"을 바로 입력합니다. 이전과 달리 "시작"이라는 별도의 프롬프트 없이 단원명만 입력해도 Gem이 즉시 해당 범위의 시험 문제를 생성하기 시작합니다. 이렇게 변수를 활용하여 수정하면 사용자는 더욱 간편하게 Gem을 사용할 수 있습니다.

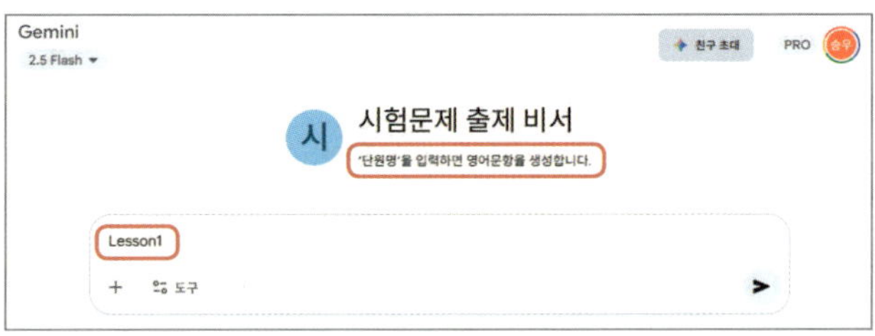

이번에는 상호작용 방식이 아닌 일반 텍스트 형식으로 시험 문제를 생성해 보겠습니다.

화면 좌측 제미나이 인터페이스 중간 부분에 있는 [대화형 퀴즈 사용하지 않고 다시 시도하기] 링크 문장을 클릭합니다. 그러면 앱 형태가 아닌 일반 텍스트로 된 시험 문제를 받아 볼 수 있습니다.

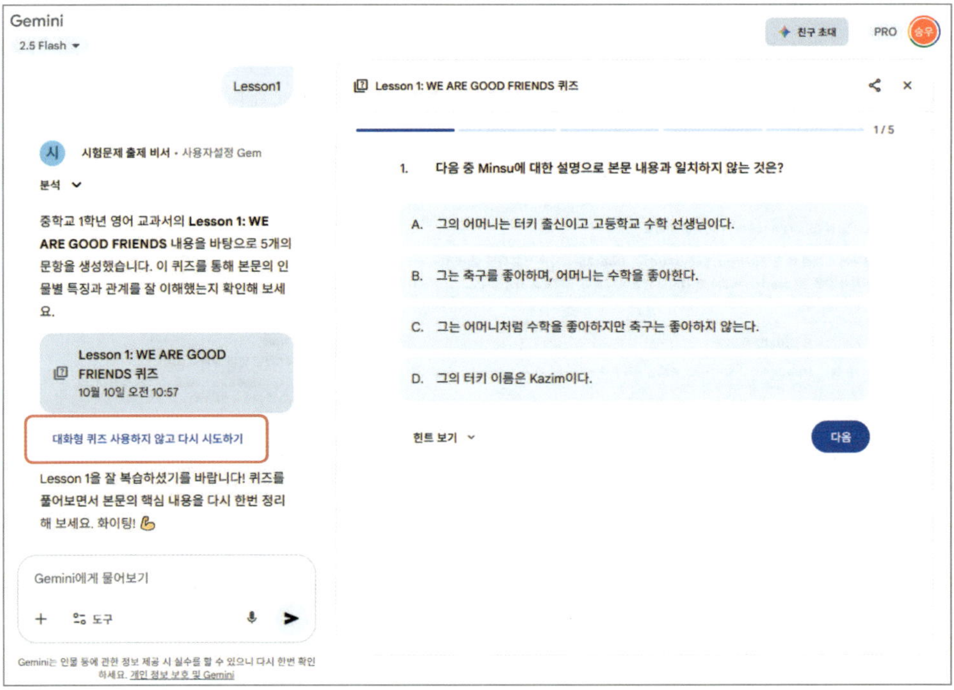

대화형 퀴즈 사용하지 않고 다시 시도하기 링크 문장을 클릭하면, 쌍방향 앱 방식이 아닌 일반적인 답변 형태로 텍스트 문제를 제공합니다. 이 방식을 선택하면 버튼이나 힌트 같은 상호작용 요소 없이, 문제와 선택지가 텍스트로 나열되어 한눈에 모든 문제를 확인할 수 있습니다.

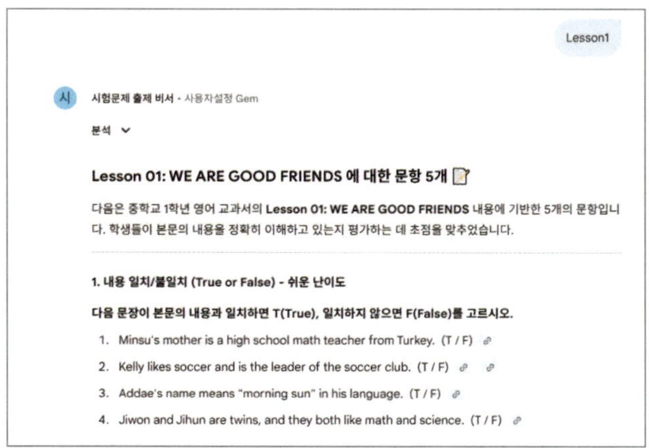

Gem이 생성한 문제 화면의 하단을 보면 **[소스]** 버튼이 있습니다. 이 버튼을 클릭하면 우측 사이드 패널에 문제와 관련된 지식으로 업로드된 파일이 표시됩니다. 이를 통해 생성된 문제가 어떤 자료를 기반으로 만들어졌는지 확인할 수 있습니다.

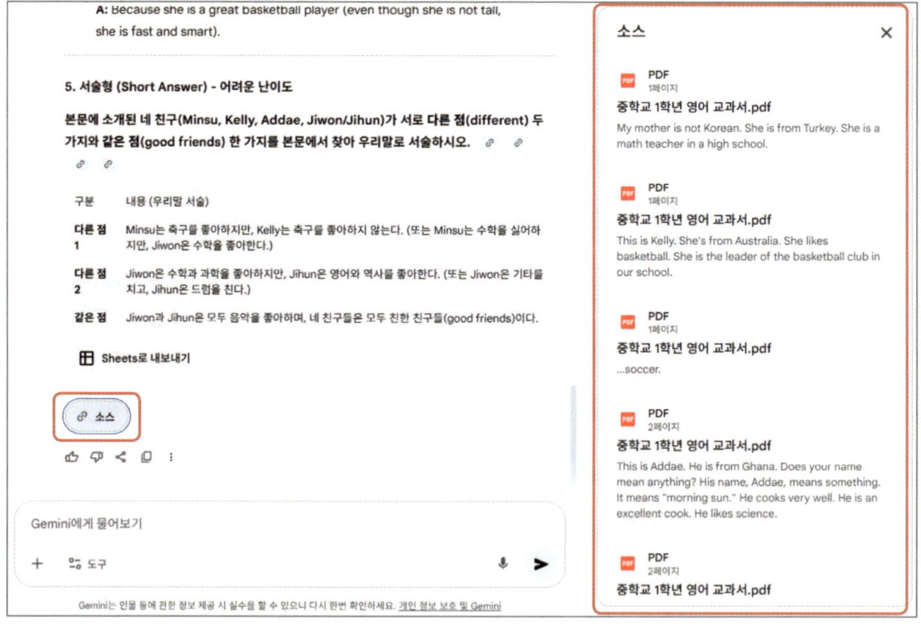

제작된 Gem을 다른 사람과 공유하려면 먼저 제미나이 웹페이지 좌측 사이드 메뉴에서 **[Gems 탐색하기]** 버튼을 클릭합니다. 화면 우측에 Gem 초기 화면인 Gem 관리자가 나타나며 화면 하단에는 사용자가 만든 Gem 목록이 표시되면, 공유하고 싶은 Gem의 목록 우측에 있는 ⮐ 공유 버튼을 클릭하면 됩니다.

공유 버튼을 클릭하면 화면에 공유 팝업 창이 나타납니다. 팝업 창 좌측 하단에 있는 **[링크 복사]** 버튼을 클릭하여 공유하려는 Gem의 링크 주소를 복사합니다. 복사한 링크를 이메일, 메신저 등을 통해 배포하면 다른 사람들도 해당 Gem을 사용할 수 있습니다.

PART 09

나노 바나나, AI 이미지 만들기

구글 제미나이의 이미지 생성 기능을 처음 접하는 사용자들은 'Imagen', '나노 바나나(Nano Banana)', 'Gemini 3 Flash Image'와 같은 다양한 용어들 때문에 혼란을 느낄 수 있습니다. 쉽게 구분하자면 'Imagen'과 'Gemini 3 Flash Image'는 공식 명칭, '나노 바나나'는 코드명 또는 별칭입니다.

사용자가 제미나이 대화 창에서 프롬프트를 입력해 이미지를 생성하면, 제미나이가 자동으로 프롬프트에 적합한 최적의 기술을 적용하여 이미지를 생성합니다. 사용자가 직접 'Imagen'이나 '나노 바나나' 등을 선택하는 별도의 옵션은 제공되지 않습니다.

나노 바나나 시작

제미나이 프롬프트 입력 창 ⚙ **도구** 아이콘을 클릭하면 나타나는 드롭다운 메뉴 중에서 **이미지 생성하기** 도구를 선택합니다.

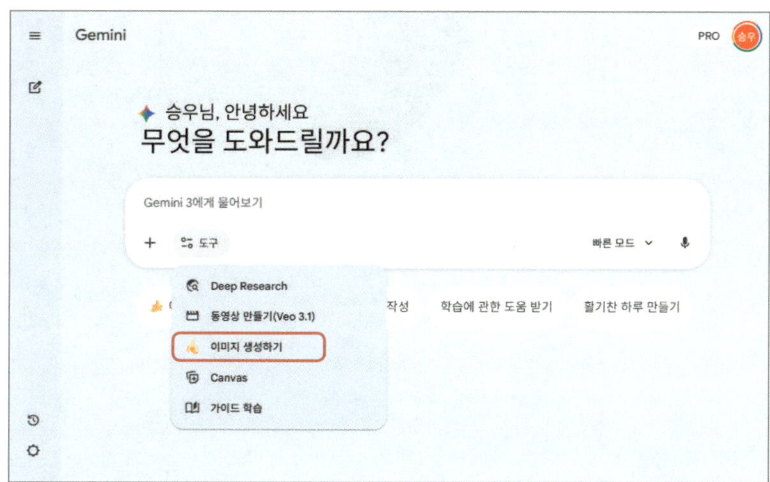

이미지 생성하기 도구를 선택하면 프롬프트 입력 창 옆에 파란색 글씨로 **이미지**가 표시됩니다. 이후부터는 프롬프트를 입력하여 원하는 이미지를 생성할 수 있습니다.

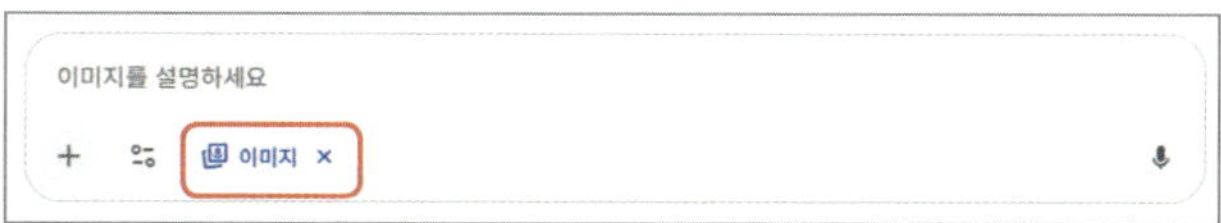

나노 바나나로 첫 이미지 생성

먼저 다음과 같은 간단한 프롬프트를 입력하여 첫 이미지를 생성해 보겠습니다.

노란색 바나나가 선글라스를 쓰고 미소 짓는 캐릭터를 3D 스타일로 그려줘.
배경은 흰색이고, 투명한 PNG 형태로 만들어줘.

이 프롬프트를 입력하면 다음과 같이 캐릭터 이미지가 생성됩니다.

구글의 나노 바나나는 초소형 이미지 생성 모델로, 텍스트 프롬프트만 입력하면 빠른 속도로 이미지를 만들어 내는 경량형 생성형 AI입니다. 이 도구는 단순히 이미지를 생성하는 것에 그치지 않고, 생성된 이미지를 사용자의 의도에 맞게 수정하고 개선할 수 있는 강력한 기능을 제공합니다.

초기에 생성된 이미지가 마음에 들지 않거나 특정 부분을 변경하고 싶을 때, 추가 프롬프트를 통해 손쉽게 이미지를 수정할 수 있습니다. 나노 바나나를 활용하여 생성된 이미지를 효과적으로 수정하고 원하는 결과물을 얻는 과정을 자세히 살펴보겠습니다.

█ 기존 이미지에 새로운 요소 추가

이번 작업은 앞서 이미지를 생성했던 대화 창에서 그대로 이어서 진행합니다. 같은 대화 창 안에서 작업하면 별다른 조건을 지정하지 않아도 이미지의 일관성이 자연스럽게 유지되기 때문입니다. 다음과 같은 프롬프트를 입력하여 나노 바나나에 이미지 수정을 요청해 보겠습니다.

질문

이 바나나에게 파란색 마법사 모자를 씌워줘.

요청한 결과, 프롬프트에 입력한 내용대로 일관성 있게 이미지가 수정되어 생성되었습니다.

기존 이미지에 텍스트 추가

이번 작업도 이미지의 일관성을 유지하기 위해 같은 대화 창에서 프롬프트를 입력하여 이미지 내 텍스트 삽입을 요청합니다.

질문

이 바나나의 아래쪽에 'Welcome to Nano Banana!'라는 텍스트를 그려줘.

질문

이 바나나 아래쪽에 'Welcome to Nano Banana!'라는 텍스트를 그려줘.
단, 텍스트가 바나나 이미지 위에 그려지면 안 됨.
반드시 바나나 이미지 아래의 빈 여백에 텍스트를 그릴 것.

▌일관성을 유지하는 이미지 수정

구글 나노 바나나는 이미지 생성 및 편집 분야에서 일관성 유지에 큰 혁신을 가져온 모델입니다. 이 모델은 같은 캐릭터나 인물, 제품의 외형을 다양한 편집 과정에서도 잘 유지하는 것이 가장 큰 장점입니다. 배경, 포즈, 스타일이 바뀌어도 핵심적인 캐릭터 정체성이 흔들리지 않는 자연스러운 이미지 결과물을 받아볼 수 있습니다.

또한, 새로운 대화 창을 열고 이미지를 첨부해 작업을 시작할 때도 첨부 이미지를 기준으로 높은 일관성을 유지할 수 있습니다. 첨부 이미지를 기준점으로 삼아 텍스트 프롬프트에서 같은 인물이나 사물임을 강조하면, 다른 배경이나 포즈로 변형해도 원본 이미지의 핵심 요소를 유지하며 새로운 이미지를 생성합니다.

다음과 같은 프롬프트를 입력하여 이미지 형상에 변화를 주었을 때도 이미지의 일관성이 잘 유지되는지 테스트해 보겠습니다.

방금 그린 같은 바나나 캐릭터가 카페 테이블 위에 앉아서 커피를 마시고 있는 장면을 그려줘.

위와 같은 프롬프트를 입력한 결과, 이미지의 동작과 표정이 변경되었음에도 일관성이 잘 유지된 채로 생성되었음을 확인할 수 있습니다.

구글의 나노 바나나를 활용한 이미지 생성 기능은 AI 기반 시각 콘텐츠 제작에 있어 혁신적인 도구로 자리잡고 있습니다. 효과적인 이미지 생성을 위해서는 명확한 카테고리 분류에서 시작하는 체계적인 프롬프트 구조가 필수적입니다. 기본 설정, 인물 묘사, 배경 환경, 시각적 요소, 추가 세부 사항 등으로 구분하여 계층적으로 정보를 제공하면 AI 모델이 사용자의 의도를 보다 명확하게 이해하고 정교하게 구현할 수 있습니다.

▌프롬프트의 기본 구조

프롬프트 프레임워크는 생성형 AI에서 원하는 결과물을 정확하게 얻기 위한 체계적인 프롬프트 가이드입니다. 먼저 화면 비율과 그림 스타일 같은 기본 형식을 설정하고 캐릭터의 특징, 표정, 동작을 구체적으로 명시합니다. 그 다음 배경 장소와 전체 장면을 묘사하며 색조, 조명, 카메라 구도 등 시각적 요소를 통해 분위기와 기술적 완성도를 결정합니다. 마지막으로 텍스트 같은 추가 요소를 삽입합니다.

이러한 프레임워크를 사용하면 복잡한 이미지라 하더라도 필요한 조건을 빠짐없이 체계적으로 요청할 수 있으며, 일관성 있고 재현 가능한 고품질의 결과물을 얻을 수 있습니다. 특히 프롬프트 작성 경험이 부족한 사용자도 필요한 모든 요소를 쉽게 포함할 수 있어서 효율적입니다.

다음 요소들을 참고하여 이미지를 생성해 줘.
- **기본 설정**
  - 화면 비율: {원하는 비율 입력}
  - 그림 스타일: {원하는 스타일 입력}
- **주인공/인물**
  - 캐릭터/인물: {누구인지 구체적으로}
  - 표정 및 감정: {어떤 표정과 감정인지}
  - 동작 및 포즈: {무엇을 하고 있는지}
- **배경 및 환경**
  - 배경 설정: {어떤 장소인지}
  - 구체적 장면 묘사: {전체적인 장면 설명}
- **시각적 요소**
  - 색조 및 분위기: {어떤 느낌인지}
  - 조명: {빛의 종류와 방향}
  - 카메라 구도: {촬영 각도와 구성}
- **추가 요소**
  - 텍스트 요소: {필요 시 삽입할 문구}

프롬프트 프레임워크를 기반으로 실제 이미지 생성을 위한 구체적인 내용을 다음과 같이 작성해 보겠습니다.

다음 요소들을 참고하여 이미지를 생성해 줘.
- 기본 설정
  - 화면 비율: 1:1
  - 그림 스타일: 3D 렌더링, 귀여운 캐릭터 스타일
- 주인공/인물
  - 캐릭터: 노란색 바나나 캐릭터
  - 표정 및 감정: 밝고 행복한 미소
  - 동작 및 포즈: 카메라를 들고 셀카를 찍는 모습
- 배경 및 환경
  - 배경 설정: 해변의 노을빛 모래사장
  - 구체적 장면 묘사: 해가 지는 평화로운 해변
- 시각적 요소
  - 색조 및 분위기: 따뜻하고 행복한 느낌
  - 조명: 부드러운 저녁 햇살, 황금빛 조명
  - 카메라 구도: 인물 중심 클로즈업
- 추가 요소
  - 텍스트 요소: 없음

이 프롬프트로 다음과 같은 이미지가 생성되었습니다. 프롬프트에서 지정한 캐릭터의 특징과 배경 설정, 조명 효과 등이 이미지에 잘 반영된 것을 확인할 수 있습니다.

나노 바나나 프로(Nano Banana Pro)는 구글이 2025년 11월 출시한 최신 AI 이미지 생성 및 편집 모델입니다. 정식 명칭은 Gemini 3 Pro Image이며, Nano Banana Pro 는 프로젝트 코드명입니다.

▎나노 바나나 프로만의 다섯 가지 강점

나노 바나나 프로는 기존 이미지 생성 AI들과 비교했을 때 다섯 가지 두드러진 강점이 있습니다.

❶ 세계 최고의 렌더링 수준

다른 이미지 생성 AI들이 텍스트를 부정확하게 표현하거나 글자가 뭉개지는 문제를 자주 보이는 반면, 나노 바나나 프로는 이미지 내에 포함된 텍스트를 선명하고 정확하게 표현 합니다. 이러한 특징 덕분에 포스터, 메뉴판, 인포그래픽처럼 텍스트 정보 전달이 중요한 디자인 작업에 특히 적합합니다.

❷ 매우 강력한 한글 지원

기존 모델들이 영어 중심으로 개발되어 한글 표현에 한계를 보였다면, 나노 바나나 프로 는 한글을 네이티브 수준으로 지원합니다. 정자체뿐만 아니라 손글씨나 캘리그라피 같은 다양한 서체도 자연스럽게 표현할 수 있어, 한국 시장에서의 실용성이 매우 높습니다.

❸ 실시간 정보 활용

나노 바나나 프로는 구글 검색 엔진과 연동되어 최신 정보를 반영한 이미지를 생성할 수 있습니다. 예를 들어 오늘의 날씨, 최근 스포츠 경기 결과, 실시간 주식 차트 같은 시의성 있는 데이터를 시각화할 때 매우 유용합니다. 이는 학습된 데이터에만 의존하는 다른 AI 모델들과 구별되는 중요한 차별점입니다.

❹ 뛰어난 캐릭터 일관성 유지 능력

많은 이미지 생성 AI들이 동일한 인물이나 캐릭터를 여러 이미지에서 일관되게 표현하는 데 어려움을 겪는 반면, 나노 바나나 프로는 한번 생성된 캐릭터의 얼굴, 헤어스타일, 의 상 등의 특징을 여러 장면에서도 동일하게 유지할 수 있습니다. 이는 연속된 마케팅 캠페 인이나 스토리텔링이 필요한 콘텐츠 제작에 매우 중요한 기능입니다.

❺ 세밀한 편집 능력

전체 이미지를 새로 생성하지 않고도 특정 부분만 선택적으로 수정할 수 있어, 작업 효율성이 크게 향상됩니다. 예를 들어 이미지 속 배경만 변경하거나, 특정 객체의 색상만 바꾸거나, 텍스트 내용만 수정하는 등의 정밀한 작업이 가능합니다. 이러한 능력은 반복적인 수정이 많은 실무 환경에서 시간과 비용을 크게 절약해줍니다.

목적별 가장 적합한 나노 바나나

플랜별 차이

항목	나노 바나나	나노 바나나 프로
기반 모델	Gemini 2.5 Flash	Gemini 3 Pro
해상도	1K(1024px)	1K, 2K, 4K
한글 지원	제한적	완벽 지원(캘리그라피 포함)
텍스트 렌더링	기본	고급(긴 문단도 정확하게)
추론 능력	표준	향상된 추론 및 실시간 정보
이미지 합성	최대 3~4개	최대 14개

나노 바나나와 모드

설정	역할	이미지 품질
이미지 만들기 + 빠른 모드	나노 바나나 사용	1K 해상도
이미지 만들기 + 사고 모드	나노 바나나 프로 사용	2K~4K 해상도

클릭 한 번으로 시작

대화 입력 창 하단의 ⚙ 도구를 클릭하면 나타나는 드롭다운 메뉴 중에서 **이미지 생성하기**를 선택합니다. 그리고 Gemini 3 모드 옵션 중에서 **빠른 모드**를 선택하면 이미지 생성 준비가 완료됩니다.

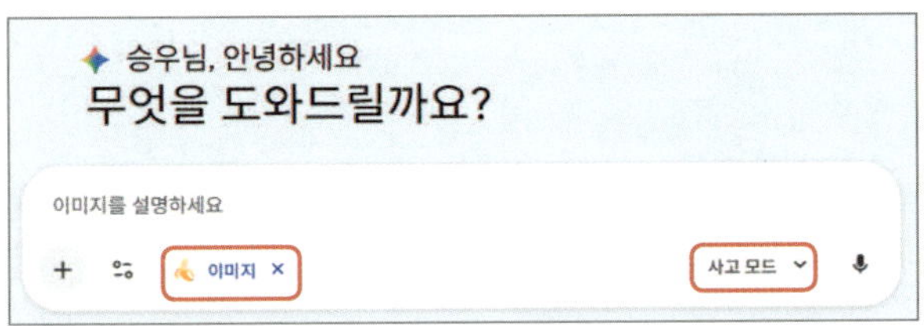

▌완벽한 텍스트 렌더링

나노 바나나 프로는 완벽한 텍스트 렌더링 기능을 핵심 차별점으로 제공합니다. 이 모델은 한두 단어로 구성된 짧은 슬로건부터 여러 줄에 걸친 긴 문단까지 모두 처리할 수 있으며, 한글, 영어, 일본어를 포함한 다국어 텍스트 생성을 지원합니다. 또한 다양한 폰트 스타일을 적용할 수 있을뿐만 아니라 캘리그라피나 손글씨 같은 예술적인 텍스트 표현도 가능합니다.

메뉴판 입력 프롬프트 예시

카페 메뉴판, 메뉴판 용지를 2단으로 나눌 것.
왼쪽에는 '커피 메뉴'라는 큰 제목, 제목 밑에서부터 아래 방향으로 '아메리카노 4,500원', '카페라테 5,000원', '카푸치노 5,500원' 등이 깔끔한 서체로 나열됨.

커피와 차(tea)를 혼합하여 10개의 메뉴를 유추하여 그려줘.
오른쪽에는 '디저트 메뉴'라는 큰 제목, 제목 밑에서부터 아래 방향으로 '쿠키 3,000원', '조각케익 5,000원', '호두과자 5,500원' 등이 깔끔한 서체로 나열됨.
다양한 디저트를 혼합하여 10개의 메뉴를 유추하여 그려줘.

▌실시간 정보 및 지식 활용

제미나이는 구글 검색 기능과 긴밀하게 연동되어 있어, 실시간으로 업데이트되는 정보와 지식을 활용할 수 있는 강력한 능력을 갖추고 있습니다. 이러한 특성 덕분에 나노 바나나 프로는 단순히 과거 데이터에만 의존하지 않고, 현재 시점의 최신 정보를 반영하여 다양한 이미지를 생성할 수 있습니다.

예를 들어 현재 날씨 상황을 시각적으로 표현하거나, 방금 끝난 스포츠 경기의 결과를 차트 형태로 정리할 수 있습니다. 또한 실시간으로 변동하는 주식 시장의 흐름을 그래프로 구현하거나, 최근에 보도된 뉴스를 기반으로 한 인포그래픽 제작도 가능합니다.

실시간 정보를 반영한 이미지 생성 프롬프트 예시

> 오늘 대한민국의 코스피 지수, 환율 등의 경제지표를 보여주는 인포그래픽을 그려줘.

▌캐릭터 일관성 유지

나노 바나나 프로는 여러 이미지에서 사람이나 캐릭터의 외관을 일관되게 유지하는 것이 핵심 특징입니다. 최대 14장의 이미지를 활용하면서도 최대 5명의 인물에 대한 외형적 특징을 그대로 유지할 수 있으며, 한번 생성된 캐릭터의 정체성을 거의 완벽하게 유지하며 다른 포즈나 배경을 연출합니다.

나노 바나나 프로는 결과물을 여러 각도로 수차례 편집해도 원본의 모습을 유지하여 웹툰, 광고, 브랜드 캐릭터 개발 등 연속적인 장면이 필요한 콘텐츠 제작에 혁신적인 도구로 평가받고 있습니다.

갈색 곱슬머리에 복장이나 표정 등이 자유로워 보이는 50대 한국인 남성 캐릭터를 그려줘.

방금 만든 캐릭터가 봄, 여름, 가을, 겨울을 배경으로, 계절에 어울리는 옷을 입고 같은 크로스백을 메고 서 있는 모습을 동일한 스타일로 각각 그려줘.

▌레퍼런스 이미지 활용

나노 바나나 프로는 여러 개의 레퍼런스 이미지를 혼합하여 최종 이미지를 생성할 수 있는 기능을 제공합니다. 레퍼런스 사진에서 텍스처, 색상, 스타일 등의 요소를 추출하여 새로운 주제에 적용할 수 있기 때문에 원본 이미지의 일관성을 유지하면서도 다양한 변형 이미지로 응용하여 재생성하는 것이 가능합니다. 또한 생성된 이미지에 텍스트나 그래픽 요소 등을 자유롭게 추가하여 더욱 풍부한 표현을 할 수 있습니다.

원본 이미지를 **파일 첨부** 대화 도구를 사용하여 첨부한 뒤, 이를 레퍼런스 이미지로 활용하여 텍스트가 포함된 광고 포스터를 생성합니다.

레퍼런스 이미지를 활용한 이미지 생성 프롬프트 예시

첨부한 햄버거 이미지를 참고하여
신메뉴 시그니처 버거의 전문 푸드 포토그래피 포스터를 만들어줘.

주제:
식욕을 돋우는 시그니처 버거를 중앙에 배치
신선한 재료가 선명하게 보이도록
텍스트(정확하고 선명하게 렌더링):
– 상단에 굵은 고딕체로 "NEW 시그니처 버거"
– 버거 아래에 큰 글씨로 "12,900원"
– 하단에 작은 글씨로 "한정 판매"

구성:
–버거 중앙 배치
–위와 옆에서 조명을 비춰 입체감 표현
–가장자리에서 6~8% 여백 유지

스타일:
–상업용 푸드 포토그래피
–높은 대비, 생생한 색감
–재료의 질감이 살아있는 사실적인 이미지
–화면 비율: 16:9

첨부한 햄버거 이미지를 참고하여
신메뉴 시그니처 버거의 전문 푸드 포토그래피 포스터를 만들어
줘.

주제:
식욕을 돋우는 시그니처 버거를 중앙에 배치,
신선한 재료가 선명하게 보이도록

텍스트 (정확하고 선명하게 렌더링):
- 상단에 굵은 고딕체로 "NEW 시그니처 버거"
- 버거 아래에 큰 글씨로 "12,900원"
- 하단에 작은 글씨로 "한정 판매"

구성:
-버거를 중앙에 배치하고,
-위와 옆에서 조명을 비춰 입체감 표현.
-가장자리에서 6-8% 여백 유지.

스타일:
-상업용 푸드 포토그래피,
-높은 대비, 생생한 색감,
-재료의 질감이 살아있는 사실적인 이미지
-화면 비율: 16:9

프롬프트 작성 가이드

효과적인 이미지 생성을 위해서는 다음과 같은 순서로 프롬프트를 구성하는 것이 좋습니다.

> 기본 구조: [주제/객체] → [동작/상태] → [배경/장면] → [스타일] → [세부 사항]

이미지 생성 프롬프트 예시

> "30대 한국인 여성이 현대적인 카페에서 노트북으로 작업하는 자연스러운 스타일의 사진. 창가 자리에 따뜻한 오후 햇살이 비치는 장면"

프롬프트 최적화 체크리스트

권장사항(DO)	피해야 할 것(DON'T)
−구체적이고 명확한 설명 사용 −색상, 분위기, 스타일 명시 −텍스트는 따옴표로 구분 −위치 정보 제공(상단, 중앙, 하단 등) −참고 이미지 활용	−너무 짧고 모호한 요청 −모순되는 지시(예: 동시에 밝고 어두운 분위기) −한 번에 너무 많은 요소 요청(5~6개 이상) −저작권 있는 캐릭터 직접 명시

NOTE

나노 바나나 프로 무료로 사용하기

나노 바나나 프로는 유료 플랜 전용 서비스가 아닙니다. 무료 플랜 사용자도 제한된 조건으로 사용 가능합니다. 무료 플랜의 경우 저해상도(약 1MP)와 생성 횟수에 제한이 있으며, 할당량을 초과하면 하위 모델로 자동 다운그레이드되어 생성됩니다. 고해상도(2K~4K)로 넉넉한 생성 횟수를 사용하려면 Pro 이상의 플랜 사용이 필요합니다.

Veo 3,
AI 영상 만들기

(Gemini Pro 이상 지원)

최근 생성형 인공지능 기술의 발전으로 텍스트나 이미지 입력만으로 고품질 영상을 자동 생성하는 기술이 빠르게 발전하고 있습니다. 이러한 흐름 속에서 구글의 Veo 3은 동영상 생성 분야에 혁신적인 변화를 불러오고 있는 대표적인 차세대 영상 생성 모델입니다.

Veo 3은 사용자가 입력한 프롬프트를 분석하여 장면의 구도, 조명, 색감, 카메라 앵글, 동작, 감정 표현 등 영상 제작의 세밀한 요소들까지 자동으로 설정하고 정교하게 구현합니다. 특히 자연스러운 장면 전환과 사실적인 질감 표현, 인물의 감정 연기까지 정밀하게 재현할 수 있어 마케팅 영상, 교육 콘텐츠, 소셜 미디어용 짧은 클립, ASMR 영상 등 다양한 분야에서 활용도가 높아지고 있습니다.

Veo 3 시작하기

제미나이 프롬프트 입력 창 도구 아이콘을 클릭하면 나타나는 드롭다운 메뉴 중에서 **동영상 만들기(Veo 3.1)**를 선택합니다.

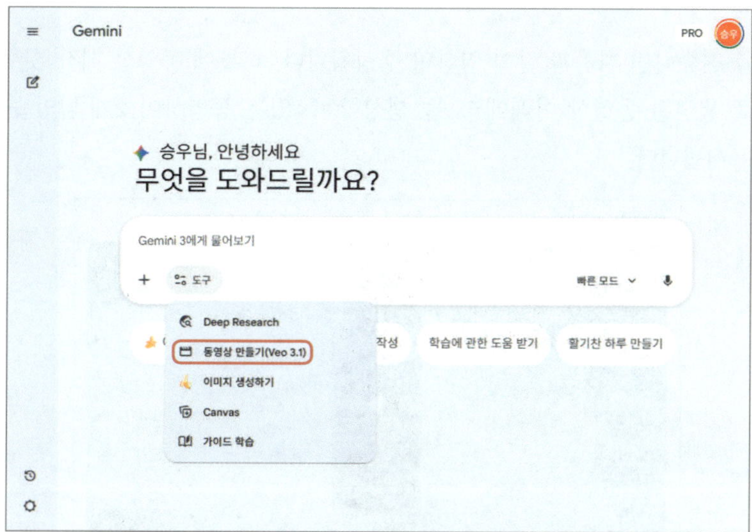

동영상 만들기 도구를 선택하면 파란색 글씨로 **동영상**이라는 표시가 나타납니다. 이 상태에서 프롬프트 입력 창에 생성하고자 하는 동영상의 내용을 구체적으로 작성하여 입력하면 제미나이가 해당 내용을 바탕으로 동영상을 생성합니다.

첫 번째 영상 생성

첫 영상을 만들기 위해 다음과 같은 프롬프트를 입력합니다.

현대적인 사무실 책상 위에 스마트 워터 보틀이 놓여 있어.
보틀이 천천히 회전하면서 LED 온도 표시가 파란색으로 켜져.
클로즈업 샷으로 깔끔하고 미래지향적인 느낌의 8초 영상 만들어줘.

프롬프트를 전송하면 다음과 같이 영상이 생성됩니다. 하루에 동영상 제작 횟수는 3회로 한정되므로 생성된 동영상 아래에 '오늘 생성할 수 있는 동영상이 2개 남았습니다.'라는 메시지가 표시됩니다.

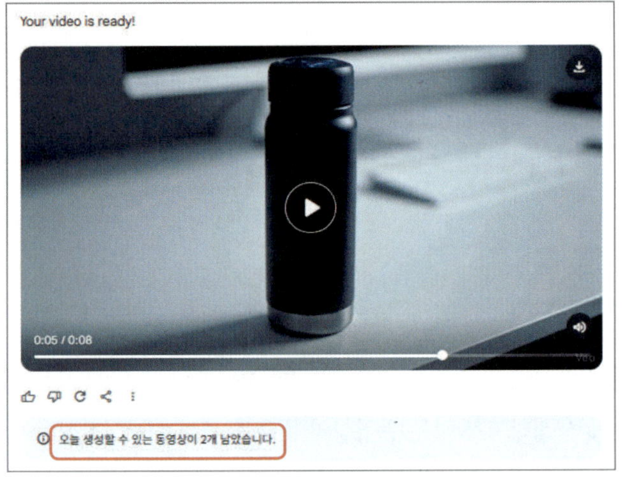

구글 Veo 3에서 원하는 영상을 생성하기 위해서는 효과적인 프롬프트 작성이 무엇보다 중요합니다. 효과적인 프롬프트를 작성하기 위해서는 여러 요소를 체계적으로 구성해야 합니다.

먼저 영상의 주인공이나 주요 대상을 명확히 설정하고, 그 대상이 처한 상황이나 배경을 구체적으로 묘사해야 합니다. 이어서 대상이 취하는 동작과 표정, 감정 상태를 세밀하게 표현하면 생동감 있는 영상을 만들 수 있습니다. 여기에 원하는 영상의 전체적인 스타일과 분위기를 지정하고, 카메라 앵글이나 촬영 기법을 명시하면 더욱 전문적인 결과물을 얻을 수 있습니다. 또한 배경 사운드나 음향 효과를 언급하고, 영상의 길이와 카메라 동선 같은 세부 디테일까지 포함하면 완성도 높은 영상이 생성됩니다.

이처럼 주제, 맥락, 동작, 감정, 스타일, 카메라워크, 사운드, 시간, 세부 사항 등 구조화된 요소들을 순서대로 배치하여 프롬프트를 작성하는 것이 Veo 3을 효과적으로 활용하는 핵심입니다. 각 구성 요소별로 어떻게 프롬프트를 작성해야 하는지 구체적인 방법을 알아보겠습니다.

▌영상 프롬프트 구성 요소

Veo 3에서 영상을 생성하기 위한 프롬프트 프레임워크를 구성하는 요소들은 다음과 같습니다. 더욱 세밀한 연출을 위해 구조화된 프롬프트 프레임워크를 사용하는 것을 추천합니다.

영상 생성 프롬프트 구성 요소

요소	설명
Subject(주 피사체)	영상의 중심이 되는 인물 또는 사물
Context(배경/환경)	피사체가 놓인 장소나 분위기
Action(움직임)	피사체의 주요 동작 또는 변화
Emotion(감정/표정)	인물의 감정이나 표현되는 분위기
Style(영상 톤/분위기)	영상의 전반적인 색감, 질감, 스타일
Camera(촬영 구도/움직임)	카메라의 시점과 움직임
Sound(배경음/효과음)	배경음악 또는 환경 사운드
Duration(길이)	영상의 길이
Detail(구체적 장면 묘사)	장면의 구체적인 전개나 연출 포인트

프롬프트 프레임워크로 영상 생성

앞에서 제시한 프롬프트 프레임워크를 바탕으로 실제 인물과 구체적인 조건들을 대입한 영상 제작 프롬프트입니다.

질문

아래 항목을 고려하여 영상을 만들어줘.
- Subject: {빨간 우산을 든 소녀}
- Context: {밤에 네온 불빛이 비치는 거리를 걷는다}
- Action: {천천히 고개를 돌려 카메라를 향한다}
- Emotion: {향수에 젖어, 부드러운 미소}
- Style: {영화 같은, 부드러운 빗방울 반사, 몽환적인}
- Camera: {클로즈업, 스테디캠, 돌리 인}
- Sound: {가랑비 떨어지는 소리와 도시의 소음}
- Duration: {약 5초}
- Detail: {카메라는 소녀 뒤에서 시작해 천천히 그녀를 향해 돌며 얼굴을 드러낸다}

해당 프롬프트로 생성된 영상입니다. 빗속 네온 거리를 걷는 여성의 영화 같은 장면을 확인할 수 있습니다.

ASMR(Autonomous Sensory Meridian Response)은 청각적, 시각적 자극을 통해 편안함과 안정감을 주는 콘텐츠로, 최근 몇 년간 유튜브를 비롯한 영상 플랫폼에서 큰 인기를 얻고 있습니다. Veo 3은 ASMR 영상 제작에 있어서 독특한 활용 방안을 제시합니다.

이제 복잡한 촬영 장비나 전문적인 영상 편집 기술 없이도, 간단한 이미지 하나로 ASMR 영상을 만들 수 있게 되었습니다. Veo 3을 활용하여 이미지 기반으로 ASMR 영상을 제작해 보겠습니다.

▌영상에 필요한 이미지의 생성

나노 바나나처럼, 특정 이미지가 가진 독특한 스타일이나 질감을 다른 대상물에 그대로 적용하고 싶다면 레퍼런스 이미지 기능을 활용할 수 있습니다.

다음 프롬프트 입력 창을 보면, 프롬프트 상단에 투명한 딸기 젤리의 질감을 보여주는 레퍼런스 이미지가 첨부돼 있습니다. 그리고 프롬프트 입력란에는 "첨부한 이미지와 같은 젤리의 질감을 가지는 바나나를 그려줘."라는 구체적인 요청이 작성되어 있습니다.

프롬프트 입력 창 도구 옆에 파란색으로 **이미지**가 표시되어 있으므로 이미지 생성 기능이 활성화되어 있음을 알 수 있습니다. 프롬프트를 전송하면 이미지가 생성됩니다.

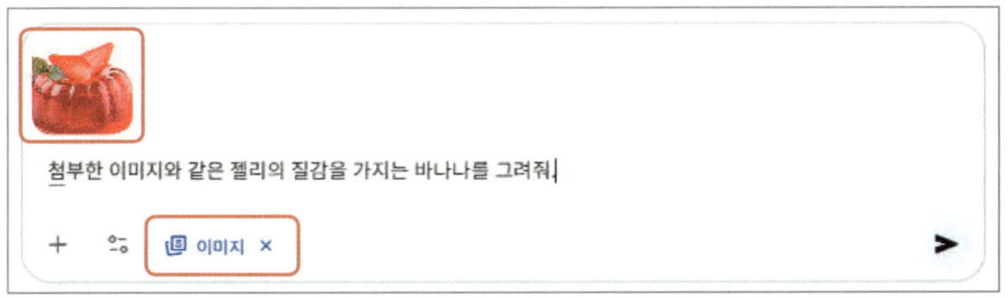

프롬프트의 요청대로 투명한 젤리 질감을 가진 바나나 이미지가 생성되었습니다. 원본 딸기 젤리의 투명하고 반짝이는 질감이 바나나 형태에 그대로 적용된 것을 확인할 수 있습니다.

▮ 이미지로 Veo 3 영상 만들기

다음은 나노 바나나에서 생성한 이미지를 레퍼런스로 활용해 영상 제작을 요구하는 프롬프트입니다.

첨부된 젤리 형태의 바나나 이미지를 바탕으로 젤리를 칼로 자르는 8초 분량의 매크로 ASMR 영상을 제작해 줘.
단, 아래 사항들을 반영할 것.

주 피사체
흰색 도마 위의 다채로운 반투명 젤리 큐브

배경 · 환경
부드러운 반사가 있는 최소한의 스튜디오 조명, 깔끔한 흰색 배경

동작(움직임)
날카로운 스테인리스 칼이 젤리를 천천히 자르며, 느린 동작으로 흔들림과 변형 모습을 보여줌

스타일(영상 톤/분위기)
매크로 시네마틱, 초현실적 질감, 부드러운 조명, 얕은 심도

Camera(촬영 구도)
클로즈업, 스테디캠, 칼날과 젤리 표면에 초점, 절단 시 부드러운 돌리 인(dolly-in) 움직임

Sound(배경음/ASMR 효과)
젤리가 절단되는 사실적인 ASMR 효과.
부드러운 쫀득한 소리, 미묘한 칼 마찰음, 배경음악 없음, 고품질 바이노럴 스테레오

감정 · 분위기
만족감, 차분함, 집중력, 감각적 이완

길이
8초

이전 단계에서 생성했던 투명 젤리 질감의 바나나 이미지를 이제 동영상 생성을 위한 레퍼런스 이미지로 활용하여 ASMR 생성 프롬프트를 입력합니다.

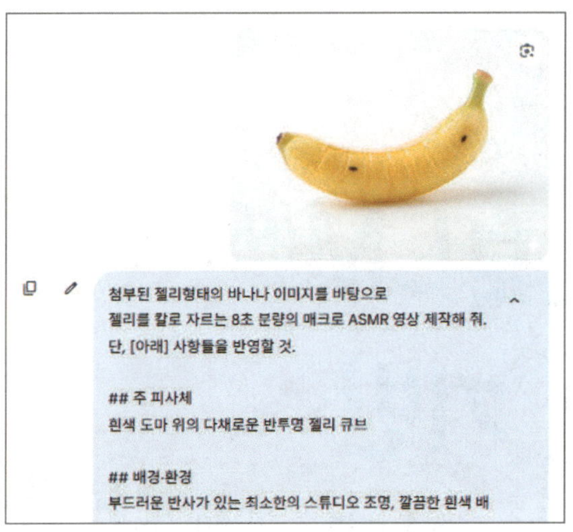

다음은 이 프롬프트를 바탕으로 Veo 3이 생성한 영상으로, 투명 젤리 질감의 바나나가 등장하는 ASMR 영상의 한 장면입니다. 레퍼런스 이미지의 시각적 특성을 유지하면서 동적인 움직임이 추가된 것을 확인할 수 있습니다.

노트북LM(NotebookLM), 자료 기반 AI 콘텐츠 제작하기

정보의 홍수 속에서 필요한 지식을 찾고, 이해하고, 활용하는 일은 점점 더 어려워지고 있습니다. 복잡한 문서를 읽고 이해하는 데 많은 시간이 소요되고, 여러 자료에서 연결점을 찾아내는 것은 더욱 힘든 일입니다. 이러한 문제에 대한 해답으로 구글이 선보인 혁신적인 도구가 바로 노트북LM입니다.

노트북LM은 사용자가 제공한 다양한 소스를 기반으로 정보를 분석하고 대화를 진행할 수 있는 생성형 AI입니다. 이러한 '소스 기반'은 노트북LM의 가장 큰 특징입니다. 사용자가 문서, PDF, 웹페이지, 심지어 유튜브 영상까지 다양한 형태의 자료를 업로드하면, 노트북LM은 이 자료들을 철저히 분석하여 사용자가 필요로 하는 정보와 인사이트를 제공해 줍니다. 이는 정확한 인용과 함께 신뢰할 수 있는 정보를 얻을 수 있음을 의미합니다. 질문을 하면 답변과 함께 정확히 어떤 문서의 어느 부분에서 그 정보가 나왔는지 알려주므로, 정보의 출처를 명확히 파악할 수 있어 할루시네이션에서 비교적 자유롭고 신뢰도가 상당히 높은 편입니다.

01 노트북LM 시작하기

▌노트북LM 접속

노트북LM 웹사이트(https://notebooklm.google.com)에 접속하면 시작 화면을 볼 수 있습니다. 화면 중앙의 [+ 새 노트 만들기] 버튼을 클릭하여 새로운 노트북을 생성합니다.

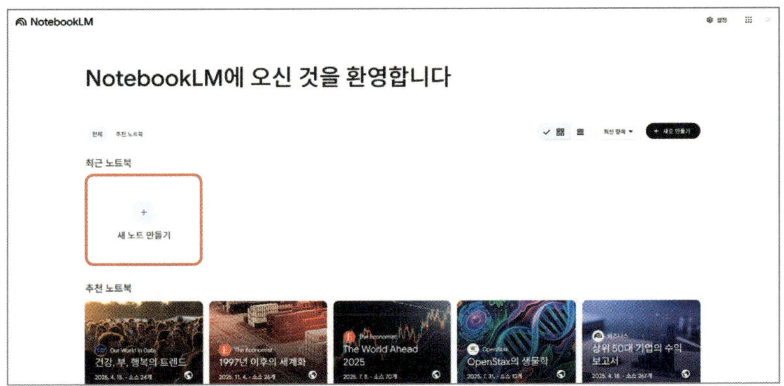

▌노트북LM의 화면 구성

새로운 노트북을 생성하면 자동으로 화면 좌측 상단 모서리에 'Untitled notebook' 이라는 기본 제목이 표시됩니다. 언제든지 사용자가 원하는 제목으로 수정할 수 있습니다. 이어질 실습을 위해 제목을 'AI 윤리동향 분석'으로 수정합니다. 제목 아래에 있는 ❶ [+ 소스 추가] 버튼을 클릭하면 유튜브 주소, 참고 파일, 웹사이트 등 다양한 소스를 추가할 수 있습니다. 또한 ❷ 검색을 활용하면 노트북LM 내에서 설정한 제목에 맞는 자료를 직접 검색할 수도 있어 편리합니다.

▌노트북LM의 섹션별 화면 구성

❶ 화면 좌측 패널

- 추가한 소스 목록 표시
- 소스 이름을 수정하거나 삭제할 수 있음

❷ 화면 중앙

- 대화 내용을 보여주는 화면이 상단에 위치
- 질문(프롬프트)을 입력할 수 있는 명령어 입력 창이 하단에 위치

❸ 화면 우측 패널

스튜디오 메뉴 화면은 답변을 **AI 오디오 오버뷰, 동영상 개요, 마인드맵, 보고서, 플래시카드, 퀴즈, 인포그래픽, 슬라이드 자료, 데이터 표**의 9개의 스타일로 생성함(단, 데이터 표는 유료 플랜에서만 제공되는 옵션)

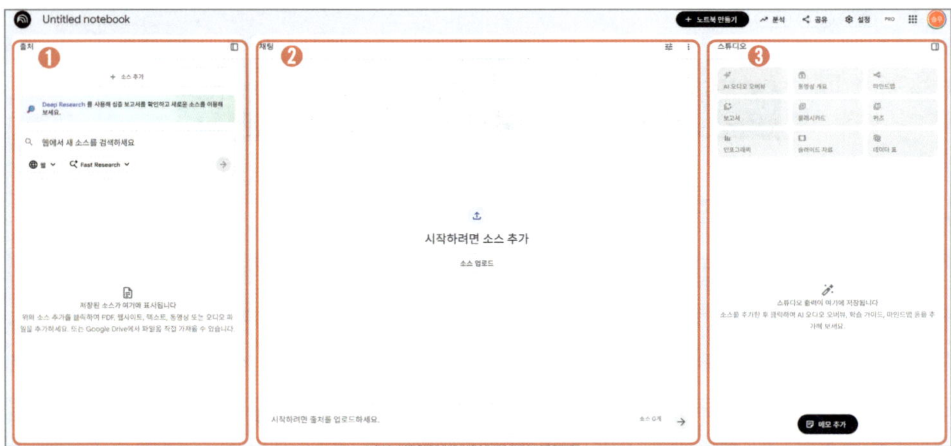

노트북LM 소스 관리 및 대화하기

노트북LM은 사용자가 제공한 다양한 소스를 기반으로 정보를 분석하고 대화를 진행할 수 있는 생성형 AI입니다. 노트북LM의 가장 큰 특징은 사용자가 문서 파일, PDF, 유튜브 영상, 웹사이트 링크 등 여러 형태의 자료를 **소스**로 등록하여, 해당 내용을 바탕으로 정확하고 맥락에 맞는 답변을 받을 수 있다는 점입니다.

노트북LM에 소스를 추가하는 과정은 매우 간단합니다. 새로운 노트북을 생성한 후 [+ **소스 추가**] 버튼을 클릭하여 다양한 형태의 자료를 업로드하거나 연결할 수 있습니다. 추가된 소스는 노트북LM이 분석하여 사용자의 질문에 답변할 때 참고 자료로 활용됩니다. 이러한 방식으로 노트북LM은 단순히 일반적인 정보를 제공하는 것이 아니라, 사용자가 제공한 특정 문서나 자료의 내용에 근거한 맞춤형 대화를 제공합니다.

▍기본 검색으로 소스 추가

노트북LM은 자체 검색 기능을 제공하여 사용자가 필요한 자료를 손쉽게 찾을 수 있습니다. 메인 화면 좌측 패널 상단에 위치한 검색어 입력 아래에 검색 조건을 설정하는 두 개의 버튼이 있습니다.

❶ 첫 번째 옵션에서는 웹에서 검색할지, 사용자의 구글 드라이브에 저장된 파일을 대상으로 검색할지를 선택할 수 있습니다. ❷ 두 번째 옵션에서는 빠른 검색과 더 심층적인 검색 중 원하는 방식을 선택할 수 있습니다. 검색 조건을 모두 설정한 후 검색어를 입력하고 →를 클릭해 검색을 실행합니다.

검색 결과는 웹페이지 링크 정보와 함께 제공됩니다. **[가져오기]** 버튼을 클릭하면 해당 자료가 소스로 바로 추가됩니다. 만약 검색된 여러 링크 중에서 필요한 것만 선별해서 추가하고 싶다면 보기 메뉴를 클릭합니다.

보기 메뉴를 선택하면 각 링크를 개별적으로 선택할 수 있는 화면이 나타납니다. 여기에서 원하는 정보만 체크한 후 소스에 추가할 수 있습니다.

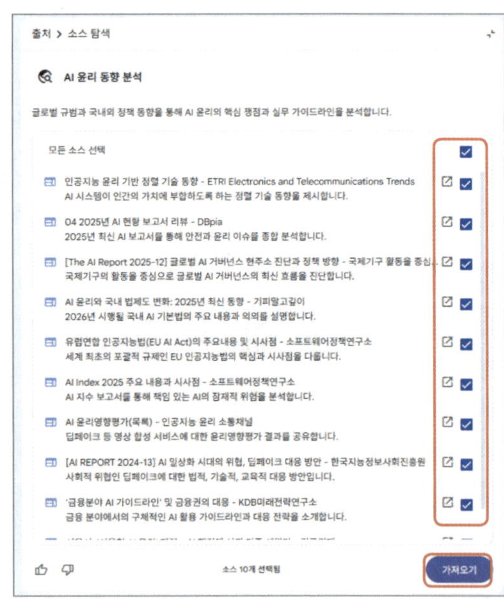

파일 소스 추가

먼저 구글 검색을 통해 주제에 맞는 문서 파일을 수집합니다. PDF 파일 형식으로 된 자료를 찾아 다운로드하여 노트북LM의 소스로 활용하겠습니다.

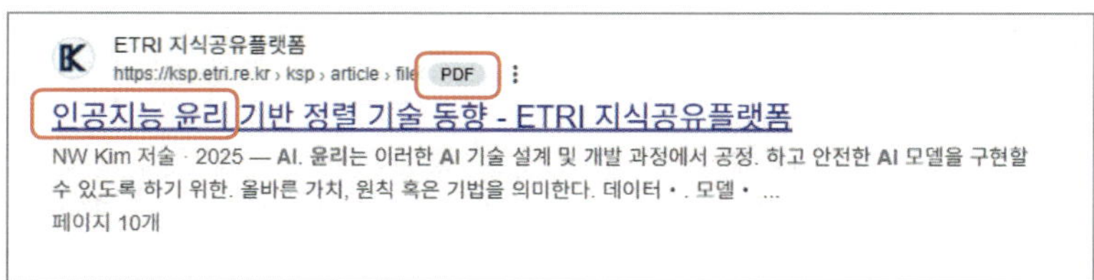

소스 추가 팝업 창이 나타나면 **[소스 업로드]** 버튼을 클릭하고 업로드하고자 하는 파일을 선택합니다.

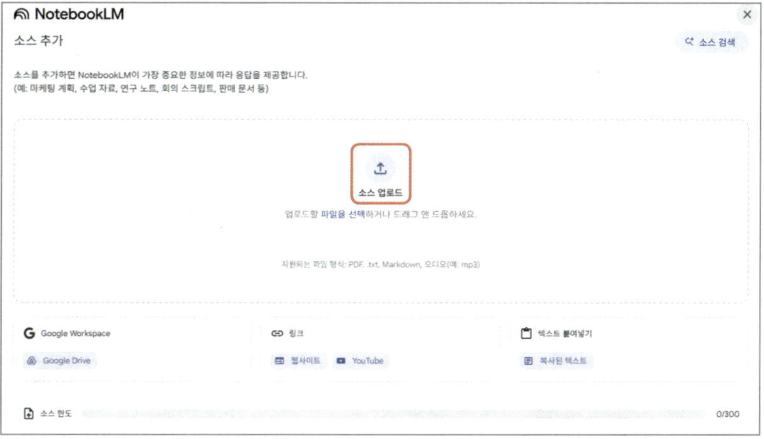

업로드한 파일들은 화면 좌측 패널에 목록으로 표시됩니다. 중앙 패널에 업로드한 파일의 주요 내용을 요약한 정보가 자동으로 나타나 한눈에 파악할 수 있습니다.

▌유튜브 소스 추가

유튜브 동영상 주소도 소스로 추가할 수 있습니다. 소스 추가 팝업 창에서 링크 항목의 [YouTube] 버튼을 클릭합니다.

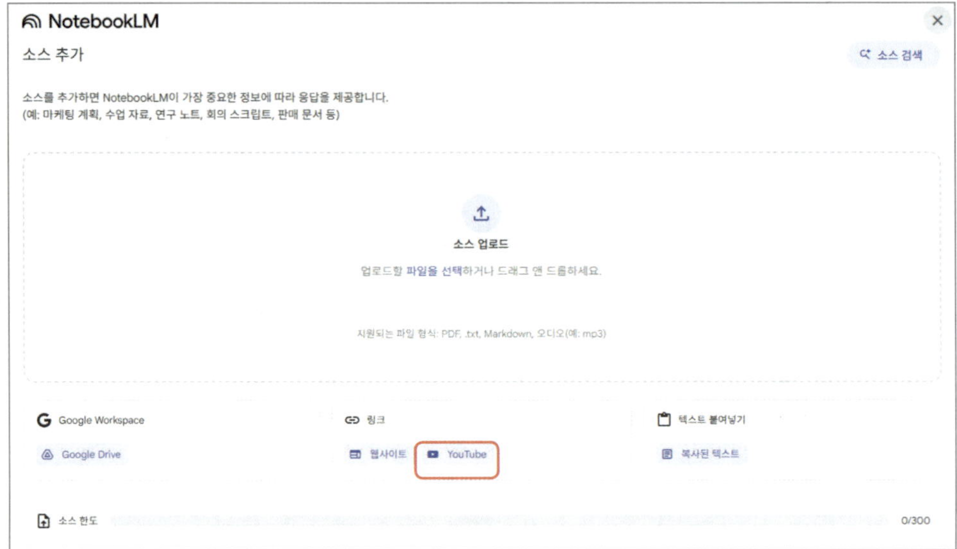

유튜브에서 주제와 관련된 영상을 검색한 후, 영상 제목 끝에 있는 ⋮ **메뉴**를 클릭합니다. 드롭다운 메뉴가 나타나면 그중에서 **공유**를 선택해 복사한 URL을 붙여넣기합니다.

▌그 외의 소스 추가

웹사이트 내용을 소스로 추가할 때는 웹사이트 주소를 복사하여 붙여넣으면 됩니다. 웹사이트 주소를 소스로 삽입하면 해당 웹사이트의 내용이 자동으로 분석되고 요약되어 화면 중앙에 표시됩니다.

텍스트 파일의 경우 파일 자체가 아닌 파일 속의 텍스트를 일부 복사하여 소스로 사용할 수 있습니다. 텍스트 파일을 메모장 등의 프로그램으로 연 후, 필요한 부분의 텍스트를 복사하여 붙여넣으면 소스로 삽입됩니다. 삽입된 텍스트에 대한 요약본도 화면 중앙에 표시됩니다.

이외에도 구글 드라이브에 저장된 다양한 형태의 자료들을 불러와 소스로 활용할 수 있습니다.

▌노트북LM 프롬프트 작성법

노트북LM에서 사용하는 질문은 일반적인 생성형 인공지능인 챗GPT, 클로드, 제미나이 등에서 사용하는 프롬프트와는 다소 차이가 있습니다. 노트북LM에 업로드하는 PDF나 문서 같은 소스들이 그 자체로 강력한 첫 번째 프롬프트 역할을 하기 때문입니다.

업로드된 소스만으로는 답변 범위가 제한되기 때문에, 특정 배경 정보를 설명하는 일반적인 프롬프트를 따로 작성할 필요가 없어집니다.

다시 말해 업로드한 소스에서 이미 질문의 문맥을 제공했기 때문에, 사용자의 질문은 훨씬 간결하고 직관적이어도 됩니다. 노트북LM과 사용자 사이에 이미 업로드한 소스라는 공유된 지식이 있기 때문입니다.

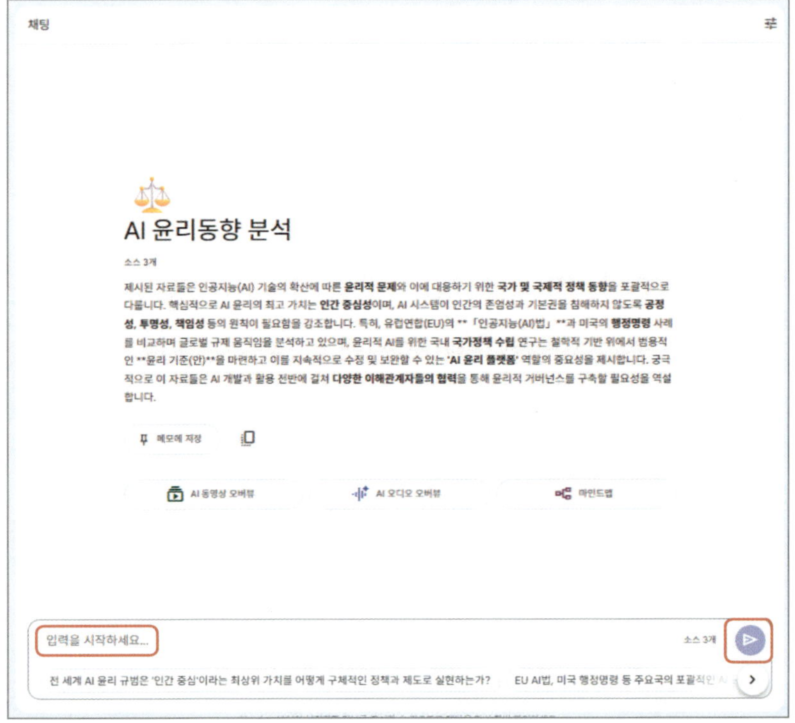

일반적인 생성형 인공지능 서비스에서 대화하듯이 프롬프트 입력 창을 이용하여 대화를 진행할 수 있습니다.

단, 주의해야 할 사항은 노트북LM의 경우 대화 창별로 나누었던 대화 내용이 자동으로 저장되지 않는다는 점입니다. 따라서 질문과 답변 중 기억해야 할 만한 중요한 내용들은 반드시 답변 끝에 나오는 **[메모에 저장]** 버튼을 클릭해 저장해 두어야 합니다.

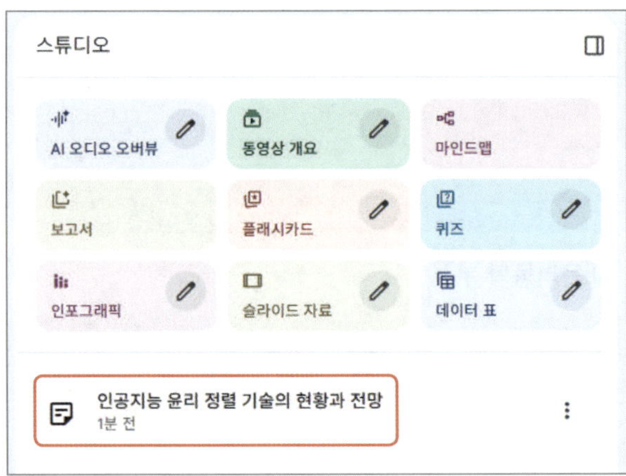

저장된 메모는 노트북LM 화면 우측 패널 하단부에 목록 형태로 표시됩니다. 이를 통해 저장한 내용을 언제든지 다시 확인하고 활용할 수 있습니다.

노트북LM 스튜디오의 강점은 AI 보조 창작 환경을 제공한다는 점입니다. 업로드된 콘텐츠의 구조를 자동으로 분석하고 핵심 아이디어를 시각적으로 재구성하거나, 학습자가 복습하기 좋은 형태로 변환해줍니다.

예를 들어 문서를 기반으로 대화형 팟캐스트 대본을 만들거나, 주요 개념을 중심으로 한 마인드맵을 생성할 수 있습니다. 내용을 평가할 수 있는 퀴즈 문항을 자동으로 제안하는 기능도 갖추고 있어, 학습 자료를 준비하거나 프레젠테이션 콘텐츠를 제작할 때 시간과 노력을 크게 절약할 수 있습니다.

이러한 기능들은 교육자, 학생, 콘텐츠 크리에이터 등 다양한 사용자층에게 창의력과 생산성 향상을 제공합니다. 노트북LM 스튜디오의 각 기능을 활용하는 방법을 자세히 살펴보겠습니다.

▌팟캐스트용 음원 생성

AI 오디오 오버뷰 기능은 사용자가 업로드한 문서, 슬라이드, 차트 등의 자료를 기반으로 AI 가상 호스트가 팟캐스트 형식으로 대화하는 오디오 요약을 생성하는 기능입니다. 두 명의 AI 호스트가 마치 토론하듯 자료의 핵심 내용을 심화 분석, 브리핑, 비평, 토론 등 다양한 형식으로 요약하고 정리해 줍니다.

다만 현재까지는 완전한 객관성이나 오류 없음이 보장되는 것은 아니며, 오디오 생성에 다소 시간이 걸릴 수 있다는 점을 유의해야 합니다. 이 기능은 긴 문서나 연구 자료를 듣기 형태로 전환해 이해하고 싶을 때 특히 유용하며, 청각적인 학습 방식이 효과적인 사용자들에게 적합합니다.

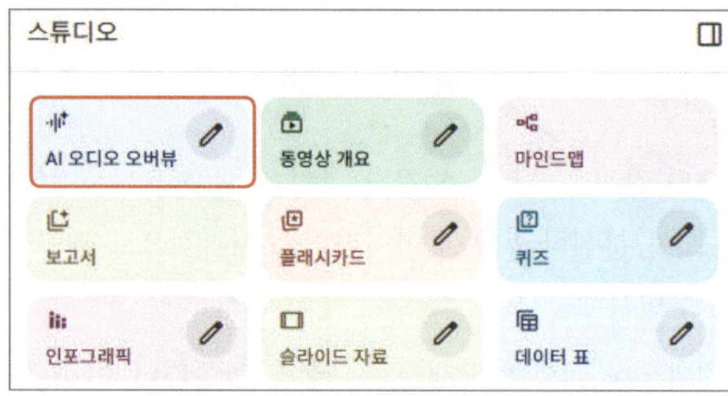

[AI 오디오 오버뷰] 버튼을 클릭하면 다음과 같은 상태 바가 표시됩니다.

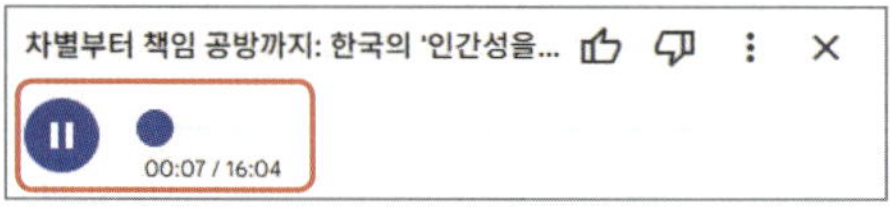

생성된 오디오 콘텐츠는 즉시 재생하거나 다운로드할 수 있습니다.

▋동영상 생성

동영상 개요 기능은 사용자의 자료를 바탕으로 시각적 영상 콘텐츠를 자동으로 생성합니다. 이 기능은 PDF, 이미지, 노트 등 밀도 높은 자료를 시각적 프레젠테이션으로 변환하며, AI 내레이션이 함께 제공됩니다.

생성된 영상은 업로드한 문서의 이미지, 다이어그램, 인용문, 데이터 등을 활용하여 슬라이드 형식으로 제작됩니다. 이를 통해 시각 이해도가 높은 형태로 정보를 전달할 수 있어, 비주얼 학습이나 발표용 콘텐츠 제작에 특히 적합합니다.

[동영상 개요] 버튼을 클릭하면 동영상 요약 내용이 자동으로 생성됩니다.

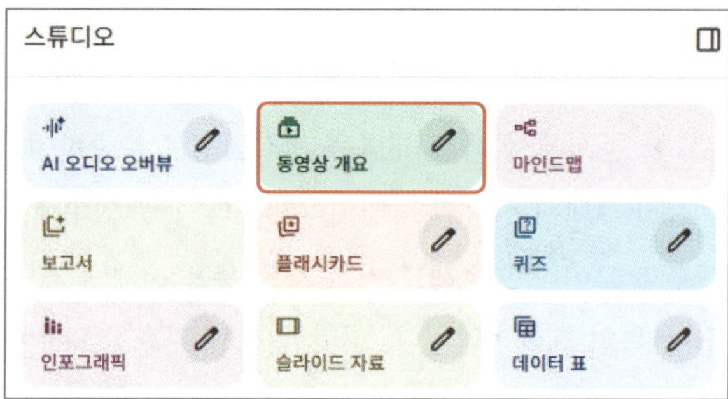

동영상의 ▷**재생**을 클릭하여 즉시 동영상을 시청할 수 있습니다.

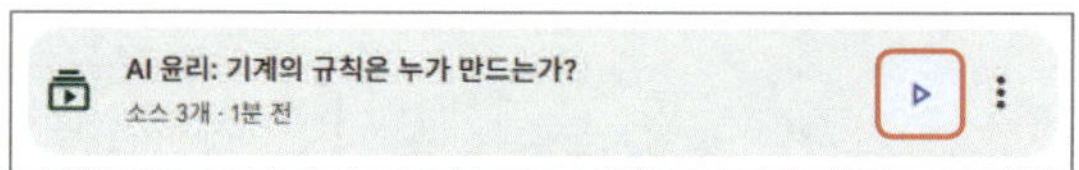

팟캐스트용 음원과 마찬가지로 공유와 다운로드가 가능합니다.

마인드맵 기능은 노트북LM에 추가된 소스들의 복잡한 주제를 탐색하고 새로운 연결고리를 발견하며 자료에 대한 깊은 이해를 얻을 수 있도록 도와주는 기능입니다. 이 기능은 사용자 노트나 업로드한 문서에서 핵심 개념을 시각적으로 추출하여, 자료의 주요 주제와 연관 아이디어를 가지 형태의 시각적 다이어그램으로 자동 생성해 줍니다.

이 기능은 복잡한 연구 논문이나 프로젝트 기획 자료 등을 전체 구조와 관계 중심으로 빠르게 이해하고 싶을 때 특히 효과적입니다. 다만 업로드 자료가 많을수록 맵이 복잡해질 수 있으므로, 핵심 소스만 먼저 넣고 점차 확장하는 방식으로 활용하는 것이 좋습니다.

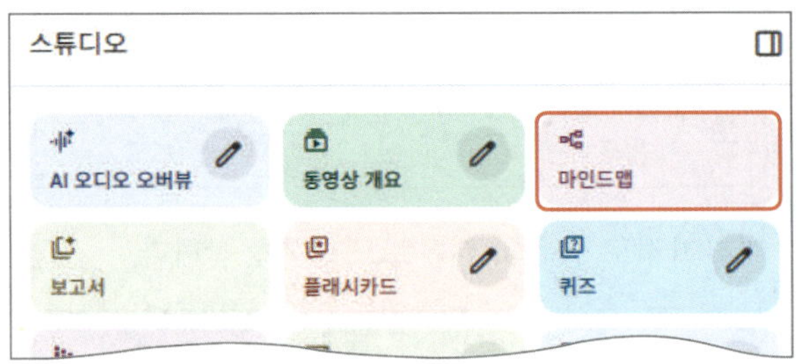

[**마인드맵**] 버튼을 클릭하면 마인드맵이 자동으로 생성됩니다. 생성된 마인드맵은 단순히 보기만 하는 것이 아니라, 사용자가 직접 확대하고 축소하며 각 항목을 펼치거나 접는 등 동적으로 조작할 수 있습니다. 이를 통해 복잡한 정보의 구조를 한눈에 파악하고, 관심 있는 부분을 집중적으로 탐색할 수 있어 학습이나 정보 정리에 매우 효과적입니다.

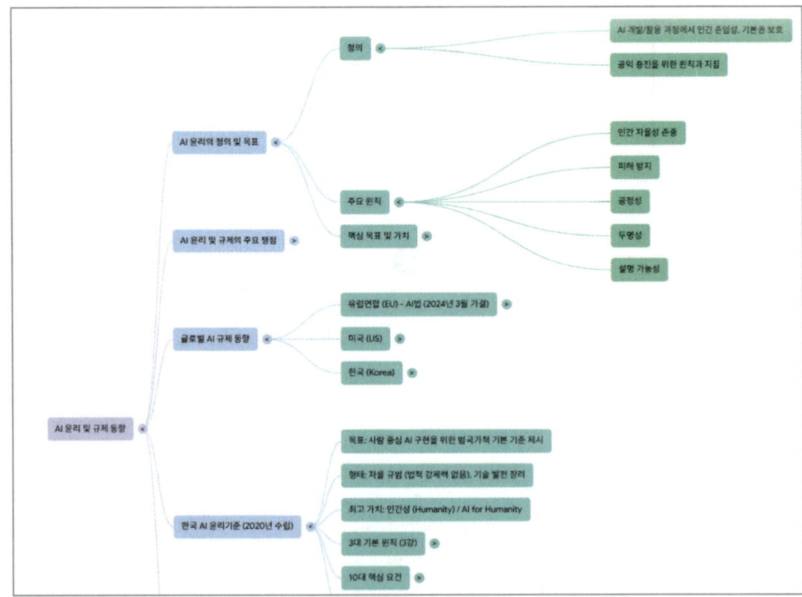

▍보고서 생성

보고서 기능에서는 직접 만들기, 브리핑 문서, 학습 가이드, 블로그 게시글 등 다양한 형식의 보고서를 자동으로 생성할 수 있습니다. 사용자가 구조, 스타일, 톤 등을 지정하여 맞춤형 보고서를 작성할 수 있으며, 130개 이상의 언어로 제공됩니다.

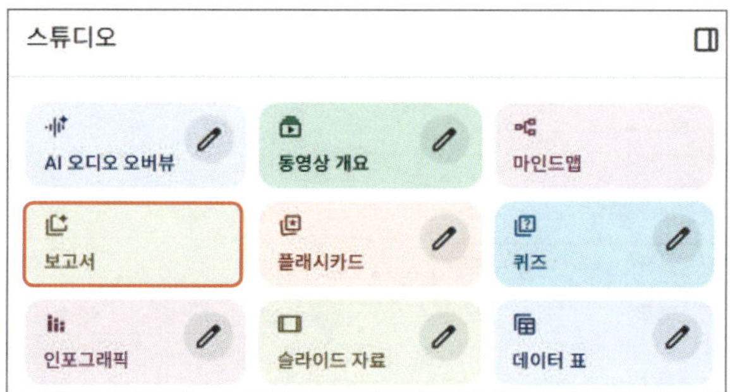

[보고서] 버튼을 클릭하면 다음과 같이 보고서 생성 창이 나타납니다. 나만의 맞춤 문서로 만들고자 한다면 **직접 만들기** 메뉴를 추천합니다.

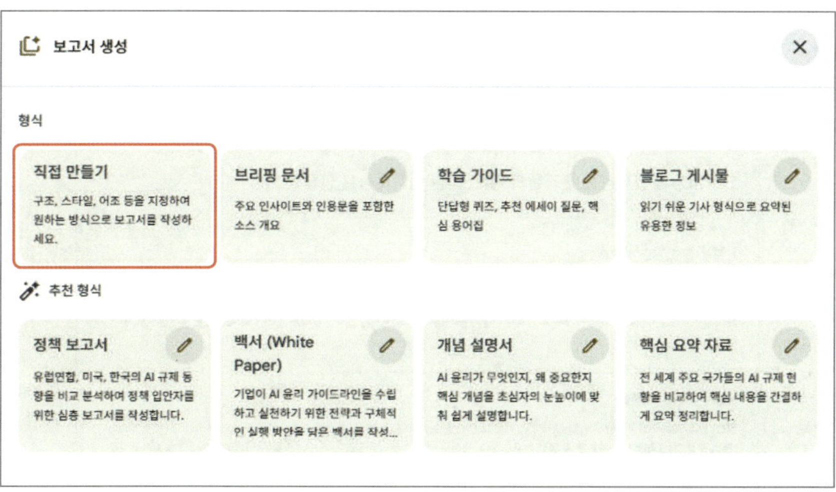

[직접 만들기] 버튼을 클릭하면 사용자가 원하는 구성과 내용으로 문서를 직접 편집하고 재구성할 수 있는 팝업 창이 나타납니다. 개인의 필요에 맞춰 정보를 입력한 후 **[생성]** 버튼을 클릭합니다.

[생성] 버튼을 클릭하면 즉시 보고서가 완성됩니다.

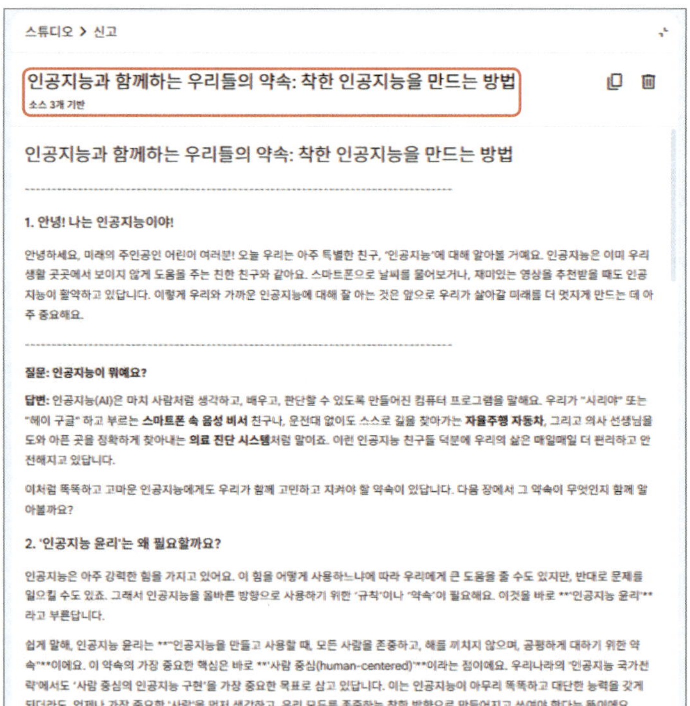

플래시카드 생성

새로 추가된 플래시카드 기능은 학습 내용을 효율적으로 암기하도록 도와주는 학습용 카드를 자동으로 생성합니다. 업로드한 문서에서 핵심 용어, 중요한 날짜, 핵심 개념을 분석하여 즉시 암기 카드로 만들어줍니다.

사용자는 카드 개수를 선택할 수 있으며, 난이도 역시 조절할 수 있습니다. 각 카드에는 **[설명하기]** 버튼이 있어 단순 암기를 넘어 더 자세한 내용을 확인할 수 있습니다. 이 기능을 활용하면 학습 효율을 높이고 중요한 내용을 체계적으로 정리할 수 있습니다.

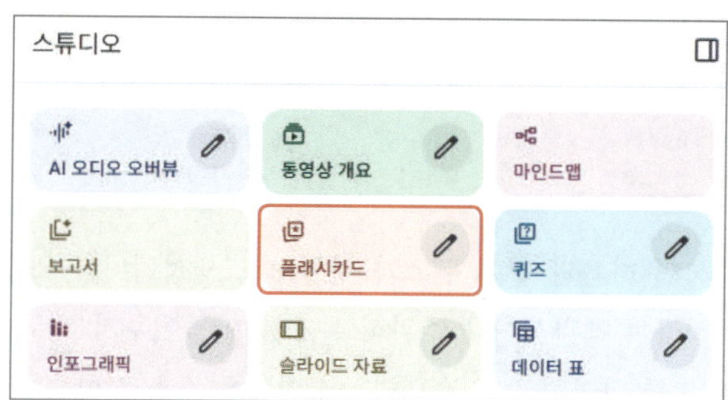

[플래시 카드] 버튼을 클릭하면 노트북LM이 콘텐츠의 핵심 내용을 바탕으로 학습에 적합한 질문과 답변 형식의 플래시 카드를 만들어줍니다. 복습과 암기에 효율적으로 활용할 수 있습니다.

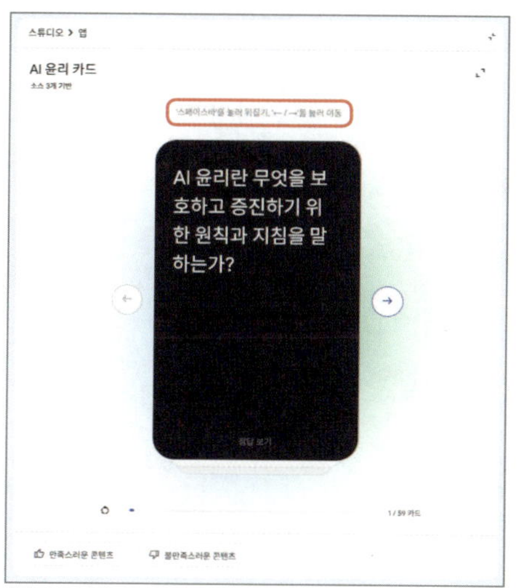

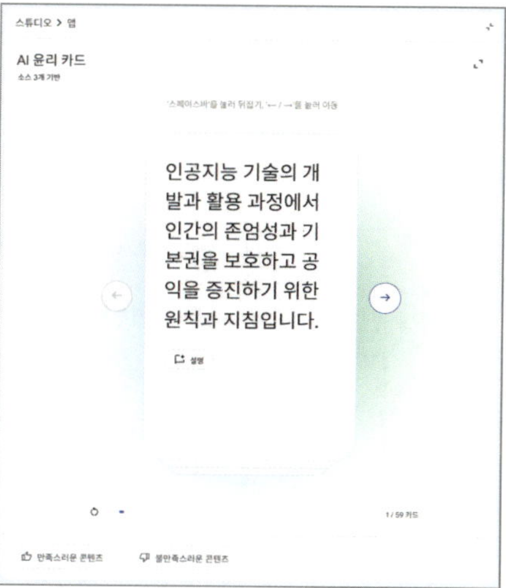

█ 퀴즈 생성

퀴즈 기능은 학습한 내용을 점검하고 기억력을 강화하기 위한 맞춤형 퀴즈를 자동으로 생성해 줍니다. 업로드한 자료를 기반으로 객관식 문제를 만들어 사용자의 이해도를 테스트합니다.

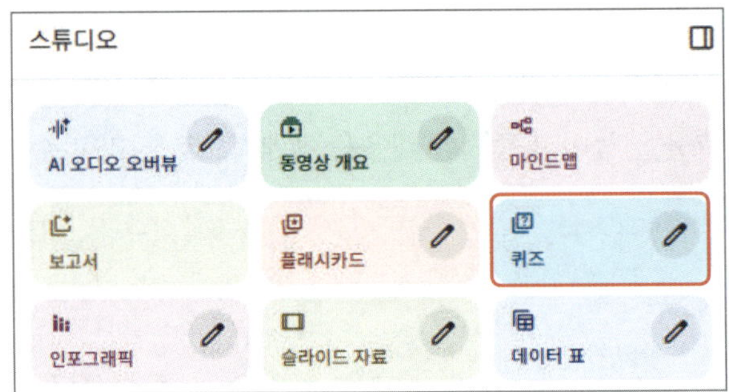

[퀴즈] 버튼을 클릭하면 다음과 같이 퀴즈가 자동으로 생성됩니다. 노트북LM이 콘텐츠의 주요 내용을 분석하여 객관식이나 주관식 문제를 만들어주기 때문에, 학습한 내용을 즉시 점검하고 이해도를 확인할 수 있습니다. 이 기능은 스스로 학습 효과를 높이고 싶을 때나, 교육 자료를 준비할 때 특히 유용합니다.

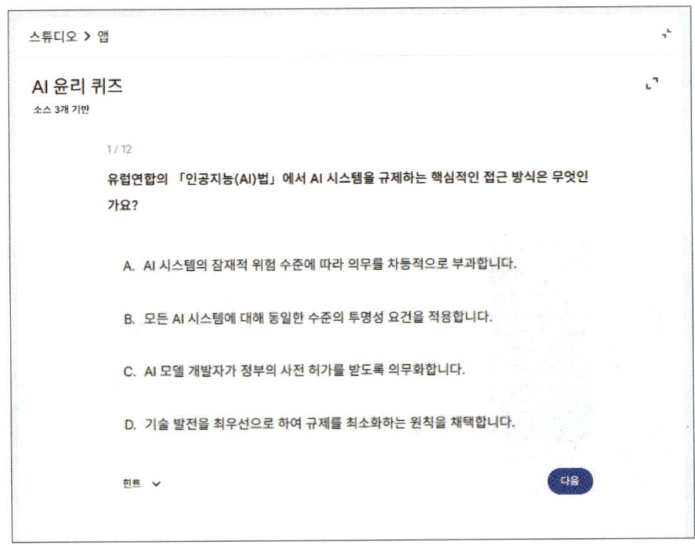

▌인포그래픽 생성

인포그래픽은 정보(Information)와 그래픽(Graphic)의 합성어로, 복잡하거나 방대한 양의 데이터를 그림, 아이콘, 차트, 지도 등 시각적인 요소로 시각화하여 쉽고 빠르고 명확하게 전달하는 그래픽 디자인 기법입니다. 문자로 된 정보보다 직관적으로 이해하기 쉬워, 정보 습득 시간 단축, 기억력 향상 그리고 높은 관심과 참여를 유도하는 데 효과적이며 교육, 광고, 뉴스 등 다양한 분야에서 활용됩니다.

[인포그래픽] 버튼을 클릭하면 인포그래픽을 생성하고 있다는 메시지가 화면에 나타납니다. 잠시 후 나노 바나나 기술을 활용한 인포그래픽이 완성됩니다.

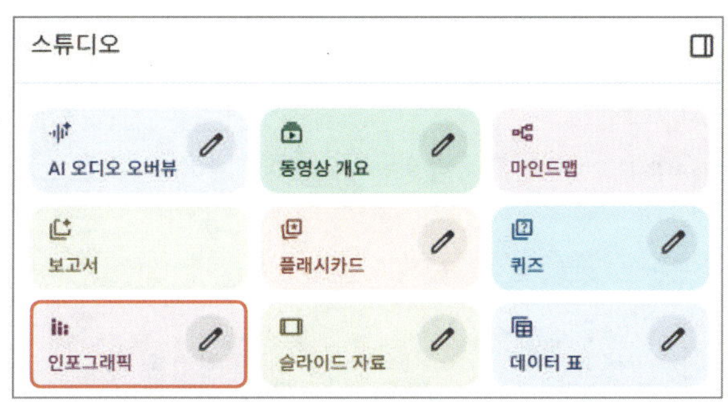

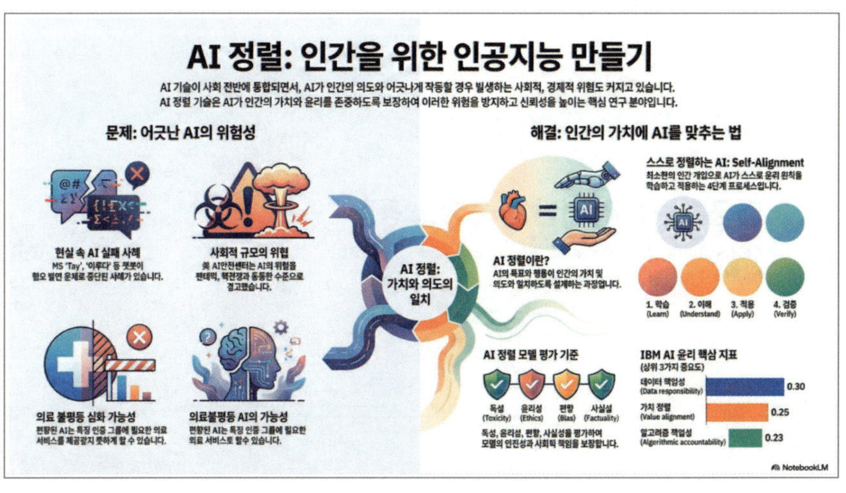

▎슬라이드 자료 생성

최근 업그레이드를 통해 노트북LM에서 프레젠테이션 슬라이드를 생성하는 기능이 크게 향상되었습니다. 이러한 발전은 나노 바나나의 이미지 생성 기술이 발전하면서 자연스럽게 이어진 변화라고 볼 수 있습니다. 다만 전체적인 슬라이드 품질은 향상되었지만, 슬라이드 한 장이 하나의 이미지로 생성되기 때문에 슬라이드에 포함된 텍스트를 직접 수정할 수 없다는 단점이 있습니다.

[슬라이드 자료] 버튼을 클릭하면 슬라이드를 생성하고 있다는 메시지가 나타나며, 잠시 후 내용에 맞춰 적절한 분량의 슬라이드가 제공됩니다.

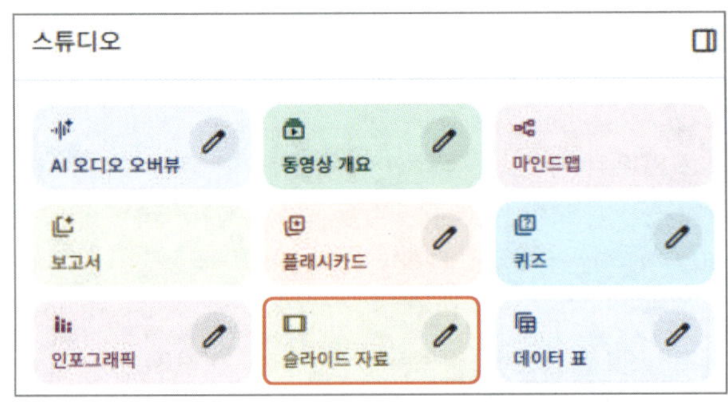

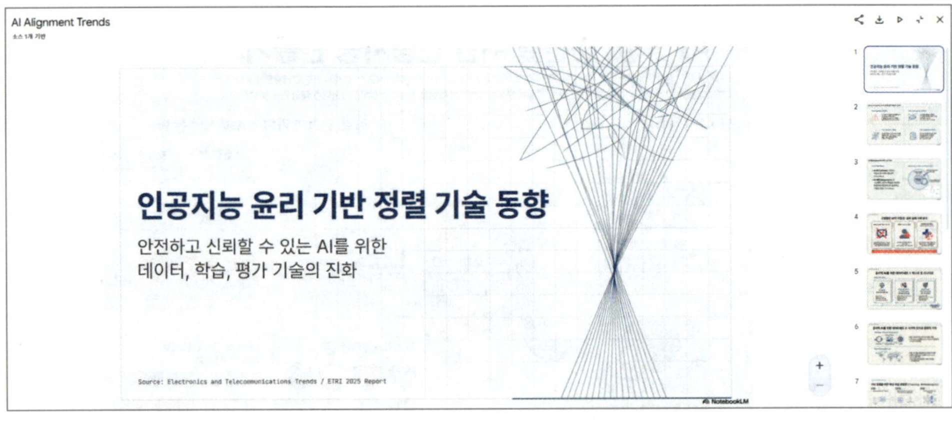

▌데이터 표 생성(Gemini Pro 이상 지원)

데이터 표 기능은 소스 내용을 분석하여 표 형식으로 재구성하며, 생성된 표는 구글 시트에서 바로 열어 확인하고 편집할 수 있습니다. [데이터 표] 버튼을 클릭하면 해당 기능을 사용할 수 있습니다.

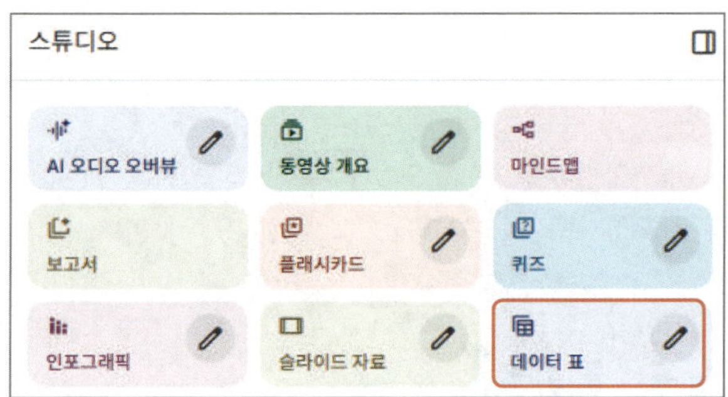

스튜디오 생성 콘텐츠 수정하기

지금까지 살펴본 노트북LM 스튜디오의 기능 중에서 AI 오디오 오버뷰, 동영상 개요, 플래시카드, 퀴즈, 인포그래픽, 슬라이드 자료, 데이터 표 기능은 프롬프트로 조건을 직접 작성할 수 있습니다. 이러한 콘텐츠들은 연필 모양 아이콘이 함께 표시되어 있어 쉽게 구분할 수 있습니다.

🖉아이콘을 클릭하면 각 콘텐츠 유형에 맞는 팝업 창이 나타납니다. 팝업 창에서 시스템에서 제공하는 기본 설정값을 변경하거나, 프롬프트 입력 창에 원하는 내용을 입력하여 사용자의 의도에 맞춘 콘텐츠를 생성할 수 있습니다.

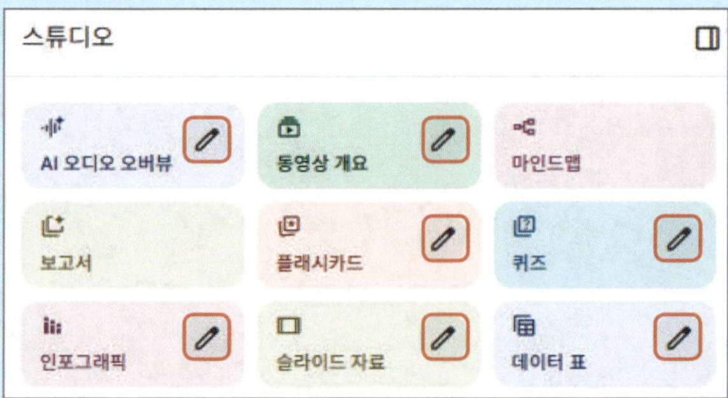

PART

12

제미나이 ×
노트북LM, 완성형
발표 자료 만들기

이번 파트에서는 구글 제미나이, 구글 시트의 두 가지 도구를 유기적으로 연계하여 노트북LM의 한계를 극복하고, 실무에 바로 투입할 수 있는 99% 완성도의 프레젠테이션 자료를 만드는 5단계 실전 워크플로우를 소개합니다.

이 워크플로우를 따라가면 노트북LM이 만든 초안을 기반으로 텍스트를 자유롭게 편집하고, 이미지를 깔끔하게 재생성하며, 폰트와 레이아웃을 일관되게 정리하여 마치 전문 디자이너가 만든 것 같은 수준 높은 결과물을 얻을 수 있습니다.

최근 업무 현장에서 AI 도구의 활용이 빠르게 확산되면서, 프레젠테이션 자료 제작에도 많은 변화가 일어나고 있습니다. 특히 구글의 노트북LM은 방대한 양의 자료를 손쉽게 정리하고 슬라이드로 변환할 수 있어, 바쁜 실무자들에게 큰 도움이 되고 있습니다. 복잡한 문서나 보고서를 업로드하기만 하면 노트북LM이 자동으로 핵심 내용을 추출하고 보기 좋은 슬라이드 형태로 만들어주기 때문에 시간과 노력을 크게 절약할 수 있습니다.

하지만 노트북LM이 아무리 편리하다 하더라도, 실무에서 바로 사용할 수 있는 수준의 완성도 높은 결과물을 만들기에는 여러 가지 한계가 있습니다. 가장 큰 문제는 노트북LM에서 생성되는 슬라이드가 텍스트, 이미지, 배경이 모두 하나로 합쳐진 PDF 파일 형태로 제공된다는 점입니다.

이러한 형태는 인쇄된 종이처럼 모든 요소가 고정되어 있어서, 글자 하나를 수정하거나 이미지 위치를 조정하는 것조차 쉽지 않습니다. 또한 슬라이드마다 폰트 크기가 제각각이거나 헤드라인의 위치가 일정하지 않다는 것 등 디자인 일관성이 부족한 경우가 많습니다. 여기에 워터마크가 포함되거나 차트 이미지를 수정할 수 없는 등의 문제까지 더해지면, 결국 실무자는 처음부터 다시 작업해야 하는 상황에 직면하게 됩니다.

이러한 문제를 해결하지 않고서는 노트북LM의 편리함을 제대로 활용할 수 없습니다. 실무에서 요구되는 수준은 단순히 내용을 정리하는 것을 넘어, 정확한 정보 전달과 세련된 디자인, 그리고 전문적인 완성도를 모두 갖춘 프레젠테이션 자료이기 때문입니다.

따라서 이번 파트에서 노트북LM의 강점을 살리면서 제미나이로 편집 가능성과 디자인 완성도를 보완해 높은 수준의 프레젠테이션을 제작해 보겠습니다.

노트북LM을 활용한 슬라이드 제작에서 가장 중요한 것은 바로 출발점입니다. 아무리 뛰어난 AI 도구라 하더라도 입력되는 자료의 품질이 낮다면 결과물 역시 기대에 미치지 못할 수밖에 없습니다. 많은 사람들이 노트북LM에 간단한 메모나 단편적인 정보를 넣고 완성도 높은 슬라이드가 나오기를 기대하지만, 실제로는 풍부하고 체계적인 소스 자료가 있어야만 제대로 된 결과를 얻을 수 있습니다.

이때 구글 제미나이의 **Deep Research** 기능이 큰 역할을 합니다. **Deep Research**는 단순히 검색 결과를 나열하는 수준을 넘어, 웹 전체를 탐색하며 관련된 최신 정보와 데이터를 수집하고 이를 체계적인 보고서 형태로 정리해 주는 강력한 기능입니다. **Deep Research**를 통해 생성된 보고서는 충분한 분량과 깊이를 갖추고 있어, 노트북LM이 슬라이드를 만들 때 필요한 핵심 내용, 구체적인 사례, 통계 자료 등을 풍부하게 제공할 수 있습니다.

특히 실무에서 요구되는 프레젠테이션은 신뢰할 수 있는 데이터와 명확한 논리 구조를 갖춘 설득력 있는 자료입니다. **Deep Research**를 통해 만들어진 20페이지 분량의 상세한 보고서는 이러한 요구를 충족시킬 수 있는 최적의 소스가 됩니다. 요약부터 시작해 시장 현황, 주요 트렌드, 기업 분석, 향후 전망까지 체계적으로 구성된 보고서는 노트북LM이 슬라이드를 생성할 때 일관성 있고 논리적인 흐름을 만들어낼 수 있도록 돕습니다.

제미나이 대화 도구 설정

제미나이 프롬프트 입력 창 하단의 ⛭ **도구** 아이콘을 클릭하면 나타나는 드롭다운 메뉴 중에서 **Deep Research**를 선택합니다. 그리고 모드 옵션에서 **사고 모드**를 선택해 활성화합니다. 이렇게 설정하면 제미나이가 더욱 심층적인 분석과 연구를 수행할 수 있습니다.

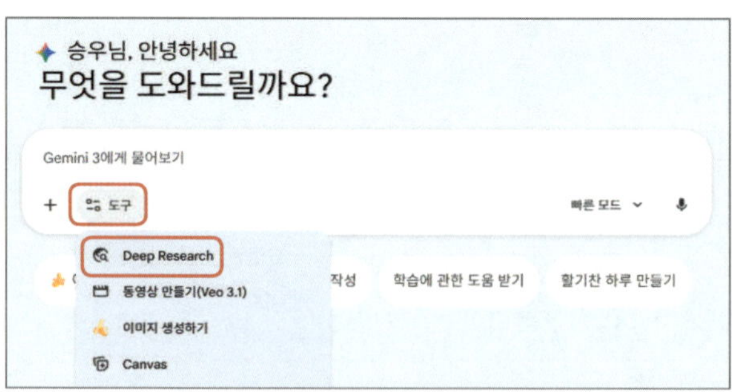

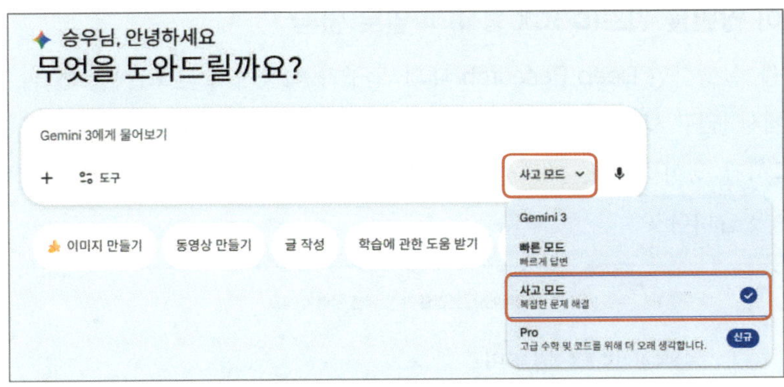

Deep Research 도구와 **사고 모드**가 모두 활성화되었습니다.

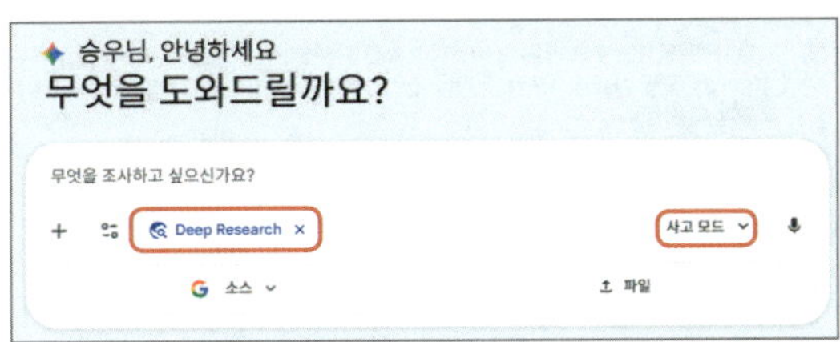

Deep Research를 활용해 상세한 보고서를 생성하기 위해 다음과 같은 프롬프트를 입력합니다.

Deep Research를 활용한 보고서 생성 프롬프트

다음 주제에 대해 20페이지 분량의 상세한 보고서를 작성해 줘.

주제: "2025년 생성형 AI 시장 동향 분석"

보고서 구성:
1. 요약(Executive Summary)
2. 시장 현황 및 규모
3. 주요 트렌드(최소 다섯 가지)
4. 주요 기업 및 제품 분석
5. 향후 전망 및 시사점
6. 참고 자료
각 섹션마다 구체적인 데이터, 사례, 통계를 포함할 것.

▌제미나이 답변을 워드(DOCX 형식) 파일로 변환

프롬프트를 실행하면 Deep Research 대화 도구가 사용자의 의도를 한 번 더 확인합니다. 여기에서 **[연구 시작]** 버튼을 클릭하면 약 10분 동안 검색과 분석, 추론 과정을 거쳐 결과 보고서가 생성됩니다. 보고서 제목 옆에 있는 **[열기]** 버튼을 클릭하여 전체 내용을 확인할 수 있습니다.

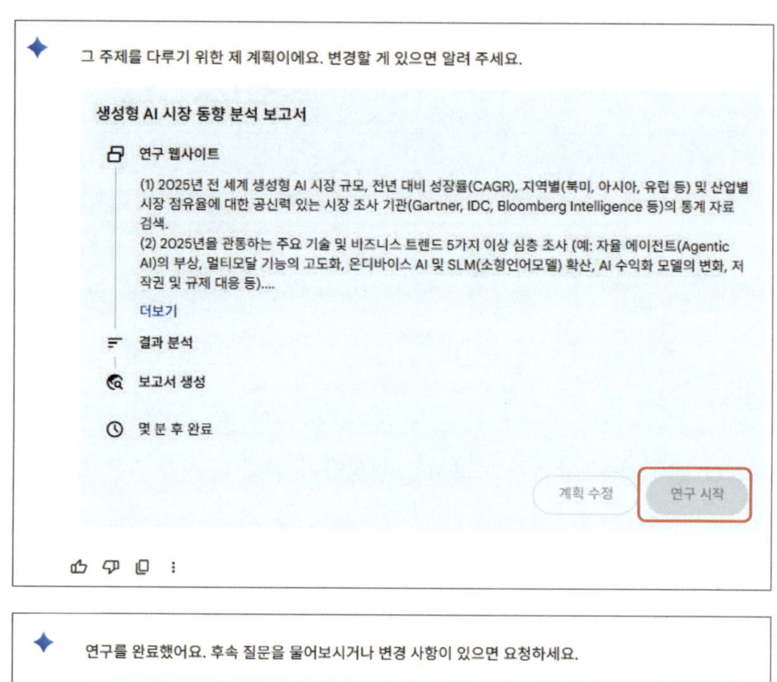

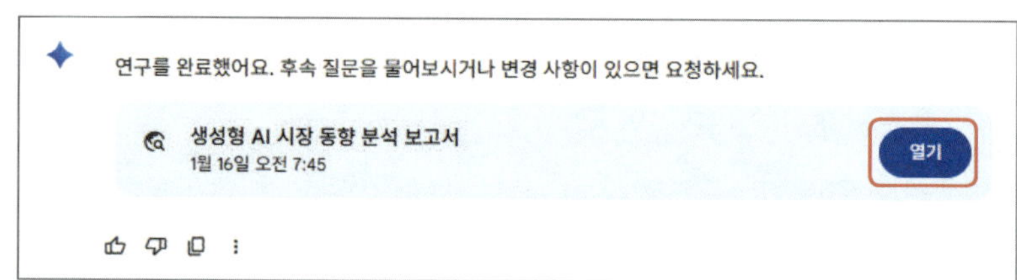

보고서 전체 내용이 화면에 표시되면 우측 상단의 **[공유 및 내보내기]** 버튼을 클릭하고 **Docs로 내보내기**를 선택합니다. 구글 문서 웹페이지가 자동으로 열리면서 제미나이가 생성한 보고서 내용이 그대로 표시됩니다.

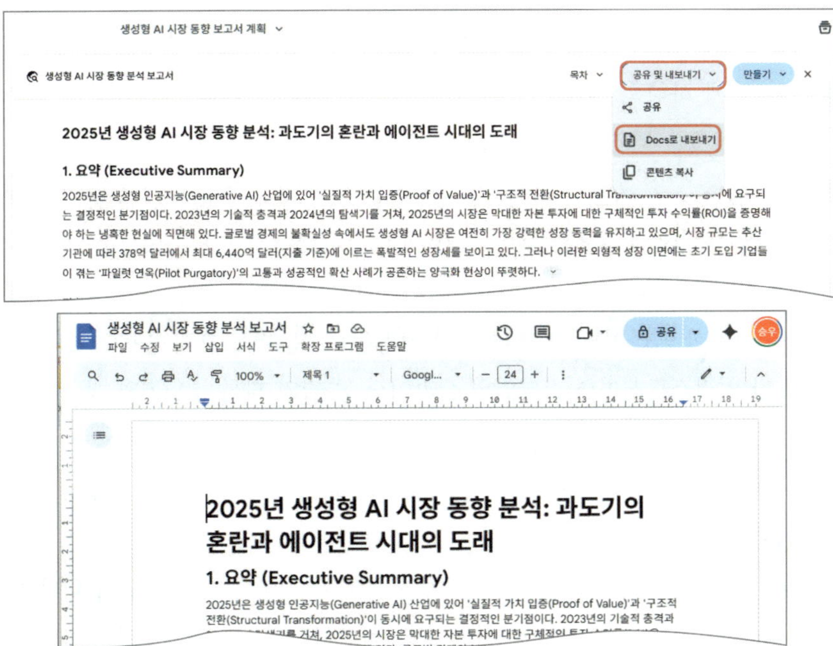

구글 문서 화면이 나타나면 상단 메뉴에서 **[파일]** – **[다운로드]** – **[Microsoft Word(.docx)]**를 차례로 클릭하여 내용을 MS 워드 파일로 저장합니다.

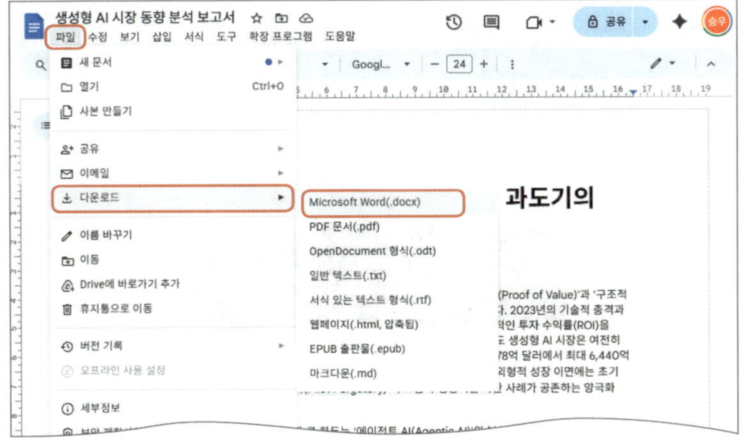

고품질의 소스 자료를 확보했다면, 이제 본격적으로 노트북LM을 활용하여 슬라이드를 생성할 차례입니다. 이 단계에서 많은 사용자들이 놓치는 중요한 전략이 있습니다. 바로 한 번에 하나의 슬라이드 세트만 만드는 것이 아니라, 여러 개의 서로 다른 스타일과 레이아웃을 가진 슬라이드 세트를 동시에 생성하는 것입니다.

노트북LM은 같은 소스 자료를 바탕으로 슬라이드를 만들더라도 매번 조금씩 다른 이미지, 색상 배치, 레이아웃 구조를 제안합니다. 이러한 다양성은 무작위가 아니라, 사용자가 제시하는 스타일 가이드에 따라 의도적으로 차별화된 것입니다. 미니멀한 느낌의 라인 아이콘을 사용한 슬라이드, 비즈니스 감각이 돋보이는 픽토그램 중심의 슬라이드, 크리에이티브한 일러스트레이션 스타일의 슬라이드 등 각기 다른 분위기와 목적에 맞는 여러 버전을 확보할 수 있습니다.

다중 슬라이드 세트를 만드는 이유는 명확합니다. 편집 과정에서 가장 효과적인 이미지와 레이아웃을 선택적으로 조합하여 사용할 수 있기 때문입니다. 예를 들어 첫 번째 세트에서는 표지 디자인이 마음에 들고, 두 번째 세트에서는 데이터 차트가 더 명확하며, 세 번째 세트에서는 특정 슬라이드의 아이콘이 더 적합하다면, 이 모든 요소를 하나로 합쳐 최적의 결과물을 만들 수 있습니다.

▍노트북LM 슬라이드 소스 추가하기

노트북LM에 접속한 후 [+ 새로 만들기] 버튼이나 화면 중앙의 [+ 새 노트 만들기] 버튼을 클릭하여 새로운 노트북을 생성합니다.

새로운 노트북을 생성하면 소스 추가 팝업 창이 자동으로 나타납니다. 팝업 창 가운데에 있는 [소스 업로드] 버튼을 클릭하여 제미나이로 생성한 워드 파일을 업로드합니다.

소스를 추가하면 다음과 같은 노트북LM의 화면 구성을 확인할 수 있습니다. ❶ 노트북 제목은 클릭하여 원하는 이름으로 변경할 수 있습니다. ❷ [+ 소스 추가] 버튼을 클릭하면 추가로 소스를 업로드할 수 있습니다. 소스의 개수가 많을수록 더 양질의 슬라이드를 생성할 수 있지만, 이 책에서는 예제로 설명하기 위해 하나의 소스만 사용하겠습니다. ❸ 업로드한 소스는 목록 형태로 표시됩니다.

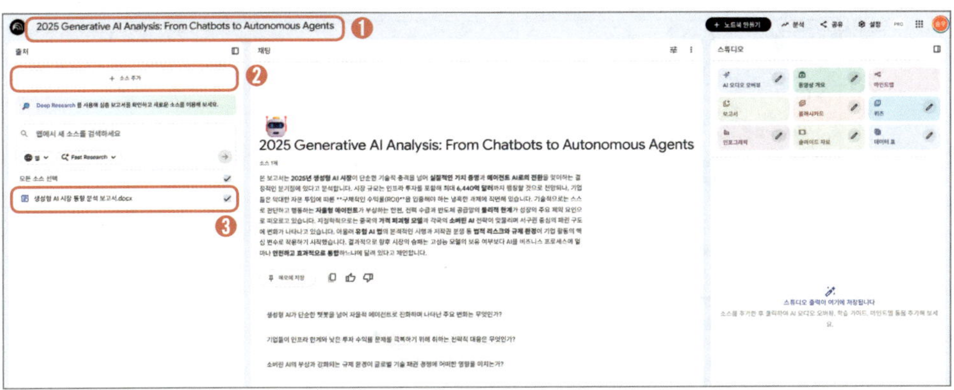

▍노트북LM 슬라이드 다중 생성하기

우측 사이드 스튜디오 패널에서 **[슬라이드 자료]** 버튼을 클릭하면 슬라이드를 생성할 수 있습니다. 보다 구체적인 조건을 지정하여 슬라이드를 만들고 싶다면 버튼 옆에 있는 연필 아이콘을 클릭합니다. 아이콘을 클릭하면 슬라이드 생성 조건을 입력할 수 있는 팝업 창이 나타납니다. 슬라이드 자료 맞춤설정 팝업 창에서 화면에 제시된 대로 옵션을 설정한 후, **만들려는 슬라이드 자료에 대한 설명** 항목에 원하는 프롬프트를 입력합니다.

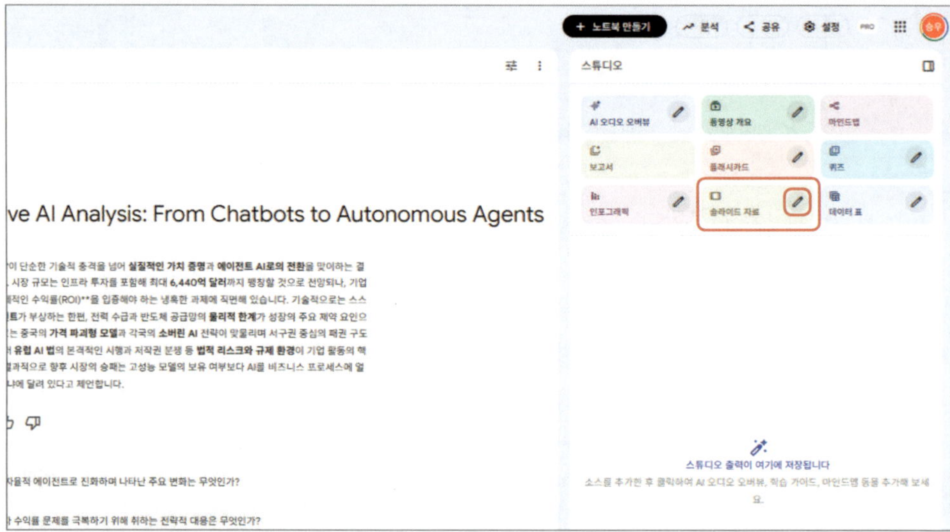

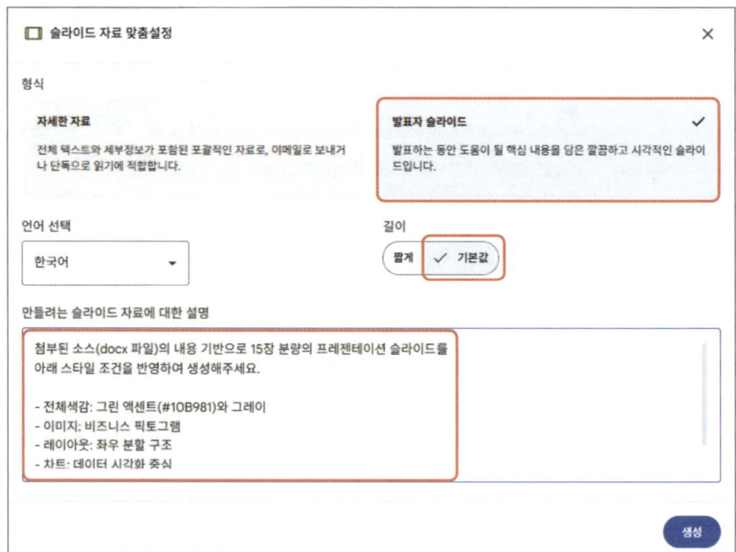

편집 과정에서 가장 효과적인 이미지와 레이아웃을 선택하여 조합할 수 있도록 하나의 슬라이드가 아닌 여러 개의 슬라이드를 생성하는 것이 좋습니다. 이번 예제에서는 3개의 슬라이드를 만들 예정이므로, 다음과 같이 서로 다른 스타일을 적용한 세 종류의 프롬프트를 작성합니다.

작성한 프롬프트를 슬라이드 자료 맞춤설정 팝업 창의 **만들려는 슬라이드 자료에 대한 설명** 항목에 입력합니다. 이후 [생성] 버튼을 클릭하면 슬라이드 생성이 시작되며, 약 8~10분 정도 소요됩니다. 3개의 프롬프트를 사용하여 각각의 슬라이드를 생성하는 경우 총 30분 정도의 시간이 필요합니다.

1번 프롬프트

첨부된 소스(DOCX 파일)의 내용을 기반으로 15장 분량의 프레젠테이션 슬라이드를 아래 스타일 조건을 반영하여 생성해 줘.
 – 전체 색감: 그린 액센트(#10B981)와 그레이
 – 이미지: 비즈니스 픽토그램
 – 레이아웃: 좌우 분할 구조
 – 차트: 데이터 시각화 중심
단, 배경은 반드시 흰색으로 할 것.

2번 프롬프트

첨부된 소스(DOCX 파일)의 내용을 기반으로 15장 분량의 프레젠테이션 슬라이드를 아래 스타일 조건을 반영하여 생성해 줘.
 – 전체 색감: 네이비 블루(#1E3A8A)와 화이트
 – 이미지: 미니멀한 라인 아이콘
 – 레이아웃: 여백이 많은 깔끔한 디자인
 – 텍스트: 간결하고 핵심만
단, 배경은 반드시 흰색으로 할 것.

3번 프롬프트

첨부된 소스(DOCX 파일)의 내용을 기반으로 15장 분량의 프레젠테이션 슬라이드를 아래 스타일 조건을 반영하여 생성해 줘.
 – 전체 색감: 퍼플 그라데이션(#8B5CF6)
 – 이미지: 일러스트레이션 스타일
 – 레이아웃: 비대칭적이고 역동적
 – 텍스트: 다소 길더라도 이해하기 쉽게
단, 배경은 반드시 흰색으로 할 것.

생성된 3개의 슬라이드는 스튜디오 도구 목록 아래에 순서대로 표시됩니다. 각 슬라이드의 메뉴를 클릭하면 나타나는 드롭다운 메뉴에서 **[다운로드]** 버튼을 클릭합니다. 다운로드하면 슬라이드가 PDF 파일로 자동 변환되어 컴퓨터에 저장됩니다.

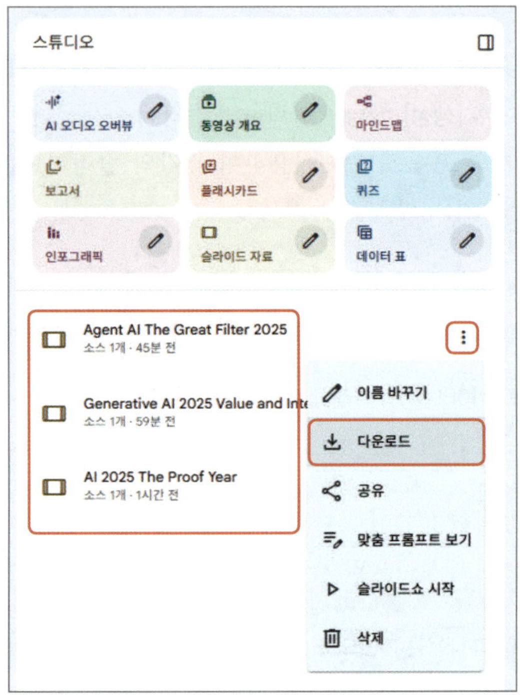

노트북LM에서 생성된 슬라이드는 PDF 형태로 제공되기 때문에 텍스트와 이미지가 하나로 고정되어 있어 직접 수정할 수 없다는 근본적인 한계가 있습니다. 이 문제를 해결하기 위해서는 PDF의 내용을 편집 가능한 텍스트 형태로 추출하는 과정이 반드시 필요합니다. 단순히 텍스트만 빼내는 것이 아니라, 나중에 슬라이드로 재구성할 때 제목과 본문, 소제목의 구조가 자동으로 인식될 수 있도록 체계적인 형식을 갖추는 것이 중요합니다.

여기서 구글 제미나이와 마크다운 형식이 핵심적인 역할을 합니다. 마크다운은 간단한 기호를 사용하여 문서의 계층 구조를 표현하는 방식으로, 마크다운 형식으로 슬라이드 내용을 추출하면 나중에 구글 슬라이드로 변환할 때 각 텍스트가 어떤 위계를 가지고 있는지를 시스템이 자동으로 인식하여 적절한 크기와 위치에 배치할 수 있습니다.

제미나이는 노트북LM이 만든 PDF를 분석하여 슬라이드별로 내용을 정확하게 추출하고, 이를 마크다운 형식으로 정리하는 작업을 빠르고 정확하게 수행합니다. 이 과정에서 워터마크나 페이지 번호 같은 불필요한 요소는 제거하고, 핵심 내용만 깔끔하게 정리할 수 있습니다. 또한 중요한 키워드를 굵게 표시하거나 글머리기호로 항목을 구분하는 등 가독성을 높이는 서식도 함께 적용할 수 있습니다.

이렇게 만들어진 구글 슬라이드는 텍스트와 이미지가 완전히 분리되어 있어 자유롭게 수정할 수 있으며, 폰트 크기나 슬라이드 순서를 조정하는 것도 간단합니다.

제미나이 캔버스로 슬라이드 생성하기

제미나이 프롬프트 입력 창 하단의 ⚙ **도구** 아이콘을 클릭하면 나타나는 드롭다운 메뉴 중에서 Canvas를 선택하고 모드를 **빠른 모드**로 설정합니다. 설정을 완료하면 대화 입력 창 하단에 파란색 글씨로 Canvas가 표시되고 해당 기능이 활성화됩니다.

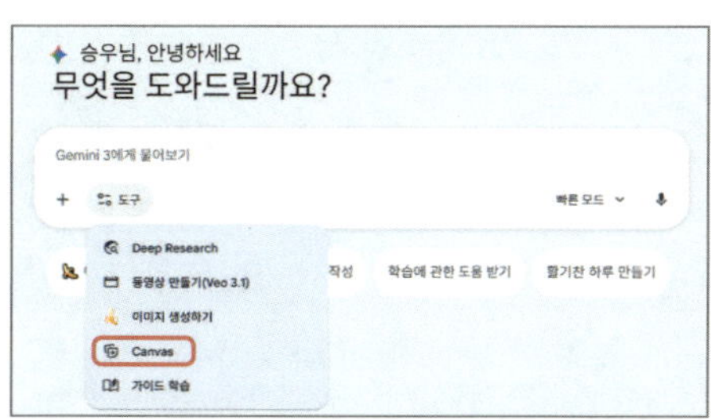

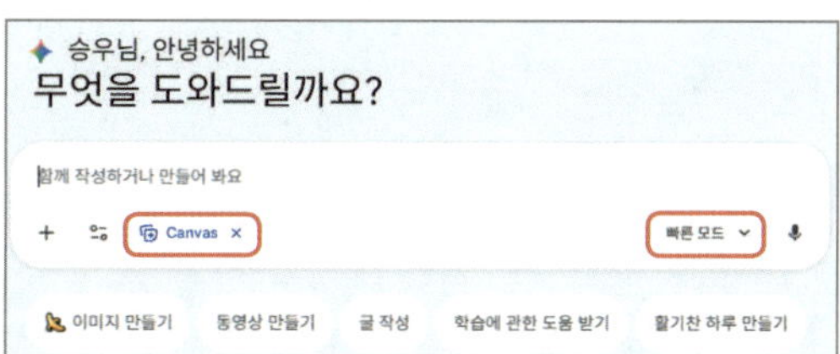

노트북LM에서 슬라이드를 생성할 때 사용했던 프롬프트를 약간 수정하여 캔버스 생성에 필요한 프롬프트를 작성합니다.

첨부한 3개의 PDF 파일 내용을 바탕으로 아래 순서에 따라 슬라이드 15개를 생성해 줘.

1. 첨부한 PDF 파일의 내용을 빠짐없이 기억할 것
2. PDF 파일의 내용을 조합하여 재구성할 것
3. 재구성한 내용을 15개의 슬라이드로 배분할 것
4. 슬라이드의 스타일은 다음과 같음
   – 전체색감: 액센트(#10B981)와 그레이로 설정
   – 이미지: 비즈니스 픽토그램 형식
   – 레이아웃: 좌우 분할 구조로 깔끔한 디자인
   – 텍스트: 간결하고 핵심만

노트북LM에서 생성하여 PDF로 다운로드한 파일을 업로드합니다. 그리고 앞서 만든 프롬프트를 입력하여 구글 슬라이드 생성을 요청합니다.

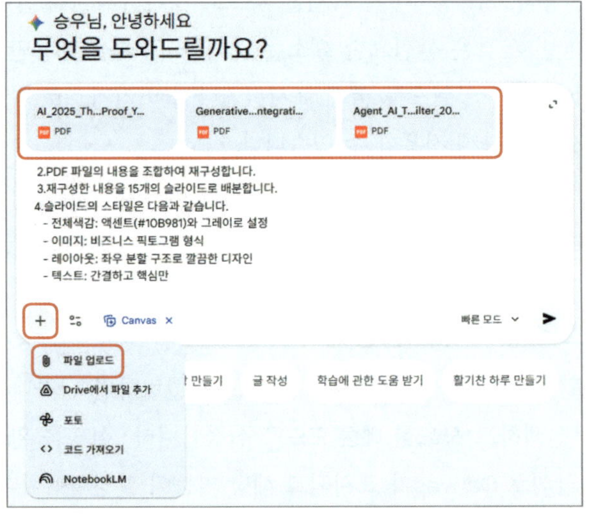

슬라이드 생성 프롬프트를 입력받은 제미나이는 캔버스에서 슬라이드를 생성합니다. 생성이 완료되면 캔버스 화면 우측 상단에 구글 슬라이드에서 열어볼 수 있는 버튼이 나타납니다. [Slides로 내보내기] 버튼을 클릭하면 생성된 슬라이드가 구글 슬라이드로 열립니다.

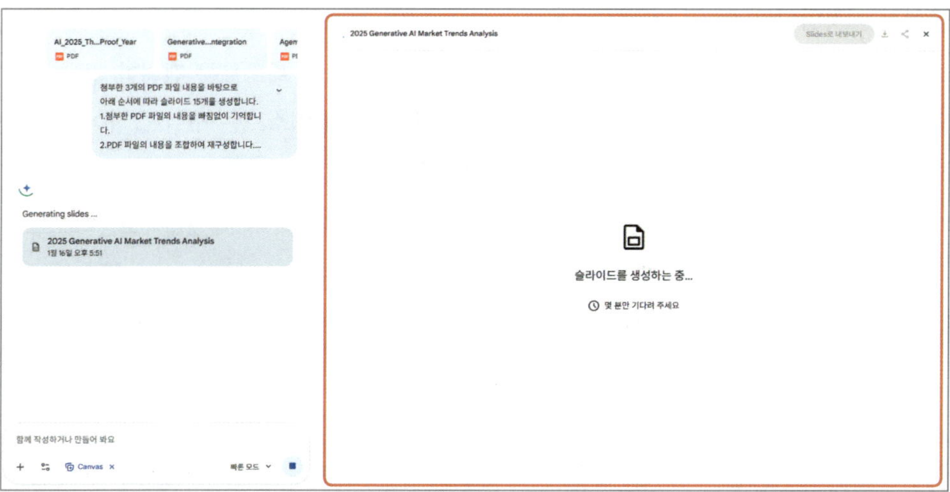

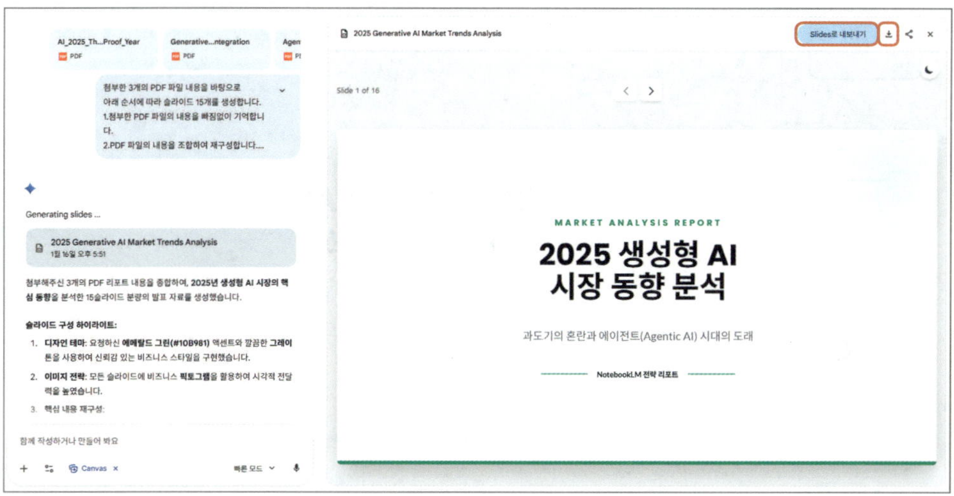

구글 슬라이드에서 발표 자료 완성하기

캔버스에서 생성한 슬라이드를 구글 슬라이드로 열면 본격적인 수정 작업을 시작할 수 있습니다. 이때 노트북LM에서 생성한 3개의 슬라이드 PDF 파일을 활용하면 효율적입니다. PDF 파일에 포함된 슬라이드 내용이나 이미지를 참고하여 구글 슬라이드에서 재구성하는 것입니다.

화면 캡처를 이용하면 작업 시간을 단축할 수 있습니다. 다만 텍스트를 캡처할 경우 해상도 저하, 오타, 배열 문제 등이 발생할 수 있습니다. 따라서 텍스트는 구글 슬라이드의 텍스트 입력 도구를 사용하여 직접 입력하는 것이 좋습니다.

이번 예시에서는 PDF에 포함된 이미지는 캡처를 통해 추출하여 재사용하고, 텍스트는 직접 입력하는 방식으로 슬라이드를 제작하겠습니다.

먼저 불필요한 내용을 삭제합니다. 삭제할 요소를 선택하면 화면에 선택 표시가 나타나며, 키보드의 Delete 또는 Backspace 를 누르면 해당 요소가 삭제됩니다.

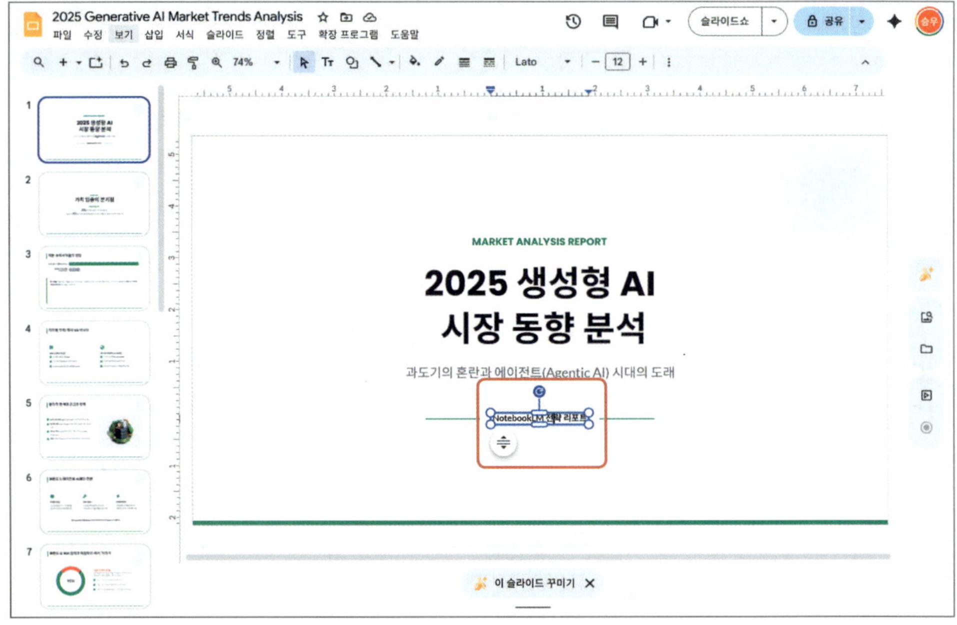

이제 특정 페이지를 수정해 보겠습니다. 각 PDF의 동일한 페이지를 살펴보며 이미지, 텍스트, 제목이 가장 적절한 것을 고릅니다.

첫 번째 파일을 먼저 살펴보니, 슬라이드와 색감이 비슷하고 이미지가 직관적이기 때문에 첫 번째 파일에서는 이미지를 사용하겠습니다.

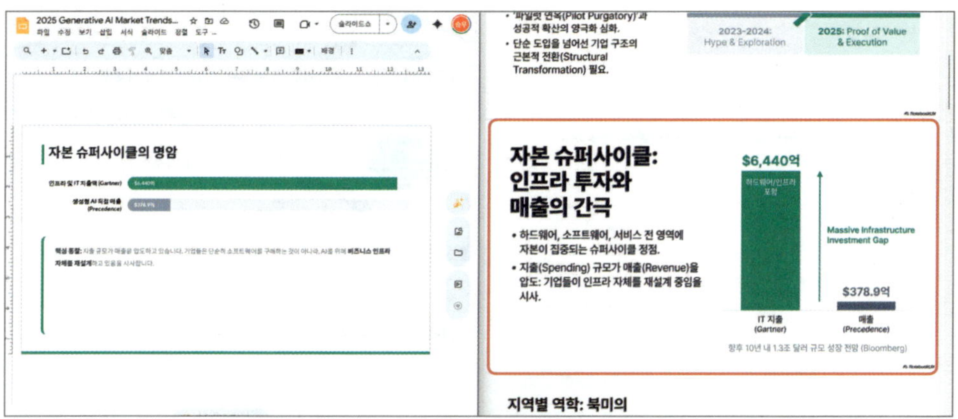

두 번째 파일은 슬라이드와 색감이 달라 다소 어색한 느낌이 있습니다. 우선 텍스트 내용을 검토한 후 사용 여부를 결정하겠습니다.

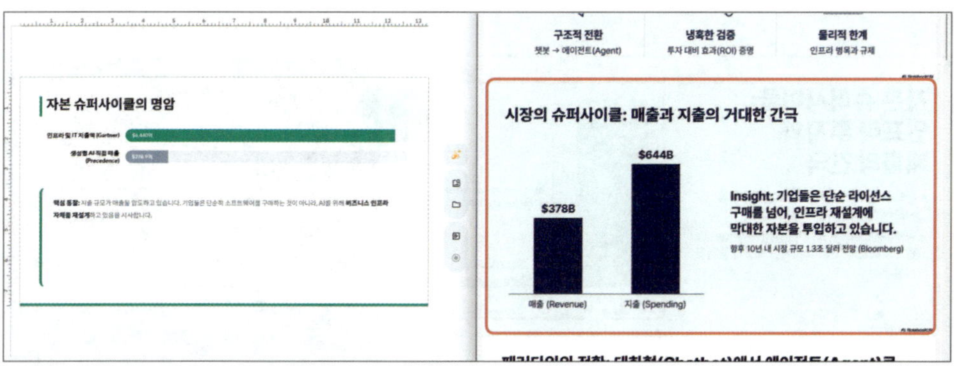

세 번째 파일의 이미지는 AI가 생성한 느낌이 강하게 납니다. 하지만 슬라이드 내용은 제목과 가장 잘 부합합니다. 따라서 세 번째 파일의 텍스트를 사용하겠습니다.

정리하면, 첫 번째 파일에서 이미지를 캡처하고 세 번째 파일의 텍스트를 사용하는 방식으로 진행하겠습니다.

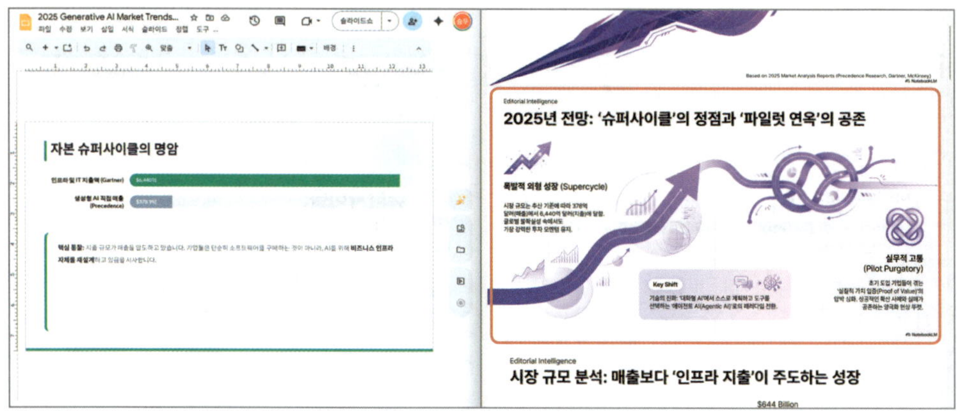

첫 번째 PDF에서 이미지를 캡처할 때는 윈도우의 기본 캡처 기능을 사용합니다. Shift + ⊞ + S 를 누르면 화면이 어둡게 반전되면서 상단에 캡처 방식을 선택할 수 있는 메뉴 바가 나타납니다. 필요한 영역만 캡처하면 되므로 사각형 캡처 방식을 선택하여 화면의 일부를 캡처합니다.

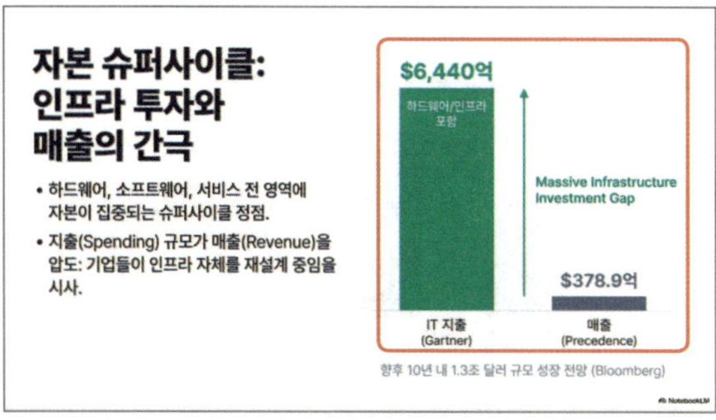

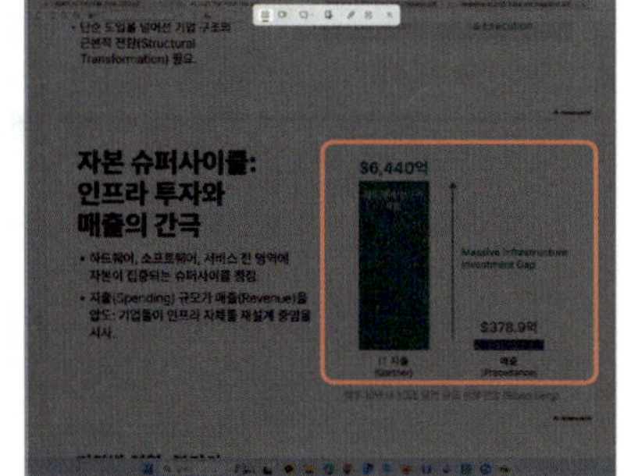

캡처한 이미지를 구글 슬라이드에 붙여넣기하면 이미지가 삽입되면서 편집 도구가 표시됩니다. 🖐 **서식 옵션**을 클릭하면 삽입된 이미지의 서식을 다양하게 수정할 수 있습니다.

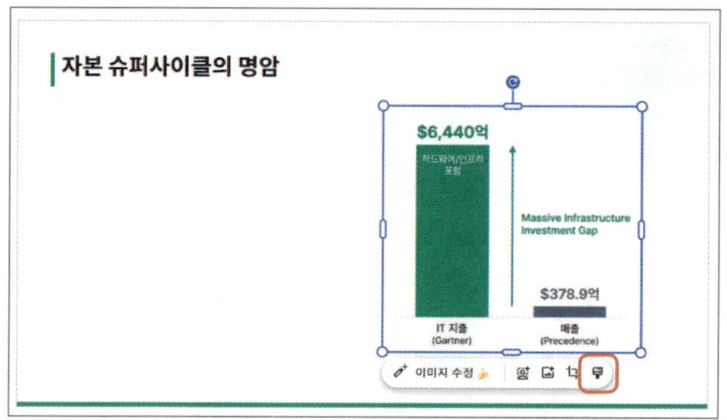

세 번째 PDF에서도 첫 번째 PDF와 동일하게 ⎡Shift⎦ + ⎡⊞⎦ + ⎡S⎦를 눌러 텍스트 영역을 이미지로 캡처합니다. 그런 다음 구글 슬라이드로 돌아가서 텍스트를 붙여넣기합니다.

텍스트를 이미지로 캡처했기 때문에 폰트가 깨지거나 오타가 발생하는 경우가 있습니다. 또한 캡처한 텍스트 이미지를 확대하면 해상도가 떨어져 흐려지기도 합니다.

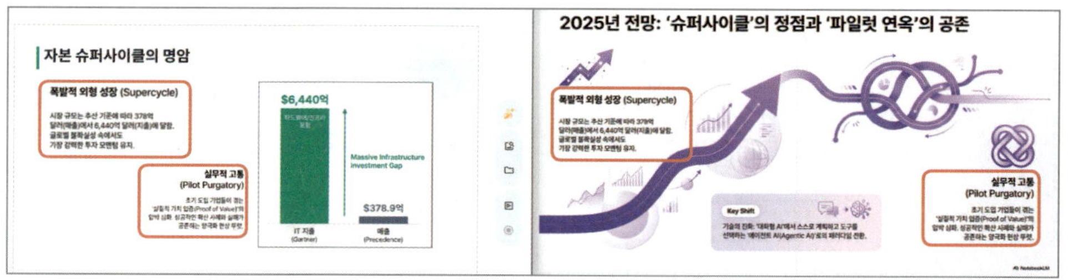

따라서 캡처한 이미지를 확인하며 구글 슬라이드의 텍스트 입력 도구를 이용하여 직접 입력하는 방법을 권장합니다.

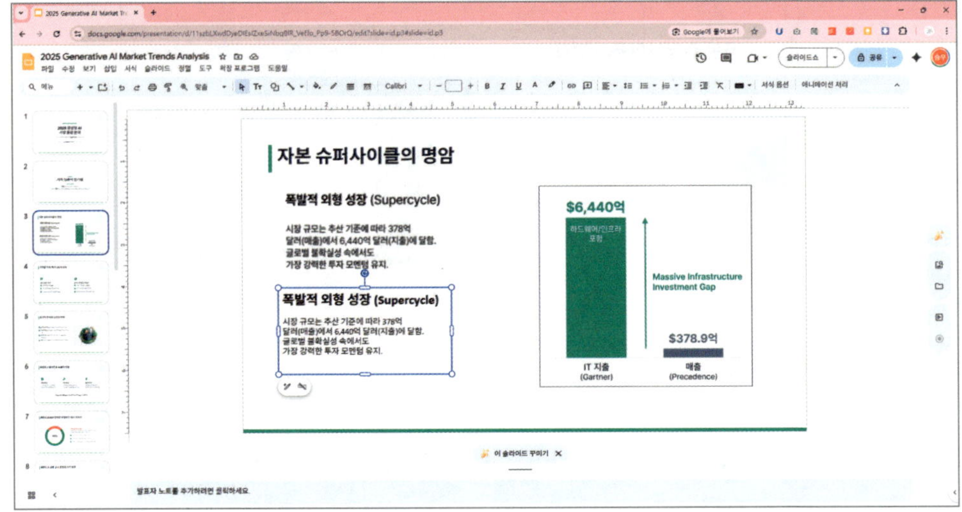

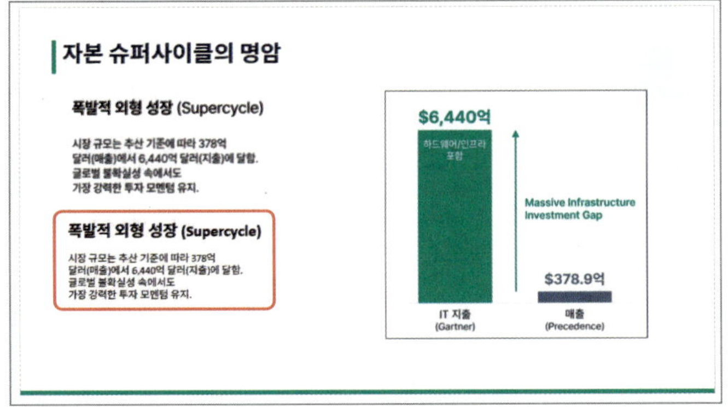

캡처한 모든 텍스트는 동일한 방식으로 수정합니다. 이렇게 각 슬라이드마다 노트북LM에서 생성한 PDF 파일과 비교하며 적절한 이미지와 텍스트를 활용하면 수준 높은 프레젠테이션 슬라이드를 간단하게 완성할 수 있습니다.

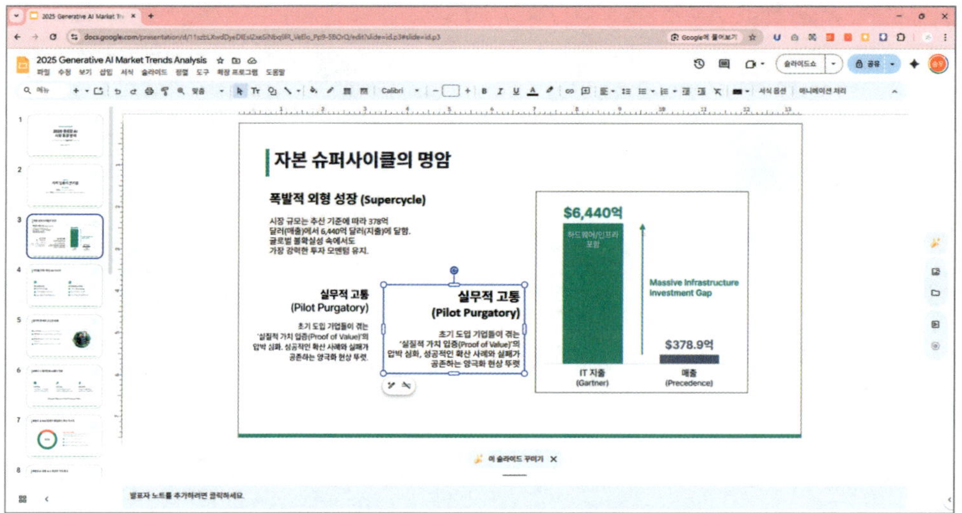

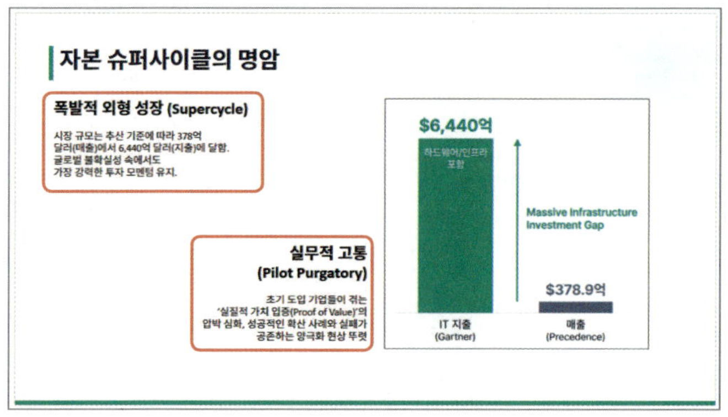